U0137817

朝·乡·家
堂·里·庭

北宋士人与孝道

PERFORMING FILIAL PIETY IN NORTHERN SONG CHINA:

FAMILY STATE
NATIVE PLACE
and

〔美〕张聪——著

刘云军——译

图书在版编目(CIP)数据

家庭·乡里·朝堂：北宋士人与孝道／（美）张聪
著；刘云军译. —上海：上海古籍出版社，2023.1
　　ISBN 978-7-5732-0445-5

　　Ⅰ.①家… Ⅱ.①张… ②刘… Ⅲ.①知识分子—研
究—中国—北宋②孝—文化研究—中国—北宋　Ⅳ.
①D691.71②B823.1

中国版本图书馆 CIP 数据核字（2022）第 196029 号

Performing Filial Piety in Northern Song China by Cong Ellen Zhang，was
first published by University of Hawai'i Press，in 2020.
The simplified Chinese translation of this book is made possible by
permission of University of Hawai'i Press © 2020，and may be sold
throughout the World.

家庭·乡里·朝堂：北宋士人与孝道

[美] 张　聪　著

刘云军　译

上海古籍出版社出版发行

（上海市闵行区号景路 159 弄 1-5 号 A 座 5F　邮政编码 201101）
（1）网址：www.guji.com.cn
（2）E-mail：guji1@guji.com.cn
（3）易文网网址：www.ewen.co
苏州市越洋印刷有限公司印刷

开本 890×1240　1/32　印张 10.25　插页 5　字数 221,000
2023 年 1 月第 1 版　2023 年 1 月第 1 次印刷
ISBN 978-7-5732-0445-5

G·739　定价：68.00 元

如有质量问题，请与承印公司联系

中译本前言

很高兴《家庭·乡里·朝堂：北宋士人与孝道》中译本能如此之快得以出版。这首先要感谢师姐姚平和上海古籍出版社的余鸣鸿老师。在本书英文版还只是校样的时候，师姐就把它推荐给了余老师。余老师很快与夏威夷大学出版社联系并签订了中文版的出版合同。经朋友塔夫茨大学许曼老师介绍，我随即与河北大学宋史研究中心的刘云军老师联系。刘老师立即答应承担本书的翻译。本书的责编虞桑玲老师仔细审核了译文及引文，并指出了几处对史料的误读，使我能够对相关部分进行调整修改。承各位师友相帮，使本书的出版进行得如此顺利，在此一并致谢！

刘云军老师为翻译此书付出了大量的时间和精力，自然不是一句简单的感谢就能一笔带过的。我与刘老师之前从未谋面，但已从他的诸多译作中熟知大名。这一次与刘老师合作，深为他的文字功底、做事效率和认真负责的态度所折服。举两个例子为证。其一，在英文原作中，为避免过多人名干扰阅读体验，对很多不为人熟知、在书中出现频率很低的宋人，省略了其字号，只以姓氏代称。刘老师在翻译过程中查找并补全了所有人的名字。其二，本书的史料绝大多数来自《全宋文》，原注释中只标明了作者及《全宋文》的册数、卷数和页码，没有列出文章标题。刘老师在翻译过程中不仅增补了这方面信息，还对几处引文和我对原文的理解错误予以纠正，并加译者注。能够遇到如此负责的译者，实属幸运！再次对刘老师表示感谢！

我在英文前言中已经提到，本书是之前《行万里路：宋代的旅行与文化》一书的自然拓展。前书着眼于频繁远宦在宋代士人身份认同、士人社会文化生活及新的人—地关系形成中的重要意义。本书则关注同一批精英人士如何平衡自己的问学入仕志向与家庭责任之间的关系。他们的遭遇既有共同之处，同时又有多样性。几乎所有人都曾在孝亲和仕宦之间陷入两难，甚至"多"难的处境。这个项目历时远超预期，主要原因是考察的重点几经大的调整。而最终选择从孝道的角度来体现宋人及其家庭的诸多情感困扰和理性选择，部分得益于对当代人求学、就业、医疗、养老的观察而引起的思考。从这个意义上说，这本书也许可以拉近我们与古人的距离。

本书的初衷之一是讲述一些真实的、人性化的故事。虽然受学术研究的局限，无法进行过多润色渲染，但仍希望书里很多简短的叙述可以让我们对生活在千年以前的父母儿女、男女老幼们复杂多样的经历产生共鸣，并感同身受。我在写作的过程中尽力建构了不下几十个家庭的、或看似普通或充满戏剧性的故事。因多种原因，有些故事我不得不忍痛割爱，最终没有写进现有的章节。这次借中译本出版，把成文的有关"南丰曾氏"和"为祖父母守丧"的部分压缩篇幅，分别加入了第一、第二章，使之有了得见天日的机会。

张　聪

于 2021 年岁末

致　谢

十几年前写作《行万里路：宋代的旅行与文化》的过程中，我脑海里经常萦绕着几个当时研究计划无法触及的问题：在交通不便、通讯缓慢且可靠性不佳的情况下，宋代士人到处游历且频繁出行，他们是如何与父母妻儿保持联系的？这些男子不得不长年背井离乡这一现实，如何影响了他们处理生活中重要的家庭和日常事务的能力？求仕和家庭责任之间的内在紧张关系，是否催生了关于家庭生活和人—地关系的新理念？回答这些问题的方法显然不止一个。本书从北宋时期孝道言辞和孝行变化的角度做一尝试。

我撰写本书前后大概花费了十年时间。在这一漫长的过程中，我受惠于许多师友同行的无私帮助。伊沛霞（Patricia Ebrey）、柏文莉（Beverly Bossler）、何瞻（Jim Hargett）和李瑞（Ari Levine）在本书写作的不同阶段阅读了整部书稿。他们极富见地的诸多反馈开阔了我的思维，促使我进行更富批判性的思考，更加清晰地表达我的论点。衷心感谢他们提出无数的问题和建议，提高了本书的质量。

在过去几年里，我在很多场合提交本书中的材料进行讨论。在此，感谢所有与评人、会议小组成员以及提出宝贵意见和问题的听众们。他们的名字实在太多，无法在此一一列举。我要特别感谢耶鲁大学韩森（Valerie Hansen）、俄亥俄州立大学张颖（Zhang Ying）和新加坡国立大学刘晨（Liu Chen）教授，使我有机会在她们各自的学校介绍我的研究成果，并与她们及其同事和研究生进行了富有成效的交流。我在北京大学（2011）和弗吉尼亚大学（2013）组织过两次工作坊，与会者们就帝制中国孝道的各个方面展开了热烈的讨论，为本书提供了丰富的背景知识。正如本书的"注释"和"参考书目"所示，有关孝道的研究成果可说是汗牛充栋，我要感谢所有与会者以及那些没有参加工作坊但对孝道有兴趣的同行。

许多好朋友一如既往地为我提供精神上的支持，没有她们，这本书可能会拖延更多时日。我特别要感谢作为同行的司马安（Anne Kinney）、卢苇菁（Lu Weijing）、施海澜（Helen Schneider）、韦夏（Kim Wishart）和姚平。写作不顺利的时候，会习惯性地找她们聊天，多年下来，她们每个人都"被迫"听我无数次地唠叨书中的某些细节。韦夏还充当着另外一个角色——我一直以来最信赖的编辑。在她的帮助下，本书变得更具可读性。

弗吉尼亚大学（UVA）的很多机构以暑期研究支持、旅行补贴、出版资助和工作坊赞助等形式，为本书的写作慷慨解囊。在此，我要感谢教务长办公室、文理学院和研究生院，以及东亚中心。还要特别感谢香港科技大学和弗吉尼亚大学人文学科巴克纳·W.克莱（Buckner W. Clay）基金，为我在北京大学和弗吉尼亚大学组织的关于孝道的工作坊拨款。

感谢我的编辑斯蒂芬妮·春（Stephanie Chun）及其夏威夷大学出版社的编辑团队，他们在这一研究计划从手稿到成书的每一步，都给予了我极大的帮助。文案编辑波雅娜·里斯蒂奇

VIII

(Bojana Ristich)工作认真细致。她的建议和订正在润色手稿和出版过程中不可或缺。麦吉尔大学的洪吉熙(Jeehee Hong)慨允我使用她拍摄的一张照片作为本书(英文版)的封面。非常感谢你,吉熙!

　　本书始于宋代旅行文化研究的自然拓展,后来竟然发展成了一个家庭项目。感谢我的丈夫和儿子,他们不仅愿意倾听我讲述的与孝道有关的故事,而且对我所取得的每一步进展都表现出由衷的兴趣。研究和撰写本书的过程中,父母和公婆年事日高。因为生活工作的地方离他们太远,一年只能见一两次面,无疑,我们对老人家们亏欠甚多。写作本书的过程因此让我们一家三口无数次地思考孝道的含义和行孝的方式。最重要的是,因为我们不在父母身边,照顾老人们的责任便由我们的姊妹和姊夫妹夫们承担。他们对家庭的诸多贡献,此处难以尽表。谨以本书献给他们,表达我们夫妻的感激之情。

目 录

导 论

　　宋真宗大中祥符八年（1015），北宋（960—1127）知名学者、政治家王安石（1021—1086）的父亲王益（994—1039）中进士第。此后，王益在多地任职。① 每次工作岗位变动，王益都会将父母带在身边以便"孝养"。② 这种习惯做法只有一次例外：当时政策规定，官员前往偏远地区任职时禁止家庭成员陪同，因此王益去四川新繁赴任时父母没能与其偕行。与父母天各一方，让王益的情绪萎靡不振。在任新繁知县期间，王益日夜思念父母，以致经常黯然流泪，很少参加同僚聚会。

　　11 世纪 30 年代中叶，父亲去世，王益居家丁忧，之后通判江宁，这是王益生前最后担任的官职。宋仁宗宝元元年（1038），王益病逝于江宁府任上。王益去世后，妻子吴氏（998—1063）及

---

　　① 对宋朝科举考试制度的主要研究成果，见 Chaffee, *The Thorny Gates of Learning in Sung China*；de Weerdt, *Competition over Content*；T. H. C. Lee, *Government Education and Examination in Sung China*.

　　② 关于王家的叙述，是根据王安石的自述，曾巩为王益及其妻子和母亲所写的墓志铭，以及由蔡上翔、顾栋高、詹大和等人撰写的三部《王安石年谱》。王安石的叙述，见《全宋文》第 65 册，卷 1409《先大夫述》，第 70—71 页；曾巩撰写的墓志，见《全宋文》第 58 册，卷 1268《尚书都官员外郎王公墓志铭》，第 242—243 页；卷 1269《仁寿县太君吴氏墓志铭》，第 254—255 页；卷 1269《永安县君谢氏墓志铭》，第 258—259 页。

七个儿子为他尽心服丧三年。① 因为昼夜不停地哭泣、每日粗茶淡饭且沉浸在对已故亲人的无尽思念中，王家所有人都日渐消瘦。在长诗《忆昨诗示诸外弟》中，王安石回忆道：

> 旻天一朝畀以祸，
> 先子泯没予谁依？
> 精神流离肝肺绝，
> 眦血被面无时晞。
> 母兄呱呱泣相守，
> 三载厌食钟山薇。②

丧期过后，王安石兄弟集中精力应举，没有立刻将王益下葬。一直到宋仁宗庆历八年(1048)，即王益去世十年后，他才被安葬在江宁，而非归葬于家乡临川的祖茔中。

王益被葬于江宁，最终将江宁确立为吴氏和王安石兄弟的"新家"。之后的几年里，吴氏继续住在江宁，她的儿子们自然回江宁探望母亲。11世纪50年代，王安石在都城东京为官时，将母亲接去同住。宋仁宗嘉祐八年(1063)，吴氏在开封去世。王安石立即将母亲的遗体运回江宁安葬。如此周密的安排显然事先已经谋划妥当。尽管开封到江宁路途遥远，但吴氏在过世两个月内便入土为安。以宋朝士人家庭当时的下葬时间标准来

---

　　①　自古以来，礼制规定，父母过世，儿子要为父母守丧三年。下文第二章将讨论这方面的孝道表现。

　　②　王安石的诗，见《全宋诗》第10册，卷550《忆昨诗示诸外弟》，第6574—6575页。

看,王安石兄弟对吴氏葬事的处理极为迅速,这与王益的后事延宕形成了巨大反差。

安葬完母亲后,王安石继续在江宁服丧。根据一则笔记故事记载,经历丧亲之痛,以及长时间睡在藁秸上,王安石的身体变得异常虚弱,骨瘦如柴。再加上王安石身穿粗布丧服,他看起来像个老兵。① 王安石的两个弟弟同样恪守孝道。王安礼(1034—1095)"庐墓"刺血抄经,为亡母祈福的行为显得格外引人注目。②

上面对王家两代人生活的简短介绍有别于惯常的叙述,没有涉及王益父子的仕宦经历、学术成就以及社会文化活动,而是集中讲述了王家两代男性如何履行其重中之重的家庭职责:孝亲。③ 父母生前,王益父子都曾精心侍奉;父母亡故后,他们虔诚服丧,循礼处理丧事。基于这些表现,王家父子的墓志铭撰者和同时代人都称赞他们是恪守孝道的典型。

不可忽视的是,在成为孝子的过程中,王家男人们不得不兼顾他们的家庭责任和事业追求。为了养亲,王益让父母不辞辛苦长途跋涉且长期远离他们自己舒适的家。无独有偶,王安石兄弟执着于问学和求仕,也是导致王益长期未能入土为安的直

① 王铚《默记》下,第 48 页;丁传靖《宋人轶事汇编》卷 10,第 481 页。

② 脱脱编《宋史》卷 327《王安石传》,第 10557 页。王安石:《全宋文》第 65 册,卷 1413《王平甫墓志》,第 131 页;第 65 册,卷 1416《主客郎中知兴元王公墓志铭》,第 184 页。

③ 关于王安石政治生涯的英文重要研究成果,见 Levine, *Divided by a Common Language*; J. T. C. Liu, *Reform in Sung China*; Smith; *Taxing Heaven's Storehouse*; "Shen-tsung's Reign and the New Policies of Wang An-shih"; and "Anatomies of Reform." 关于王安石的中文学术成果,参见张保见、高青青编《王安石研究论著目录索引》以及沈松勤《北宋文人与党争》。

接原因之一。事实上,有赖于仁宗皇帝恩准,王安石才获得短暂休假,来料理父亲的后事。王益下葬后,王安石会偶尔经过江宁,也曾两度被派往江宁任职,但他在仁宗庆历二年(1042)中进士第到11世纪50年代中叶将母亲接到京城居住这段时间内,却因公务缠身,根本无法侍奉吴氏。

从仕与履行家庭责任之间的内在紧张关系,也在其他方面影响了王家。丁父忧结束后,王益将寡母谢氏(964—1053)留在了临川,自己赴江宁上任。尽管这样的决定很可能是谢氏心之所想,但这意味着王益在人生的最后几年里,在远离母亲的异乡猝死之前,并未践行养亲。王益的妻子也是如此。尽管有人称赞吴氏“平生养舅姑甚孝”,但实际上她很多年并不在公婆身边,也没有能参加谢氏的葬礼。如此看来,王益和吴氏两人都可以算是不孝。

对王安石兄弟来说,王益的早逝意味着母亲是他们唯一的尽孝对象。据我们所知,吴氏在江宁至少寡居了十五年,先是由其未入仕的儿子们照顾,之后才随王安石移居京城。王安石兄弟的传记都称,他们尽心竭力满足吴氏的各种需要,并尽力让她晚年幸福。我们仍不禁要问,王家男人之间到底是如何分配他们的孝道责任的？从另一个角度来看,由于好几个儿子都积极求仕,并天各一方,吴氏无论身在何处、和哪个儿子住在一起,都要与其他的儿子们分开。

北宋士人履行家庭义务的复杂性也可以从地域流动的方面加以考量。王益在任官期间去世后,其家人很可能考虑过将他的遗体运回临川安葬。最终,几个实际考虑,例如他的儿子们求学从仕的需要,与家乡已多年缺乏密切联系,再加上江宁优越的地理位置等,使得在江宁营建一座新墓地成为更有利和极富吸引力的选择。这一决定至少从两个重要方面把孝道对王家人的意义及其表现复杂化。首先,王益结过两次婚,与第一任妻子徐氏育有二子,徐氏红颜薄命,极有可能在死后被葬在临川。王家兄弟常年远离临川,意味着由吴氏抚养长大的徐氏的两个儿子从未在生母墓前祭拜过。其次,王益葬于江宁,标志着王益一支与王氏故里和祖茔永久分离,显示出地域的流动性在多大程度上影响了王氏一家无论是生前还是死后的生活。王安石成年之后似乎只回过临川两次,而且这两次返乡都发生在他的仕宦早期,每一次都是顺路而往——在临川做短暂停留后,即赴新任。相较而言,王安石对地理位置更加便利的江宁感情更加深厚,他不仅在江宁度过了生命中的最后时光,死后也葬在那里。

　　王安石兄弟是否曾想过,他们定居江宁可能被视为不孝之举? 他们与祖籍的"决裂"到底有多彻底? 尽管他们并不在临川生活,王安石兄弟终其一生都自称是临川人,并通过与族人及江西同乡的私人通信和友谊保持着与临川的联系。以王安石为例,他生前即已被称为"王临川",其文集亦名为《临川集》。王安石与弟弟王安国(1028—1074)和儿子王雱(1044—1076)被称为"临川三王"。更重要的是,王安石为王氏家族和故里带来了巨大的声望,他和他的后人在宋代及后世一直被视为临川王氏的骄傲。从这个意义上说,谁又能说王安石不是家里**最**孝顺的儿子呢?

　　本书随后的讨论将表明,王家的经历在其北宋士大夫同侪中绝非罕见。可以说,北宋士人都曾在努力践行对父母和家庭的义务与满足他们问学和求仕的需要之间多方尝试，希望寻求一种平衡。这一努力的结果就是，北宋朝廷及士人在发扬前代的孝道理念和提倡新的孝道"标准"实践方面都以前所未有的积极态度参与其中。除了揭示出这一阶段国家—士人关系中的重大转变外，这一发展还可以让我们得以考察 10 到 12 世纪长时段的社会和文化变迁。本书的另一个关注点是人与地之间的关系。王家的故事表明，大范围的士人地域流动极大地影响了士人居丧和养亲的行为，以及葬礼和纪念模式。① 大规模精英跨地区频繁移动的后果之一是，对官员及其家人来说，无论生前还是死后，某些远离家乡的"新"地方在他们的生活中变得越来越重要。本书的第三个目的是，通过讲述不同的士人及其家庭的独特经历，加深我们对一个看似通用的、被普遍接受的观念及其实践的理解。本书强调，北宋从来没有过整齐划一的孝道表达模式。在现实生活中，多重因素制约着孝道的期望和做法。其结果就是，在北宋时期，行孝对士人来说变成了一种基于性别和身份地位的德行。

中国历史上的孝道

在漫长的中国历史中，没有什么思想和理念比孝更深入地

---

① 旅行在宋代士人生活中的意义，见 C. E. Zhang, *Transformative Journeys*.（该书中译本《行万里路：宋代的旅行与文化》，李文锋译，浙江大学出版社，2015 年。——译者注）

渗透进社会、政治和文化中了。① "孝"这个概念由来已久,源于古人对生死相依的认识。这种信仰使祖先崇拜既有实用性,又是一种宗教义务。② 孝作为中国文化认同的象征,与儒家学派作为一种家庭伦理体系的演进同步进行。在商周时期,"孝"通常与向死者(特别是世系祖先)献祭联系在一起。儒家经典却逐步强调人子对健在的父母的谦恭敬意。孝在中国文化中被确立为一种至高无上、甚至不可或缺的价值观是由儒家通过提升礼和礼仪行为的重要性而实现的。两汉的经典文本不仅包括对理想的日常行为、丧葬以及祭祖礼的细致描述,而且还将行孝提升为维持家庭和睦以及等级制度所必需的天人秩序的重要组成部分。③

　　儒家话语对孝的巨大影响从儒家反对派的回应中也可见一斑。墨子提倡"兼爱",以谴责久丧、厚葬和其他奢侈浪费的仪礼而闻名。法家思想家韩非子同样反对孝道,尤其强调公私之间

---

　　① 　关于"孝"在中国思想文化中的中心地位的一些概括性考察,见 Chan and Tan, "Introduction," 1–11; Holzman, "The Place of Filial Piety in Ancient China"; 吴崇恕、李守义《孝文化研究》; 肖群忠《孝与中国文化》; 朱岚《中国传统孝道思想发展史》《中国传统孝道的历史考察》。在韩国和日本,孝道也被纳入政治和知识话语以及家庭生活中。见 Haboush, "Filial Emotions and Filial Values"; Sugano, "State Indoctrination of Filial Piety in Tokugawa Japan"; 亦见 Ikels, *Filial Piety* 中收录的多篇文章。

　　② 　K. Chang, The Archeology of Ancient China; Keightley: "Art, Ancestor, and the Origins of Writing in China" and "The Making of the Ancestors"; Pu: "Ideas Concerning Death and Burial in pre-Han and Han China" and *In Search of Personal Welfare*; Puett, "The Offering of Food and the Creation of Order."

　　③ 　Brashier, *Ancestral Memory in Early China*; 陈来《古代宗教与伦理》; 黄开国《论儒家的孝学说》; Knapp, "The Ru Reinterpretation of Xiao"; 林安弘《儒家孝道思想研究》; Olberding, "I Know Not 'Seems'"; Radice: "The Ways of Filial Piety in Early China" and "Confucius and Filial Piety." 儒家关于家礼、祭祖礼和帝王礼制论述的有用总结,见 Ebrey, *Confucianism and Family Rituals in Imperial China*, 14–44.

存在的固有冲突。在韩非子看来，个人在政治上忠于国君和国家应该高于关心和依恋父母与家庭。此外，政治和社会秩序必须通过系统执行措辞明确的国家政策建立起来，而不是依靠人子对父母的忠诚和顺从。①

汉朝大一统帝国的建立和儒术的独尊地位，直接导致了进一步尊崇孝。《孝经》将孝作为一切美德的根源和所有儒家思想的源泉。② 在政治领域，汉王朝征召孝廉入仕为官，并在地方社会中推广孝道楷模。③ 更重要的是，汉代见证了父子关系向政治领域的延伸。汉代和后世的诏令，常常把君臣关系等同于父子关系。把这两种关系并置，本意在于缓和为家尽责和为国尽忠之间的内在冲突，其最终结果是将"孝"提升为一种政治美德。④

认识到孝在维持社会稳定和政治和谐方面的作用，历代王朝都继续沿用汉代"孝治天下"的辞令。⑤ 除了颁布大量宣扬孝道的诏书外，汉朝政府官员还专门通过奖励制度来促进地方臣民的和谐的家庭关系。在汉代，不孝会受到法律的严惩。⑥ 到

---

① 参见《墨子》，特别是第 16 章《兼爱》和第 25 章《节葬》；韩非子，特别是他的忠孝论；康学伟《先秦孝道研究》。

② 关于《孝经》注疏的研究，参见陈一风《〈孝经〉注疏研究》。关于《孝经》研究的中文综述，见杜鹃《1978 年以来〈孝经〉研究》。关于《孝经》中文文本的近期深刻研究，见臧知非《人伦本原》。唐玄宗是首位为《孝经》做注的皇帝，参见朱海《唐玄宗与注〈孝经〉发微》《唐玄宗与注〈孝经〉考》。《孝经》已经被翻译成多国语言出版，关于《孝经》的近期英文研究成果与英译本情况，见 Rosemont and Ames, *The Chinese Classic of Family Reverence*.

③ Zhao Dingxin, "The Han Bureaucracy," 69.

④ 季乃礼《三纲六纪与社会整合：从白虎通看汉代社会人伦关系》。

⑤ 吴凡明《从人伦秩序到法律秩序：孝道与汉代法律研究》，第 75—178 页。

⑥ 刘厚琴、田云《汉代不孝入律研究》。

了唐朝,不孝被正式归为十恶之一。[①]《大唐律》和后来的司法文本规定了各种不孝行为,包括(最令人发指的罪行之一)"告言、诅詈祖父母父母,及祖父母父母在,别籍、异财,若供养有阙;居父母丧,身自嫁娶,若作乐,释服从吉;闻祖父母父母丧,匿不举哀;诈称祖父母父母死"。[②] 孝在帝制时代的刑事犯罪和惩罚制度中占据中心地位,从儿女为父母复仇应该如何量刑的事例中可见一斑。从汉至清,涉及"为孝杀人"的子女通常会得到宽大处理。[③]

与政治和司法措施并行的,是学者知识分子群体对孝道的大力提倡。这些努力表现在大量的《孝经》注疏、《女孝经》的出现、有关孝道化民的论述,以及国史中"孝义传"的书写等方面。[④] 孝的仪式性、哲理性话语的传播,伴随着学校和日常生活中积极倡导合适的礼仪行为。在儒家课程中,儿童教育的重点是灌输诸如孝道、敬老、习礼等美德。[⑤] 从汉代开始,各种各样

---

① 从唐代开始,不孝被正式列为各朝代法典中的"十恶"之一。关于这些罪行的英译,见 de Bary and Bloom, *Sources of Chinese Tradition*, 549–552.《宋刑统》中关于不孝的章节,见窦仪《宋刑统》卷1,第6页。

② 长孙无忌《唐律疏议》卷1,第12页;窦仪《宋刑统》卷1,第7页。这些总体方针在许多敕令中得到了进一步的扩展。见周密《宋代刑法史》,第192—194页,第209—210页,第314—318页;柳立言《养儿防老:宋代的法律、家庭与社会》《宋代同居制度下的所谓"共财"》。

③ Buoye, "Filial Felons";陈登武《复仇新释:从皇权的角度再论唐宋复仇个案》;Epstein, "Making a Case";黄纯怡《唐宋时期的复仇:以正史案例为主的考察》;刘莎《汉代为孝屈法现象的法理分析》;朱岚《中国传统孝道思想发展史》,第249—267页。关于中国早期文学中孝子复仇的研究,见 M. Luo, "Gender, Genre, and Discourse."

④ 关于这些资料最全面的汇编,见《中国古代孝道资料选编》。亦见 Eicher, "Early Representations of Filial Piety in Dynastic Historiography"; Murray, "The 'Ladies' Classic of Filial Piety' and Sung Textual Illustration."

⑤ Choo, "That 'Fatty Lump'"; Cline, *Families of Virtue*; Kinney, "Dyed Silk"; Wu Hung, "Private Love and Public Duty"; P. Wu: "Education of Children in the Sung" and "Childhood Remembered"; Y. Zhou, "The Child in Confucianism."

的孝道故事歌颂了诸多道德典范——这些男女为了满足父母的所需所想，不惜放弃自己舒适愉悦的生活。同样的材料还特别描绘了人子们长期沉浸在丧亲之痛中，导致形销骨立，身体受损，更有甚者，在父母去世后悲恸而亡。他们的孝行据称能感动上天和各种神灵，并且后者以吉兆和神迹来昭显对这种非凡行为的认可。① 这些传奇故事以不止一种方式，在创造关键的孝道母题和与之相关的表演性语言方面发挥了重要作用。

唐宋时期的家礼书写，尤其有助于将孝道价值观渗透到社会的各个层面。宋朝的新士人精英不遗余力地重新诠释经典的祭祖礼，并吸收社会上流行的某些做法，使之互相融为一体。② 这一努力最终在朱熹（1130—1200）撰写的《家礼》中达到顶峰。《家礼》在帝制晚期建立起一个跨地区、跨阶级的标准仪式结构。③ 朱熹笔下流传的家礼和丧葬礼，不仅对中国传统社会各阶层的日常生活产生了巨大影响，而且有助于统一并巩固帝国内臣民的身份认同。

许多其他文体的写作，包括家规家训、乡约和日用类书，同样强调在私人和公共生活中行孝、敬老和尊祖礼的价值。④ 印

---

① R. L. Davis, "Chaste and Filial Women in Chinese Historical Writing of the Eleventh Century"; Knapp: *Selfless Offspring* and "Reverent Caring"; Mather, "Filial Paragons and Spoiled Brats"; 王三庆《〈敦煌变文集〉中的〈孝子传〉新探》。

② Choi, *Death Rituals and Politics in Northern Song China*。

③ Ebrey：*Chu Hsi's Family Rituals*，*Confucianism and Family Rituals in Imperial China* and "Liturgies for Ancestral Rites in Successive Versions of the *Family Rituals*"；陆益龙《中国历代家礼》。

④ Dien, "Instructions for the Grave"; Ebrey, *Family and Property in Sung China*；费成康《中国的家法族规》；Furth, "The Patriarch's Legacy"；牛铭实《中国历代乡约》；Übelhör, "The Community Compact (*hsiang yüeh*) of the Sung and Its Educational Significance"；徐少锦、陈延斌《中国家训史》；杨开道《中国乡约制度》。

刷业的繁荣和白话文学的发展，推动了宋代以来孝道主题的歌谣、戏剧、插图本和短篇小说的广泛传播。[1] 这一时期的笔记中也出现了很多有关不孝子孙的故事，突出表现为儿子和儿媳冷落、虐待甚至谋杀父母。尽管不法分子并不总能被地方政府抓捕归案或绳之以法，但他们大部分难逃天谴。[2]

在有关生死的物质文化中，我们也可以观察到孝在精英和普通人生活中的中心地位。大型的墓葬碑铭以及丰富的墓葬艺术和陪葬品历史悠久，源远流长。[3] 从 5 世纪开始，墓志铭作为一种对死者美德的永久记录和追念祖先的有效方式日益流行。[4] 孝子画像和专为死者准备的戏剧表演场景成为富贵之家墓葬的一个重要组成部分。[5] 为确保祖先来世的好运，家属在死者下葬时还

[1] Barnhart，"The *Classic of Filial Piety* in Chinese Art History"；陈登武《法律与教化：二十四孝故事所见家内秩序与国家统治》；Fu，"The Cultural Fashioning of Filial Piety"；Idema：*Personal Salvation and Filial Piety and Filial Piety and Its Divine Rewards*. 关于宋代印刷业的深研究，见 Chia，*Printing for Profit*.

[2] C. E. Zhang，"Negative Role Models."关于中国早期不孝故事的研究，见 Knapp，"There Are Maggots in My Soup!"

[3] Lai Guolong，Excavating the Afterlife；Wu Hung：*The Wu Liang Shrine* and *The Art of the Yellow Springs*；Pu，"Preparation for the Afterlife"；郑岩《魏晋南北朝壁画墓研究》。

[4] T. M. Davis，*Entombed Epigraphy and Commemorative Culture in Early Medieval China*.

[5] 陈履生、陆志宏《甘肃的宋元画像砖》；程义《宋代墓室壁画研究综述》；邓菲《关于宋金墓葬中孝行图的思考》《宋金时期砖雕壁画的图像题材探析》；《中原北方地区宋金墓葬艺术研究》，第 205—255 页；江玉祥《宋代墓葬出土的二十四孝图像补释》；Laing，"Auspicious Motifs in Ninth-to Thirteenth-Century ChineseTombs"；魏文斌、师彦灵、唐晓军《甘肃宋金墓二十四孝图与敦煌遗书〈孝子传〉》；邹清泉《北魏孝子画像研究》。宋代墓葬中孝子图案的设计与制作研究，见 Deng Fei，"Modular Design of Tombs in Song and Jin North China." Jeehee Hong's recent study，*Theater for the Dead*，表明地方精英家庭并不一定遵循正统的儒家思想，但仍然在葬礼中祭祖和尽孝。亦见 Hong，"Changing Roles of the Tomb Portrait."

埋入各种契约，作为墓地持有和商业交易的凭证。① 家庭和孝子在葬仪上投入的时间和资源之巨大常常引起社会批评，引发出中国历史上时断时续的关于"厚葬"与"薄葬"的争论。② 在宋朝，人子们同样努力向在世父母尽孝道。"在家中，各种建筑，比如亭台、池塘、庭院等，被建造布置，以最大程度取悦父母。在宋代，用层台累榭来娱乐母亲很可能是孝子的流行做法。"③

孝之所以一直是重要的政治、社会、宗教和文化美德，很大程度上是因为它能够适应帝制时期不同信仰体系、不同家庭角色和社会地位男女的需要。然而，内在张力和冲突仍然存在。在许多方面，孝的历史也是一部斡旋、借用和竞争的历史。举几个例子：其一，在儒家思想体系内，对孝的意义及其与其他重要儒家美德（如"仁"和"忠"）的关系一直有着不同的解释；④其二，孝与忠和礼与法之间的紧张关系会陷个人于困境，这种情况在国家把政治需要放在官员私利之上时表现得尤为明显；⑤其三，尽管儒家正统学说坚持认为，如果人们早在孩提时期即已熟知孝的理念并将之深植于心，他们成人后自然会忠于君主，但政治关系却并非总能与父子关系无缝衔接。⑥ 东汉的精英们曾试图通过延长为亡

---

① Asim, "Status Symbol and Insurance Policy"; Hansen, *Negotiating Daily Life in Traditional China* and "Why Bury Contracts in Tombs?," 59 – 66.

② 蒲慕州《汉代薄葬论的历史背景及其意义》；徐吉军《中国丧葬史》，第 105—116 页，第 212—217 页，第 321—330 页，第 345—356 页，第 420—424 页，第 440—452 页。

③ M. Xu, *Crossing the Gate*, 47.

④ Chan, "Does *Xiao* Come before *Ren*?"; Li Chenyang, "Shifting Perspectives"; Raphals, "Reflections on Filial Piety, Nature, and Nurture."

⑤ A. Cheng, "Filial Piety with a Vengeance"; Kutcher, *Mourning in Late Imperial China*；唐长孺《魏晋南朝的君父先后论》。

⑥ Zhu Rui, "What If the Father Commits a Crime?"

母服丧的时间来强调个人和家庭义务高于操劳国事，母子亲情因此得到了彰显；[1]一些其他的家庭和政治因素，如财产纠纷，以及皇帝和皇后的孝道义务，也使孝的理念和实践更加复杂化。[2]

　　抛开与儒家思想的密切联系不谈，孝作为一种社会和文化价值观能保有持续的吸引力，在很大程度上也得益于其他信仰和做法的传播。[3] 佛教的"功德"观念催生了新的孝道表达方式，使信徒可以通过抄写佛经、建功德坟寺、参与公共建设项目、向寺院布施等，表达对父母的孝心。[4] 表现孝道逐渐成为中国佛教艺术和文学的一个焦点。[5] 通过强调父母，尤其是母亲在抚养孩子过程中所承受的痛苦，佛教在普及孝道方面的贡献不容低估。[6] 部分源于佛教的刺血写经、割股疗亲，成为中古以及帝制晚期标准的孝道比喻。[7] 同样源于佛教的影响，到了宋代，各地区各阶层都有人实行火葬。[8] 对宗教救赎的渴望——一种

---

[1]　Brown，*The Politics of Mourning in Early China* and "Mothers and Sons in Warring States and Han China."

[2]　Ebrey，"Imperial Filial Piety as a Political Problem"，Kahn，"The Politics of Filiality"；Li Shuyuan，Zhengcai jingchan；Tan，"Filial Daughters-in-Law."

[3]　关于这一主题有很多，见 Bokenkamp，*Ancestors and Anxiety*；K. Chen，"Filial Piety in Chinese Buddhism"；Dudbridge，*The Legend of Miaoshan*；Teiser，*The Ghost Festival in Medieval China*.

[4]　Kieschnick，*The Impact of Buddhism on Chinese Material Culture*.

[5]　Kyan，*The Body and the Family* and "Family Space"；Y. K. Lo，"Filial Devotion for Women"；Yao，"Good Karmic Connections."

[6]　Cole，*Mothers and Sons in Chinese Buddhism*.

[7]　方燕《宋代女性割股疗亲问题试析》；Knapp，"Chinese Filial Cannibalism"；T. Lu，*Accidental Incest，Filial Cannibalism，and Other Peculiar Encounters in Late Imperial Chinese Literature*；邱仲麟《不孝之孝：唐以来割股疗亲现象的社会史初探》；于赓哲《割股奉亲缘起的社会背景考察——以唐代为中心》；J. Yu，*Sanctity and Self-Inflicted Violence in Chinese Religions*.

[8]　Ebrey，"Cremation in Sung China."

看似自私的追求——因为尽孝者为救赎父母做出了贡献而逐渐被视为最孝顺的行为。① 这一发展的结果之一便是,佛道的丧葬仪式成为孝道表达不可或缺的部分。②

北宋精英与孝道

与之前的历朝历代一样,宋初君王们都声称"以孝治天下"。③ 在其颁布的法典、诏令和具体案例中,朝廷一贯弘扬孝在建设家庭社会和谐与秩序中的价值。朝廷名令禁止不孝行为,不孝之人会受到杖刑、流放甚至死刑的惩罚。④ 肩负着教化臣民重任的地方官亦采取了诸多举措,旨在纠正不孝行为并建立起合理的家庭等级制度。与这些努力同时,国家多次颁布礼典,规范了服丧、丧葬礼仪以及平民和品官的祭祖礼。⑤

无论是作为学者还是朝廷官员,宋代士大夫都积极提倡孝道。他们的努力表现在大量注释并广泛传播《孝经》上。⑥ 同样

---

① Idema, *Personal Salvation and Filial Piety*.

② E. L. Davis, *Society and the Supernatural in Song China*, 171–199.

③ 宋初有关诏令,见宋太祖:《全宋文》第 1 册,卷 6《举孝悌诏》,第 126 页;第 1 册,卷 8《据孝悌力田诏》,第 185—186 页;宋太宗:《全宋文》第 4 册,卷 76《令子弟因父兄殁收叙未经百日不得公参诏》,第 356 页;宋真宗:《全宋文》第 11 册,卷 217《京朝官父母年七十以上无亲兄弟者与近地诏》,第 15 页。关于宋朝官方的"养老"政策,见金中枢《宋代几种社会福利制度:居养院、安济坊、漏泽园》;王德毅《宋代的养老与慈幼》。

④ 周密《宋代刑法史》,第 46—47 页,第 209—210 页。

⑤ 见《宋史·礼志》,尤其是卷 115《礼志十八》、卷 124《礼志二十七》、卷 125《礼志二十八》。

⑥ 杨世文《宋代〈孝经〉学述论》。亦见 Barnhart, *Li Kung-lin's Classic of Filial Piety* 中收录的多篇文章。

重要的尝试也见之于他们论孝的大量文章。数以千计的墓志铭大力宣扬墓主及其子女的孝行，使孝道成为该体裁的核心内容。① 重要的理学家大多亲自参与礼书与族谱写作，使这两种密切相关的书写在宋朝占据了突出的地位。② 这些趋势伴随着朝廷官员和思想家们之间频繁的辩论，使丧葬礼仪成为政治对抗的舞台。③

　　很多学人已多角度多方位论述了上述有关孝道的政治、礼仪和思想话语。本书要考察的是北宋社会文化变迁大背景下士人精英的孝道实践。换言之，本书与以往有关孝道研究的不同之处在于，它主要关注不同家庭背景下的士大夫们如何理解和履行他们的养亲、处理父母的丧葬事宜以及追思祭祖的责任。对这一研究最重要的史料是收集在《全宋文》中的两千多方北宋墓志铭，同时代的诗文、信件，以及政府文件、笔记和考古发现。④ 通过阐释精英人士孝道表现的复杂性和多样性，本书旨在加深我们对士人身份、家庭和社会生活以及人—地

① 这些文章的文本，见柳开：《全宋文》第 6 册，卷 122《报弟仲甫书》，第 317—318 页，卷 125《李守节忠孝论》，第 361—363 页；王禹偁：《全宋文》第 8 册，卷 156《记孝》，第 58 页；宋庠：《全宋文》第 21 册，卷 431《孝治颂》，第 9—12 页；宋祁：《全宋文》第 23 册，卷 488《孝治篇》，第 206—208 页；张方平：《全宋文》第 38 册，卷 811《不孝之刑》，第 89—91 页；蔡襄：《全宋文》第 47 册，卷 1015《论忠孝》，第 148 页；刘敞：《全宋文》第 59 册，卷 1286《四代养老论》，第 228—229 页；韦骧：《全宋文》第 82 册，卷 1777《得意不忘孝论》，第 7—8 页；谢薖：《全宋文》第 136 册，卷 2945《孝辩》，第 360—361 页；周行己：《全宋文》第 137 册，卷 2952《送何进孺序》，第 103—104 页。

② 相关研究成果，见 Ebrey：*Confucianism and Family Rituals in Imperial China* and *Chu Hsi's Family Rituals*.

③ Choi, *Death Rituals and Politics in Northern Song China*.

④ 考古发掘不断出土大量精英和普通百姓的墓志铭。关于近期考古发现的一些讨论，见淮建利《北宋陕州漏泽园士兵墓志文研究——以番号墓志文为中心》；M. Xu, "China's Local Elites in Transition."

关系的理解。

孝道、国家与士人身份认同

　　无论是传统学者还是现代史家，都把宋代看作是一个变革的时代。这些变革中最重要的转型之一是一个新的精英阶层的崛起。这群人的总称是"士"或士人，泛指国家的社会文化精英。他们在政府任职时又称士大夫，是国家的官僚精英。在现实中，士、士大夫这两个词在朝廷辩论、文学作品和私下交流时通常被交替使用，清楚地表明了学识和科举中第、文化和仕宦的高度结合。并且，这些因素共同影响宋代知识人的人生观和自我认同。[①]　为此，本书中轮换使用"精英""士人""知识人""社会文化精英""士大夫"以及"政治或官僚精英"等术语来指代这批投身举业、取得功名的政府官员和学者士绅群体。在讨论他们为人之子的角色时也采用多种称呼，例如"人子""为官之子""入仕（或从仕）之子"等。

　　唐宋变革时期士人的性质、日益增长的影响及其演变一直是许多学术著作关注的焦点。[②]　如果用最简单的方式来勾勒这

---

　　①　蔡涵墨（Charles Hartman）发现宋朝的士人政府"更富社会多样化，但在文化和知识上相比宋朝之前的士人更具凝聚力"。Hartman, "Sung Government and Politics," 35.

　　②　关于这些主题的文献记载不胜枚举。对学术趋势有一大致了解，可参考 S. Chen, "The State, the Gentry, and Local Institutions," 141-182; R. L. Davis, "Review of *Negotiated Power*"; Ebrey, "The Dynamics of Elite Domination in Sung China"; Lau, "Hewei Tang Song biange"; John Lee, "Recent Studies in English on the Tang-Song Transition"; 李华瑞《唐宋变革论的由来与发展》; Luo Yinan, "A Study of the Changes in the Tang-Song Transition Model"; Smith and von Glahn, "Introduction."

一发展过程,可以概括如下。与早期的门阀大族相比,宋朝的知识和官僚精英的人数更多,其家庭和地域出身也更趋多样化。[1] 最重要的是,这些人以前所未有的热情追求功名和仕途。[2] 官场和政治影响对他们的吸引力从当时的思想、文学和美学批评、家族组织和婚姻习俗中可见一斑。[3] 随着这一群体规模的扩大,对名额有限的功名和政府职位的竞争日趋激烈。作为回应,宋朝士大夫发展出多样化的社会文化机制以期更明确地标明并保持自己的身份地位。[4] 两宋时期的朋党政治使上述情况进一步复杂化,可以说使入仕成为既危险又不可预测的职业选择。[5] 这一趋势的结果就是,宋代政治和社会精英们采取更多种方

---

[1]　对中国中古世家大族的几项主要研究成果,见陈弱水《唐代文士与中国思想的转型》;Ebrey, *The Aristocratic Families of Early Imperial China*; Johnson, *The Medieval Chinese Oligarchy*; Tackett, *The Destruction of the Medieval Chinese Aristocracy*.

[2]　除了前文提到的成果,亦见 Bol, "The Sung Examination System and the Shih"; R. L. Davis, *Court and Family in Sung China*; 何忠礼《科举与宋代社会》;金中枢《北宋科举制度研究》(上、下);W. W. Lo, *An Introduction to the Civil Service of Sung China*; 苗春德《宋代教育》。

[3]　Bol: *This Culture of Ours and Neo-Confucianism in History*; Bossler, *Powerful Relations*; R. L. Davis, "Political Success and the Growth of Descent Groups"; Hartwell, "Demographic, Political, and Social Transformations in China"; Hymes, *Statesmen and Gentlemen*.

[4]　Egan, *The Problem of Beauty*; Halperin, *Out of the Cloister*; Hargett, "Song Dynasty Local Gazetteers and Their Place in the History of *Difangzhi* Writing"; Walton, *Academies and Society in Southern Sung China*; C. E. Zhang: "To Be 'Erudite in Miscellaneous Knowledge'"; "Of Revelers and Witty Conversationalists"; and "Things Heard in the Past, Material for Future Use."

[5]　Hartman, "Poetry and Politics in 1079"; Ji Xiao-bin, *Politics and Conservatism in Northern Song China*; Levine: *Divided by a Common Language*; "Faction Theory and the Political Imagination of the Northern Song"; "Che-tsung's Reign (1085–1100) and the Age of Faction"; and "The Reigns of Hui-tsung (1100–1126) and Ch'in-tsung (1126–1127) and the Fall of the Northern Sung."

法来稳固自己的身份地位。南宋知识人转而更多地关注地方事务，运用诸如联姻，建立宗族组织，参与学校建设、赈灾、宗教活动等多种方式，来加强自己对地方社会的控制和领导作用。①

　　本书将揭示，北宋精英们在重构自己的政治、文化、社会取向的同时，也重新定义了他们最重要的家庭责任，并最终确立了新的孝道话语与实践标准。北宋时期，中央政府制定、修改了一系列政策和程序，并将其制度化，把官员对父母的供养、丧祭等相关义务规范化。这种国家对官僚家庭生活的直接而系统性的干预，促成了一种新的、不同以往的"禄养"孝道理念的流行。通过结合两种相互联系的孝道模式——"养"（或"供养"）和"荣养"（或"显父母"），禄养模式把士人的求仕和家庭义务更紧密地联系起来。

　　新的禄养理念以多种方式重新定义了精英人士的孝道责任和实践。通过将仕宦及其带来的福利和特权归类为最理想的孝道表现形式，禄养言辞一方面把政治和社会精英树立为孝道典范，另一方面也使他们更加依赖国家及其给予的俸禄和恩典。这一变化从一开始便受到士大夫阶层的热烈拥护。宋代文人创作了大量的诗歌、笔记小说和墓志铭，以提高求仕得禄者的形象和声誉。这些作品同时又创造出新的孝道比喻，例如赞美入仕

---

① 　Bol，"The Rise of Local History"；Clark，*Portrait of a Community*；Gerritsen，*Ji'an Literati and the Local in Song-Yuan-Ming China*；黄宽重《人际网络、社会文化活动与领袖地位的建立——以宋代四明汪氏家族为中心的考察》《宋代四明士族人际网络与社会文化活动——以楼氏家族为中心的考查》；Hymes：*Statesmen and Gentlemen*；"Marriage，Descent Groups，and the Localist Strategy"；and "Sung Society and Social Change"；陶晋生《北宋士族：家族、婚姻、生活》。

之子迎亲至官,为父母和其他祖先赢得封赠,及通过墓志书写拔高其家庭和宗族。理想的为官之人也经常被描述为在接到父母死讯后长途跋涉,一路哀嚎至泣血失声。这些书写不仅使居丧者从叙事中脱颖而出,成为道德典范,甚至他的眼泪也被描绘成感化路人的最有效工具。据此,尽孝成为宋代士大夫作为国家社会政治精英的集体身份的核心因素,以及他们作为君子和孝子的男性自我标识。①

孝道与精英家庭

目前关于中国帝制时代家庭的研究,主要集中在几个关键领域。② 例如,关于妇女和婚姻有大批著述。③ 同样,家庭财产问题也引起了很多学人的兴趣。④ 宋史学界的一个主要兴趣点

① 在与守丧无关的关于痛哭流涕的最近研究成果中,左娅认为,"饱含感情的眼泪可能具有重要的道德和政治意义,甚至可能是男性气质的标志"。Zuo, "It's OK to Cry," 1. 关于帝制中国男性气概律构与协商的一些近期研究成果,见 M. W. Huang, *Negotiating Masculinities in Late Imperial China*.

② 有关帝制时期家庭的综合性考察,见邢铁《宋代家庭研究》和多卷本的《中国家庭史》,各卷分工如下:邢铁(宋辽金元部分)、余新忠(明清部分)、张国刚(隋唐五代部分)。

③ 相关研究著作包括 Bossler, *Powerful Relations*；Ebrey, *The Inner Quarters*；Kinney, *Exemplary Women of Early China*；W. Lu, *True to Her Word*；Mann, *Precious Records*；M. Xu, *Crossing the Gate*；姚平《唐代妇女的生命历程》；张邦炜《宋代婚姻家族史论》。

④ Bernhardt, *Women and Property in China* and "The Inheritance Rights of Daughters"；Birge, *Women, Property, and Confucian Reaction in Sung and Yüan China*；Ebrey, "Conceptions of the Family in Song Times"；柳立言《宋代的家庭纠纷与仲裁:争财篇》；李淑媛《争财竞产:唐宋的家产与法律》；McDermott, "Family Financial Plans of the Southern Sung" and "Women of Property in China, 960—1368"；McKnight, "Who Gets It When You Go"；王善军《家法与共财》；邢铁《家产继承史论》。

是研究精英们旨在延续并提升家族地位的各种策略。① 学者们的另一个注意焦点是精英们在制定家礼和巩固宗族凝聚力方面做出的积极努力。众所周知，这两大趋势一直持续到帝制晚期。②

本书通过考察亲子关系来探讨北宋士人的家庭生活。③ 书中的四章将从不同角度表明，虽然禄养被拔高为最重要的孝道表现形式并没有受到士大夫阶层的强烈抵制，但精英人士孝道义务的重构对其家庭生活和家庭关系产生了极大影响。更具体地说，本书将试图解决以下问题：在官方言辞和墓志铭中，从仕的人子被自动认定为孝子，那么他们的父母到底对自己功成名就的后代还能保有多大"控制力"？仕宦之子如何回应他们无法承担家庭赡养义务的事实，并为自己辩护这种行为？在试图弥补自己的这一缺陷方面，是否存在某些模式？从另一个角度看，

① 除了前文提到的中英文著作，亦见柳立言《从赵鼎〈家训笔录〉看南宋浙东的一个士大夫家族》一文及其论文集《宋代的家庭和法律》中收录的多篇文章；李贵录《北宋三槐王氏家族研究》；梁庚尧《家族合作、社会声望与地方公益：宋元四明乡曲义田的源起与演变》；王德毅《宋代的河内向氏及其族系》《宋代的成都范氏及其世系》《宋代的上蔡祖氏及其世系》；徐扬杰《宋明家族制度史论》。

② Clark，"The Fu of Minnan"；"Reinventing the Genealogy"；and *Portrait of a Community*；Ebrey，"The Early Stages in the Development of Descent Group Organization," 16 - 61；Ebrey and Watson，introduction to *Kinship Organization in Late Imperial China*，1 - 15；Walton，"Charitable Estates as an Aspect of Statecraft in the Southern Sung"；王善军《宋代宗族和宗族制度研究》。关于家庭和宗族组织的近期中文研究成果，见粟品孝《宋代家族研究论著目录》《宋代家族研究论著目录续一》。

③ 关于亲子关系的一些早期研究成果，见 Birdwhistell，"Cultural Patterns and the Way of Mother and Son"；Bossler，"A Daughter Is a Daughter All Her Life"；Fong，"Inscribing a Sense of Self in Mother's Family"；Lewis，"Mothers and Sons in Early Imperial China"；廖宜方《唐代的母子关系》；郑雅如《情感与制度：魏晋时代的母子关系》。

士大夫的父母们如何看待禄养模式？他们怎样定位对入仕和"居家"的儿子们的不同期望？最重要的是，禄养言辞对家庭生活和家庭关系，特别是父母与其入仕和未入仕之子及其儿媳之间的关系，有哪些具体的影响？

对这些问题的集中讨论，将从三个方面揭示精英家庭的内部关系。首先，禄养理念的兴起，导致了家庭内部的孝行分割。仕宦之人只需专注于为父母获得朝廷授予的荣誉和特权，因为这些恩赐只有凭借他们做官的资历、社会关系和文化成就才有可能获得。与此同时，这些为官之人养亲的责任却被"下放"给他们的妻子和没有入仕的兄弟们。通过清楚地区分得禄者和无禄者，并将得禄者置于无禄者之上，禄养标准重新定义了家庭角色。新标准不仅重新分配了家庭责任，而且对整个家庭的运作方式也产生了重大影响。

其次，禄养理念虽然成功地将政治和学术抱负提升为对家庭的重要贡献，却无法消除宋代士大夫因忽略自身家庭责任而背负的巨大心理负担。由于未能养亲和依礼服丧，以及长期推迟父母的葬事，很多精英人士坦言自己内心备受折磨，深为自己的不孝行为感到羞耻、内疚和焦虑。他们的自我反省既借鉴了经典比喻又催生了新的孝道主题书写，为我们了解北宋社会这一特权阶层成员的情感世界提供了宝贵材料。这些文字也强有力地证明了仕宦和尽孝之间的持续张力，以及禄养模式的不可持续性。

第三，在强调禄养模式对精英家庭生活产生重大影响的同时，本书也将证明，并非所有与行孝有关的决定都是深思熟虑的结果。影响尽孝方式的一个重要因素是各个家庭的情况千差万

12

别。许多士人的父母英年早逝，所以他们在年纪尚轻时即被"剥夺"了养亲义务。也有一些人的寿命远长于他们所有的儿子，甚至孙子，晚年不得不依赖其他家庭成员照顾。现实中，每对夫妇的子女人数往往相差很大，后者对自己孝道责任的理解因此会大不相同。由于女性的寿命往往比男性长，因此，在现存文献记载中，有关照料寡母和为母亲守丧，以及对妾母尽孝的事例，要多于对父亲行孝的书写。收养和续娶同样使孝行和家庭关系更加复杂化。① 正是通过对这些不同家庭情况的讨论，和对那些应对具体挑战和危机的人的考察，我们才得以真正了解现实生活中士人的孝道实践。

孝道、家和家乡

撇开具体家庭情况的差异不谈，北宋士人在履行孝道职责时面临的一个共同挑战是空间范畴方面的。在从事学术和追求仕途的过程中，宋代士大夫们到处奔波。这种经历为他们追求政治影响和参与社会文化活动提供了前所未有的机会，但同时也造成了为官之人与父母、家庭和家乡的长期分离。② 在诗歌、书信和墓志铭中，宋代士大夫们经常提到父子兄弟宦游南北，彼此长期音讯皆无，在家人去世后才迟迟得到消息，因此未能实现亲人的临终遗愿。许多父母在他们的儿子忙于仕途时被留在原籍；另外一些人则陪同为官之子四处宦游，最终客死异乡。这种

---

① 关于续娶、纳妾、收养的一些著作，见 Ebrey, *The Inner Quarters*；Bossler, *Courtesans, Concubines, and the Cult of Female Fidelity*；Waltner, *Getting an Heir*；Wolf and Huang, *Marriage and Adoption in China*.

② 我之前关于宋代旅行文化的著作，强调宦游在士大夫的身份形成和中国文化地理的演变中所起的关键作用。C. E. Zhang, *Transformative Journeys*.

情况使为官之子在行路途中或任所为父母服丧频繁见诸宋代书写中。类似的情况还包括久不克葬,以及为了营建新的、地理位置更为便利的墓址而忽视甚至遗弃祖茔。

这种大规模的涉及北宋精英生前和死后的地域流动,使我们不得不重新审视"家"与"乡"(闾里、乡里)对他们的意义。士人与自己的"家""乡"长期分离,积年累月没有直接接触,其后果会是什么?如果人子已然清楚自己无法定期返乡祭祖,却还坚持把父母葬在祖茔,这算孝道吗?一个人如何面对他的父祖或曾高祖葬于相隔甚远的墓地?本书将表明,尽管士人们继续使用大量约定俗成的词汇来表达他们强烈的思乡之情和对死于或葬于异乡的恐惧,北宋时期,"家"与"乡"的内涵却变得越来越富流动性和不确定性。一些**新**的,"家""乡"之外的地方在士人生活中占据了越来越重要的地位。其中包括这些人的任所、他们房产的所在地、中意的风景附近,或是希望致仕终老之所。北宋文人作品中,与这些地方有关的诗文远超描述家乡的文字,标志着后者在作者日常生活中的重要性已大大减弱。

士人的流动性促使他们思考自己与家乡的关系,而这种思考反过来又激发他们在强化家庭和宗族凝聚力以及地方认同感方面的兴趣和创新。其结果是,北宋精英们越来越重视祭祖礼、家规家训和族谱的书写、宗族组织建设、以家乡为基础的社会和文化活动,以及其他各种各样的地方项目。这些现象在一定程度上源于士人为维持自己与家乡之间的联系而作的个人努力,因与新儒家对理想的道德、家庭和社会秩序的阐述并行不悖,最终结合在一起。从另一个角度看,北宋士人对自身孝道实践的

13

反思，为宋代及后世新儒学的成功奠定了坚实的基础。①

本书的结构

本书共分为四章，每章着重讨论一个关键的孝道表现。第一章"新孝道理念的胜出：禄养父母"，讲述作为士人中心诉求的入仕为官与日益重要的孝道话语之间的密切关系。二者之间的结合使禄养成为精英尽孝的最高形式。对于北宋为官之人来说，孝道越来越意味着通过取得功名和在官场飞黄腾达给父母带来荣誉，乞近郡养亲，或者迎亲至官。在一定程度上，儿媳和不曾入仕之子，通过承担悉心照顾父母身体起居的责任，成为得禄的家庭成员的孝道替代者。

第二章"守丧与孝道：政策与实践"，考察北宋政府如何决定精英是否被允准为父母服丧，在哪里服丧，以及服丧的时间长度。政府严格控制士人守丧的情况，在北宋中前期尤其突显，当时几乎没有官员被允许丁忧三年。尽管典籍中的惯常礼仪语言继续被用来描绘守丧过程中悲伤欲绝的人子，但北宋时期，相当大比例的孝子是在远离父母遗体、家茔和家乡的官署中为父母服丧的。与此同时，新的丧祭主题，特别是丁忧中的人子在奔丧途中公开展示悲痛之情，成为宋人写作中的既定文学套路。这一章还记录了士人守孝的两种具体情形：为祖父和妾母服丧。

---

① 关于宋代新儒学的一些著作，见 Bol, *Neo-Confucianism in History*；Tillman, *Confucian Discourse and Chu Hsi's Ascendancy and Utilitarian Confucianism*；Wyatt, *The Recluse of Loyang*.

　　第三章"何时何地：葬事与孝道"，探讨北宋时造成久不克葬和频繁迁墓的各种因素。而丧葬礼的诸多变化随后催生了新的孝道理念，并被墓志作家们宣传推广。因为在选择埋葬地点时遵循父母的指示，继续翻修甚至重新安置受损的父祖的坟墓，以及在让父母入土为安方面表现出的非凡毅力和决心，仕宦之人子受到墓志铭作者的普遍赞扬。本章还讨论了三种常见但有争议的安葬行为：对家茔疏于修葺、火葬和卜筮祔葬。

　　最后一章"追思忆往"，阐述墓志铭在北宋作为一种突出孝道表达形式的确立。这一章的第一部分集中论述了人子，尤其是为父母成功求得墓志铭的人子，在其父母的墓志铭中占据的显著地位，而墓志作者也通过答应孝子的请求以积极弘扬孝道。这一变化证实，为官之人越来越多地通过仕宦及其拥有的文学社会资源来界定并履行其孝道义务。这一章的后半部分讨论了在追思忆往过程中的问题，特别强调人子在为父母求铭时面临的各种挑战，以及他们为自己在父母的墓志中争取留得孝名所付出的努力。

第一章

新孝道理念的胜出：禄养父母

生活在北宋初年的福建建安人李寅（? —1001），曾在远离家乡的许多地方做过官。考虑到工作频繁调动且需要长途奔波，李寅从不带着母亲赴任。他将母亲托付给留在建安的妻儿照顾。虽然宋朝官方规定，官员七十岁致仕，李寅却上疏朝廷，以母亲年迈需要照料为由请求提前致仕。李寅六十岁时，他的致仕请求得到了朝廷的批准。从那时起，他便一心侍奉母亲。李寅对母亲照顾得无微不至，因此被他的墓志作者誉为孝子。①

　　李寅的两个儿子李虚己（活跃于 960—1030）和李虚舟（971—1059），延续了家庭的孝道传统。南郊恩赏，李虚己循例可封赠父母和妻子，他特别奏请放弃给妻子的封号，将这一机会转给祖母，太宗最后下诏对李虚己的妻子、祖母全部予以封赠，"又赐其祖母钱五十万"。在其仕宦生涯后期，李虚己奏请朝廷希望在家乡附近任职，以方便定期省亲。他请求通判洪州的奏请为朝廷恩准后，却没有像父亲那样将自己的父亲与祖母交给

　　① 有关李家的介绍是根据李虚舟的墓志铭、《宋史·李虚己传》以及明代洪州方志中的李氏父子传记。余靖：《全宋文》第 27 册，卷 574《故尚书虞部郎中致仕李公墓碑》，第 126—130 页；《宋史》卷 300《李虚己传》，第 9973—9975 页；《万历新修南昌府志》卷 12，21b；卷 15，20b—21a。（下文提到李虚己通判洪州，据《宋史·李虚己传》记载，"以便亲，请通判洪州"，显然是李虚己主动提出通判洪州，并得到朝廷恩准，此处英文版理解史料有误，中译本已作修订。——译者注）

其他家庭成员照顾，而是将他们二人迎到江西自己的官舍。这一安排后来被证明是恰当之举。李寅对洪州的山水环境非常满意，希望在那里度过余生。随后，李虚己安排全家人永久定居洪州。

李寅的季子李虚舟以兄长的荫补入仕。① 因"坐不觉狱中杀人免官"后，李虚舟便回到洪州侍养父亲。李寅死后，李虚舟"柴毁过礼，庐于坟侧，自力封树，旦暮泣血"，因哀毁过礼而受人赞誉。②

关于李家的第三代，我们只知道李虚舟的两个儿子李宽和李定。两人都努力让父亲的生活过得舒适。李宽曾在洪州附近任职。由于父亲拒绝搬过去同住，李宽经常回家探望父亲。后来，当他被分配到离家较远的另一个路任职时，李宽连续多次上书朝廷，婉拒这一任命，但都未获朝廷的批准。李虚舟最终说服了儿子接受这个职位。李宽履职后，仍然不断上书朝廷请求辞免，后来他被调到洪州，得以更轻松地照顾老人。李定也被描绘成孝子，他曾欣然接受了更低级别的官职，只为离家更近，可以更常见到父亲。我们了解到，因为他们坚持任职近郡，李宽和李定在洪州或附近州府任职达十余年之久。

从前文的叙述中我们可以看出，福建李家宦途顺遂，三代人中至少有五人入仕。抛开官阶和政绩，这五个人都面临着类似的挑战：求仕使其远离父母和家乡，以致孝养父母成为几乎不

---

① 荫补允许高级官员的儿子和其他男性亲属根据官员的政绩入仕，这是宋代造成社会流动性减弱的措施之一。关于宋代荫补的系统性研究，见 Chaffee, *The Thorny Gates of Learning*, 22 - 30.

② 余靖：《全宋文》第 27 册，卷 574《故尚书虞部郎中致仕李公墓碑》，第 126 页。

可能完成的任务。在平衡仕宦和事亲的矛盾方面,李家的子孙没能找到完美的解决方案,只能妥协和采取临时措施。这些措施包括为父母和祖父母争取封号,通过获得离家更近的职位以便于养亲,以及迎亲至官侍养。

上述努力,在为养亲者赢得孝道声誉的同时,极大地复杂化了孝道的含义和实践。以李寅为例,李寅认为带着母亲赴任不切实际,便指定妻儿作为自己尽孝的"替代者",这种安排不仅造成了李寅和母亲的长期母子分离,也导致了李寅与妻儿天各一方。轮到李寅成为被尽孝的对象时,他可能因不曾在母亲身边侍奉改变了对养亲的态度,所以选择随同李虚己到洪州赴任。我们不禁要问,李寅的这个决定是因为他真心喜欢洪州这个地方,还是为了减轻儿子的养亲负担呢? 在李虚己看来,将父亲迎到洪州侍养,在当时看来肯定是正确合理的决定,但父子俩都无法预料到这一做法的长远后果。据说,两兄弟中,李虚舟对李寅的照顾多于李虚己。但这一格局大半源于李虚舟仕途受挫不得不留在家里,而非他个人的主动选择。在李家的第三代人中,即使李宽和李定在洪州或周边地区为官十余年,他们职业生涯的大部分时间仍然会远离父亲身边,因此和他们的父亲祖父同样体验了夹在仕宦与孝亲之间的两难困境。

本章将说明李家的经历,无论是从家庭情况还是他们做出的选择来看,都不是独一无二的。北宋士人的养亲能力,在很大程度上取决于他们的仕途以及造成其离乡远宦的人事政策。这种限制本身并不是一种新现象。这一时期与之前的朝代不同的是,一心求仕的人越来越多,同时,在朝廷决策和士人写作中,"养"占据了更加突出的位置。事亲成为国家和士人的一个主要

17

关注点,这一点在大量提及个人与家庭如何兼顾仕宦和事亲的辛酸故事中表现得尤为明显。

这种长期的挑战,既没有造成北宋学人退出官场,也没有造成孝道在精英自我认同中的边缘化。与前代相比,北宋时期一大显著变化是"禄养"或"荣养"被拔高为最重要的孝道表达模式。"禄养""荣养"这两个词经常互换使用,用以描述人子通过获得各种奖励(如中进士第、升官加俸以及获得封赠)养亲。其他相对更难于量化但同样被标榜的孝行包括为养亲迎父母至官或陈乞获得任职近郡的福利和特权。换言之,在仕宦对胸怀大志的个人和家庭越来越具有吸引力的时候,人子在举业和宦途上的成功被单独列为一种特殊的养亲形式。

为官者及其家庭对禄养的提倡,得到了政府政策的支持。通过将士人入仕为官得禄的能力奉为最显著的孝行,禄养理念及其认可的表现形式重新界定了精英人士的孝道,允许他们不在父母身边晨昏定省。更确切地说,入仕的人子因为成功地为父母获得了与"禄"相关的恩荫彰显,从而被贴上了"孝"的标签。只有在人子的任职地点和时间允许的情况下,父母可以随儿子至官所时,儿子才有可能晨昏定省。

这种孝道模式的变化对精英家庭的家庭生活有着重要的影响。通过特别彰显入仕子的成功,北宋的禄养模式将养亲转变成了更加基于角色和性别的美德。由于得禄的人子经常远离父母和家乡,精英家庭中的许多孝道义务都被下放给儿媳和留在父母身边不曾当官的儿子。家庭内养亲义务上的这种分工绝非易事。为官之人的家乡与任职所在的相对位置、一对夫妇入仕与不入仕儿子的人数、丧偶和续娶,以及家庭能否世代为官等一系列因素，都影响着个人和家庭对孝道义务的理解和分配。

从养亲到禄养父母

    要了解"禄养"作为北宋精英人士孝道主导话语的出现，就必须对"养"在中国早期历史中的意义和地位作简要的回顾。在汉代及汉代之前的儒家经典中，养亲被描述为人子最重要的孝道义务。孔子在阐明"养"的意思时，有句名言："今之孝者，是谓能养。至于犬马，皆能有养；不敬，何以别乎？"①在另一次谈话中，孔子用"色难"来说明人子和父母打交道时"诚""敬"的重要性。② 同样，孟子强调一个人"事亲为大"，"仁之实，事亲是也"。"事亲"时，人子应该以"悦亲"为目标。③ 其他儒家经典进一步宣扬了"养"的重要性，要求儿子满足父母的各种需要并让父母身心愉悦。《礼记》强调，父母年满八十岁时，至少应有一个儿子留在他或她的身边照料。如果父母年逾九旬，所有的儿子都应该解官侍亲。④《孝经》对儿子的养亲任务做了更详细的描述："孝子之事亲，居则致其敬，养则致其乐，病则致其忧。"⑤

    东汉和南北朝时期，"养"（孝养或供养）成为侍奉父母的通

---

    ① 孔子《论语》2.7。英译本采用 Burton Watson，*The Analects of Confucius*，21.

    ② 孔子《论语》2.8。英译本采用 Burton Watson，*The Analects of Confucius*，21.

    ③ 孟子《孟子》4A：12,4A：19,4A：27。英译本采用 D. C. Lau，*Mencius*，*A Bilingual Edition*，161，165，169.

    ④ 《礼记正义》，第 426 页。中国中古初期的记录中偶尔会提到这些期望，一些例子，见房玄龄《晋书》卷 50《庾峻传》，第 1398 页；卷 55《潘岳传》，第 1504 页；沈约《宋书》卷 51《何子平传》，第 2257 页。

    ⑤ 这段史料的英译本采用 Ebrey，*The Classic of Filial Piety*，374，377.

用术语。当时孝道传奇故事的惯用比喻是亲子之间的感应，以及人子竭力满足父母的各种需要并让父母身心愉悦。为了实现这一目标，故事主人公通过一些简单的行为表现出了非凡的奉献精神，比如为父母吮脓，清洗夜壶，或者满足父母对非时令性食物的渴望。① 正如现存的敦煌变文所见，类似的孝道故事在唐代继续流传。② 在唐代孝道故事中，不仅"养"仍然是故事的中心主题，而且另一种更为极端的"养"的形式——"割股"，在这一时期首度出现。"割股"的流行与佛教兴盛密切相关，实践者通常是男性，但偶尔也会有女儿或儿媳参与，孝养者希望用自己的血肉或某个器官，来达到为父母治病之目的。③ 这些孝道典范的事迹，在后世成为突出的养亲主题。

　　促使北宋禄养理念兴起有两大因素：其一，晚唐至宋政治社会精英性质的变化；其二，士大夫自我认同中仕宦及其相关利益重要性的日益增强。简单地说，宋代政治社会精英与前代的主要区别在于其地理和社会背景上的多样性。因为既没有前代世家大族无懈可击的家世可供吹嘘，也没有强大的地方基础可供依靠，宋代士大夫们逐渐将科举中第与仕宦视为提高自身身份最重要的渠道。这种精英取向的转变，与从晚唐到宋初动荡时期的制度变迁相吻合，而这一变迁的结果之一是文官地位的

---

① Knapp, *Selfless Offspring*. 关于女性在照顾家人方面所起作用的研究，见李贞德《汉唐之间家庭中的健康照顾与性别》《唐代的性别与医疗》。

② 王三庆《〈敦煌变文集〉中的〈孝子传〉新探》。

③ 虽然大多数"割股"者都是男性，但方燕在汉、唐时期分别发现了关于女性"割股"的资料，宋代也有 18 个"割股"的例子，见方燕《宋代女性割股疗亲问题试析》。关于"割股"这一做法的更多研究，见 Kyan, "The Body and the Family"; T. Lu, *Accidental Incest, Filial Cannibalism, and Other Peculiar Encounters in Late Imperial Chinese Literature*; J. Yu, *Sanctity and Self-Inflicted Violence in Chinese Religions*.

提升。因此，通过艰辛努力挣得的俸禄和随仕宦而来的特权，不仅成为重要的身份地位标志，也演变为人子们最强有力的孝道表达。换言之，当"禄"成为人子能带给父母的最高荣誉时，对仕宦之人及其家庭而言，"养"和"禄养"的内涵便合而为一了。

唐朝中后期的史料中已经提到这样的说法，父母希望儿子仕宦有成，儿子通过让父母得遂心愿来表现孝道。① 然而，直到北宋前几十年，各种与"致禄"有关的术语才成为公文和士人写作中的标准词汇。例如，授予官员父母封赠的诏令，惯例是赞扬官员通过获得高官来实现"显亲"的目标，即让自己的父母或其他祖先享受荣耀。② 当时士人中的领袖人物也同样支持禄养理念。北宋初年的张咏（946—1015）在奏议中请求在近乡之地任职，"以禄奉亲，孝子之常道也；从人之欲，圣主之广爱也"。③ 几十年后，欧阳修（1007—1072）同样表达了他对这一趋势的强烈支持："夫孝子之于其亲也，无所不至焉。生则养之以禄，殁则荣之以名。"④禄养被墓志铭作者们广泛运用于他们对理想品行的刻画中，这表明得禄已成为精英人士最受尊敬的美德之一。元绛（1008—1083）称，

20

---

① 郑雅如《亲恩难报：唐代士人的孝道实践及其体制化》，第 10—14 页，第 26—39 页。

② 相关事例见郑獬：《全宋文》第 67 册，卷 1465—1466《母沛国夫人段氏可追封卫国太夫人制》《母越国太夫人阎氏可追封鲁国太夫人制》《集庆军节度使同中书门下平章事宗谔适母刘氏追封祁国太夫人制》《继母宋氏可追封崇国太夫人制》《皇后乳母贾氏可封遂宁郡君制》《屯田员外郎王广渊弟太常博士临亡母嘉兴县太君朱氏追封真定县太君制》《继母福昌县太君许氏进封永安县太君制》《韩国公从约女封县君制》《屯田员外郎王广渊弟太常博士临妻太和县君盛氏进封天兴县君制》《宗室女封县君制》《千牛卫将军世荣等妻可封县君制》《集庆军节度使宗谔所生母朱氏可追封永嘉郡太夫人制》，第 332—336 页。

③ 张咏：《全宋文》第 6 册，卷 108《通判相州求养亲表》，第 68 页。

④ 欧阳修：《全宋文》第 31 册，卷 664《虞部员外郎卢士宏太常博士王揆祠部员外郎秘阁校理张环丁忧服阕复旧官制》，第 169 页。

因为得禄养亲的压力，他不得不入仕为官。① 据说，同时代的石中立(972—1049)无意理财，只靠"俸赐"以孝养父母。② 张仲原(1051—1100)用最直截了当的方式表达了他的毕生愿望："学在致禄，将以显亲也，愿从其志。"③实现禄养的压力如此之大，以至于鞠仲谋(985 年进士)因为"禄不及亲"，便称自己不孝。④

　　禄养理念在北宋精英人士孝道观念中的中心地位，可以从另外三组规范术语的传播中得到最好的说明。这三组术语都是对"禄养"意思的引申，包括：(1)"侍养"或"侍亲"；(2)"乞便郡"(或"乞近郡")、"便养""就养"；(3)"去仕就养"。在这七个术语中，后五个术语明确表明了人子的官员身份及其在仕宦期间尝试养亲或有能力养亲。这些方法，前文讨论过的李家三代为官之人都曾尝试过，并因此被贴上了孝道的标签。在剩下的两个术语中，"侍养"和"侍亲"没有具体说明孝子的官员身份。但下面的讨论表明，在公文和士人写作中，当人子被描绘为尽心"侍养"或"侍亲"时，他们孝养双亲的行为通常是在其官舍，而不是在父母家里进行的。

禄养的四种方式

　　在禄养的大前提下，孝道的表现形式可以分为四类，每一类

① 苏颂：《全宋文》第 62 册，卷 1342《太子少保元章简公神道碑》，第 28 页。
② 苏颂：《全宋文》第 62 册，卷 1344《二乐陵郡公石公神道碑铭》，第 58 页。
③ 李昭圮：《全宋文》第 121 册，卷 2616《张纯臣墓志铭》，第 257 页。
④ 王禹偁：《全宋文》第 8 册，卷 161《著作佐郎赠国子博士鞠君墓碣铭》，第 177 页。

孝行都涉及为官者将他们从朝廷获得的俸禄、声望和好处，与父母及家人分享。下面将对这些孝道表现逐一讨论。

通过登科实现禄养

第一类禄养是人子披荆斩棘科举中第，让父母扬眉吐气并光耀门楣。这种孝道的表现形式极为突出地见于宋诗和墓志铭中。

与前代的诗作相比，宋代诗歌更突出地表现了精英人士的孝道行为。[①] 在把科举中第举子称之为"得禄子"的诗中，这一点体现得最为明显。以此为主题的最早的一首诗是徐铉（916—991）的《送朱先辈尉庐州》。徐铉以这样的方式描绘了一位新近科举中第之人：

> 成名无愧色，
> 得禄及慈亲。[②]

诗中虽没有使用孝子一词，但短短十字传达了三个信息：首先，年轻人苦读多年，终于一朝科举中第；其次，取得功名使其有资格入仕得禄；第三，这一成就证实了他有能力养亲并光耀父母。

稍后的著名诗人梅询（964—1041）更直截了当地把科举中第等同于尽孝。梅询在告别一位新科进士时写道：

---

① 关于唐诗中孝道表现的讨论，见赵小华《唐人的孝亲观念与孝亲诗》。
② 徐铉：《全宋诗》第1册，卷7《送朱先辈尉庐州》，第95页。

> 科第孝思俱已遂，
> 却经剑栈莫凄凉。①

如果说徐铉诗中的中第举子仍然对自己取得功名而感到懵懂的话，那么梅询诗中的主人公杨可已经释褐上任，想到要去偏远之地宦游，主人公心中生出了许多焦虑。梅询试图缓解杨可的焦虑，但他作诗的一个主旨是肯定得禄作为孝道表现形式这一理念。

出自李之仪(1038—1117)之手的第三首诗则进一步阐述了在精英想象中禄养之于孝道表现的可取性:

> 陈家有儿新及第，
> 新着恩袍归见亲。
> 为报行人洗眼看，
> 养儿如此谁不羡。②

诗人用生动的语言，把取得功名的举子衣锦还乡描绘成一个公共事件。陈莹中衣锦还乡的喜讯，引来众乡亲围观祝贺，将陈家彻底置于众人的注目之下。虽然中第者的父母并没有出现在众人面前，但诗人提醒大家注意所有观众心中的想法:"养儿如此谁不羡。"因为给父母和家庭带来如此崇高的荣誉，陈莹中毫无疑问就是一个孝子。

22

---

① 梅询:《全宋诗》第 2 册,卷 99《送杨可及第还乡》,第 1117 页。
② 李之仪:《全宋诗》第 17 册,卷 963《送陈莹中及第归洪州》,第 11225 页。

同诗人们一样，北宋墓志铭作者也将人子取得功名等同于向父母尽孝。事实上，他们不仅称赞笔下的主人公通过科举中第把"禄"带给父母，而且墓志作者们还特别强调，孝心本就是人子们求学入仕的动力。例如，孙路将自己顺利取得功名归功于父亲，因为他的父亲孙龙舒曾说过："使吾有一子仕，则吾老矣。"两年之后，孙路中进士第。① 姜周臣回忆道，自己幼年丧父，母亲督促他努力学习，坚持不懈，在学术上精益求精。② 萧叔献想起母亲训诫自己的话："为子贵能树立，使父母存没无慊乃可。汝无怠，终吾老，期汝得禄，酬平昔意。"③

北宋士人通常把受教育和取得学术成就归功于他们的母亲，尤其是寡母。柏文莉（Beverly Bossler）曾指出，这种"贤惠孀妇和才情卓著的儿子"的比喻揭示了从唐到北宋时期理想女性美德观念的变化：妇女因教育子女、侍奉公婆和治家而得到越来越多的赞扬。④ 仔细阅读北宋墓志铭，我们可以看出这种文化定势的另一面：为了实现母亲的愿望，儿子们奋力应举。换言之，科举中第既是人子肯定自身价值的重要途径，也成为他对母亲所付出的牺牲表达爱意和感激的行孝方式。晚年的苏咸熙（961—1035）对子孙们说："吾少孤无赀，徒力学，祈寸禄以养母。

---

① 沈括：《全宋文》第 78 册，卷 1694《故尚书水部郎中致仕孙君墓志铭》，第 19 页。
② 葛胜仲：《全宋文》第 143 册，卷 3077《文林郎姜公墓志铭》，第 89 页。
③ 吕陶：《全宋文》第 74 册，卷 1615《夫人文氏墓志铭》，第 125 页。类似事例，见宋祁：《全宋文》第 25 册，卷 528《故右侍禁赠左屯卫将军高府君墓志铭》，第 141 页；强至：《全宋文》第 67 册，卷 1455《尚书都官郎中卢君墓志铭》，第 171 页；刘挚：《全宋文》第 77 册，卷 1681《赠朝请郎杨君墓志铭》，第 160 页。
④ Bossler, *Powerful Relations*, 16 - 24.

母终养矣，又得衣食尔子孙，吾自足矣。"①值得注意的是，苏咸熙早年丧父之后，他将赢得俸禄而非亲自侍奉寡母，视为尽孝形式的首选。而禄养的实现，给苏咸熙带来了强烈的自豪感。

23　　　　既然父母在世时得禄被认为是非常重要的人生目标，那么，有些人觉得寻求得禄捷径自然合情合理。卞日华（961—1012）回想起自己曾经深入权衡思考：

> 吾母戴白而恃吾养，岂宜博习以自私于名？当就速成之术，冀得禄以为亲荣耳。②

在确定了自己的目标和需要优先解决的问题之后，卞日华开始专门研读《春秋》，并于次年取得功名。卞日华暗示，如果他不急于应举，肯定会更博学，并有可能获得更具声望的进士功名。然而，他对自己"急功近利"之举并不后悔，因为在母亲的有生之年自己幸运地实现了禄养。③

为父母赢得封赠，成为孝子

对卞日华及其同侪来说，封赠父母与中进士第相比，即便不

---

①　余靖：《全宋文》第 27 册，卷 574《宋故南京留守判官赠都官郎中苏公墓志铭》，第 139 页。

②　余靖：《全宋文》第 27 册，卷 575《宋故礼宾副使知邵州卞府君墓志铭》，第 143 页。

③　更多作为"禄养"形式的功名，见司马光：《全宋文》第 56 册，卷 1225《宋故处士赠尚书都官郎中司马君墓志铭》，第 276 页；章澥：《全宋文》第 68 册，卷 1480《枢密直学士刑部郎中何公行状》，第 172 页；吕陶：《全宋文》第 74 册，卷 1613《朝散郎费君墓志铭》，第 104 页。

是更令人心仪的禄养方式，二者也可谓不分伯仲。与前代相比，北宋朝廷在这方面极为慷慨通融。大多数给予父母的封号都是在两种情况下授予的。① 首先，五品及以上官员皆可循资为父祖辈、妻子和其他远祖向朝廷提出封赠请求。② 官员的级别越高，他有资格追封荣耀的祖先就越多，封号也越显赫。北宋时，数十位公卿大臣为祖上三代赢得过封赠。③ 更多人为父母（有

---

① 关于封赠的官方政策，见《宋史》卷170《职官十》，第4083—4086页。

② 这种做法的最早先例见于唐玄宗天宝七年（748），《唐大诏令集》卷9《天宝七载册尊号敕》，第49页。

③ 胡宿：《全宋文》第21册，卷449《集贤相宋庠曾祖母王氏可追封齐国太夫人曾祖母丁氏可追封魏国太夫人制》《集贤相宋庠曜累赠太师可特赠中书令制》《集贤相宋庠祖母贾氏可特追封楚国太夫人制》《集贤相宋庠父玘累赠中书令兼尚书令追封荣国公可进封郑国公制》《集贤相宋庠母王氏可追封越国太夫人母高氏可追封汉国太夫人母王氏可追封秦国太夫人母朱氏可追封燕国太夫人制》《集贤相宋庠母钟氏可追封晋国太夫人制》《吏部侍郎同中书门下平章事文彦博曾祖崇远赠太保可赠太傅制》《吏部侍郎同中书门下平章事文彦博曾祖母宋氏可追封魏国太夫人制》《吏部侍郎同中书门下平章事文彦博祖锐赠太傅可赠太师制》《吏部侍郎同中书门下平章事文彦博祖母王氏可追封越国太夫人制》《吏部侍郎同中书门下平章事文彦博祖母郭氏可追封沂国太夫人制》《吏部侍郎同中书门下平章事文彦博父洎赠太师可赠中书令制》《吏部侍郎同中书门下平章事文彦博嫡母耿氏可追封秦国太夫人制》《参知政事高若讷曾祖谕赠太子太保可赠太保制》《枢密使高若讷曾祖谕赠太傅可赠太师制》《参知政事高若讷曾祖母王氏可追封祁国太夫人制》《枢密使高若讷曾祖母冀国太夫人王氏可追封晋国太夫人制》《参知政事高若讷祖审钊赠太子太傅可赠太傅制》《枢密使高若讷祖审钊赠太师可特赠中书令制》《参知政事高若讷祖母追封扶风郡太夫人马氏可追封澶国太夫人制》《枢密使高若讷祖母卫国太夫人马氏可追封魏国太夫人制》《参知政事高若讷父怀谨赠太子太师可赠太师制》《枢密使高若讷父怀谨赠太师中书令可赠兼尚书令制》《参知政事高若讷母追封河南郡太夫人阎氏可追封鄜国太夫人制》《枢密使高若讷母雍国太夫人阎氏可追封秦国太夫人制》，第330—342页；余靖：《全宋文》第26册，卷556《母亡者加恩制》《百官妻加恩制》《王相公赠官制》《工部侍郎参知政事陈执中三代曾祖嵩赠太子太傅宜特追太傅制》《曾祖母黄氏赠郢国太夫人制》《曾祖母黄氏追封德阳郡太夫人制》《祖光嗣太傅迁太师制》《祖母孙氏赠安国太夫人制》《父恕太师中书令尚书令荣国公改封许国公制》《母李氏赠崇国太夫人制》《母王氏赠鄂国太夫人制》《皇后曾祖太师尚书令兼中书令追封鲁国公曹芸可追封魏国公制》《曾祖母追封陈国太夫人张氏可国太夫人制》《父赠开府仪同三司太师（转下页）

（接上页）兼中书令曹玘可赠尚书令制》《母赠吴国太夫人冯氏可国太夫人制》《德妃沈氏曾祖升赠太师宜特赠尚书令制》《曾祖母追封燕国太夫人华氏宜封国太夫人制》《祖赠太师尚书令冀王伦宜特赠兼中书令制》《祖母追封秦国太夫人田氏制》《父继宗赠兵部尚书宜特赠制》《母追封福昌县太君吴氏宜特追封制》《枢密王太尉三代曾祖建福赠太师中书令可赠兼尚书令余如故制》《曾祖母追封魏国太夫人贾氏可追封国太夫人制》《祖祚赠太师中书令兼尚书令可追封国公制》《祖母追封陈国太夫人严氏可追封国太夫人制》《父溥赠尚书令兼中书令追封鲁国公可赠太师制》《母追封齐国太夫人常氏可追封国太夫人制》《母追封丹阳郡太夫人申氏可追封国太夫人制》《兄贻正赠太师可赠中书令制》《嫂追封巨鹿郡太夫人魏氏可追封郡太夫人制》《富副枢三代曾祖处谦赠太子少保可赠太子太保制》《曾祖母追封彭城郡太夫人刘氏可追封陈留郡太夫人制》《祖令荀赠太子少傅可特赠太子太傅制》《祖母追封金城郡太夫人赵氏可追封南阳郡太夫人制》《父言赠太子少师可特赠太子太师制》，第218—234页；曾巩：《全宋文》第57册，卷1232《左仆射门下侍郎王珪追封三代并妻制》《中大夫尚书左丞蒲宗孟追封三代并进封妻制》，第17—22页；王安石：《全宋文》第63册，卷1371《宰相富弼三代制》《参知政事欧阳修三代制》《枢密使张昪封赠三代制》《枢密副使胡宿封赠三代制》，第174—184页；王安礼：《全宋文》第83册，卷1799《王珪曾祖永皇任起居舍人赠太师可特赠太师中书令制》《曾祖母追封韩国太夫人尹氏可追封吴国太夫人制》《祖贽皇任兵部郎中赠太师中书令兼尚书令追封昌国公可追封蜀国公余如故制》《祖母陈国太夫人丘氏可追封秦国太夫人制》《父准皇任三司盐铁判官太常博士秘阁校理赠太师中书令兼尚书令追封兖国公可追封鲁国公余如故制》《母追封周国太夫人薛氏可追封兖国太夫人制》《亡妻郑国夫人郑氏可特追封越国夫人制》《杨遂曾祖咏赠太子少保制》《曾祖母刘氏追封昌化郡太夫人制》《祖德皇不仕可赠太子少傅制》《祖母袁氏追封齐安郡太夫人制》《父进赠左武卫上将军太子太保制》《母臧氏进封咸宁郡太君可追封安康郡太夫人制》《妻范氏进封安定郡君可进封普宁郡夫人制》《韩缜曾祖处均赠太师中书令兼尚书令韩国公可追封燕国公余如故章惇曾祖炎皇不仕可赠金紫光禄大夫太子少保制》《曾祖母韩国太夫人李氏可追封燕国太夫人章惇曾祖母陈氏可追封颍川郡太夫人制》《祖保枢赠太师中书令兼尚书令魏国公可追封冀国公余如故章惇祖佺赠工部尚书可赠金紫光禄大夫太保制》《祖母周氏追封魏国太夫人祖母郭氏追封魏国太夫人可并追封冀国太夫人章惇祖母福昌县太君杨氏可追封建安郡太夫人制》《母周国太夫人蒲氏王氏可并追封兖国太夫人章惇母吴兴郡君罗氏可追封吴兴郡夫人制》《妻广平郡君程氏可永嘉郡夫人章惇妻定安郡君张氏可嘉兴郡夫人制》《冯京曾祖碧赠太师中书令可赠兼尚书令制》《曾祖母追封燕国太夫人李氏可追封兖国太夫人制》《祖禹谟赠太师中书令兼尚书令可追封崇国公制》《祖母追封吴国太夫人胡氏可追封鲁国太夫人制》《父式赠太师中书令兼尚书令昌国公可追封蜀国公制》《母追封韩国太夫人朱氏可追封冀国太夫人制》《亡妻追封安化郡夫人可追封文安郡夫人制》《亡妻追封普安郡夫人富氏可追封延安郡夫人制》《妻进封大宁郡夫人富氏可特封延安郡夫人制》《文彦博曾祖崇远赠太师中书令兼尚书令齐国公可燕国公制》《曾祖母宋氏追封齐国太夫人可追封燕国太夫人制》《祖税赠太师中书令兼尚书令韩国公可追封周国（转下页）

时是多名父母)和祖父母获得过封赠。[①] 此外，个别官员会因其卓越的政绩为祖先赢得封赠，例如，因其在宋夏战争中所起的关键作用，韩琦(1008—1075)为包括他的妾母在内的多位祖先赢得了封赠。[②]

其次，朝廷允许(虽然不一定鼓励)各级官员使用自己的功绩和升迁机会，为年迈的父母换取封赠。北宋保存至今的这类

(接上页)公制《祖母王氏追封唐国太夫人可追封周国太夫人制》《祖母郭氏追封唐国太夫人可追封越国太夫人制》《父洎赠太师中书令兼尚书令陈国公可追封魏国公制》《祠部员外郎刘瑾可朝奉郎复天章阁待制制》《百官封妻制》《皇城使荣州团练使岷洮州蕃部都巡检使包顺父瞎铎心可太子左清道率府副率致仕母鸡忙氏可狄道县君妻抹卒氏可长道县君制》《水部员外郎王同老可朝奉郎充秘阁校理制》《故文思使内侍省内侍押班忠州刺史高居简可特赠耀州观察使制》《皇伯故镇安军节度观察留后宗衮可赠武宁军节度使兼侍中追封彭城郡王制》《皇兄故右卫大将军忻州团练使仲随可赠曹州观察使追封济阴侯制》《右谏议大夫吕公孺可给事中知青州制》《前守汀州上杭县尉林璋可著作佐郎制》《故赠昭庆军节度使曹亿门客进士主父宝臣可假务务郎制》《美人张氏亲见孙林可假承务郎制》《文彦博男宗道可承事郎制》，第21—32页；苏轼：《全宋文》第85册，卷1852《赠司马光曾祖政太子太保制》《赠司马光曾祖母薛氏温国太夫人制》《赠司马光祖炫太子太傅制》《赠司马光祖母皇甫氏温国太夫人制》《赠司马光父池赠太师追封温国公制》《赠司马光母聂氏温国太夫人制》《赠司马光故妻张氏温国夫人制》《张恕将作监丞制》《赵济知解州制》《李承之知青州制》《赠韩维曾祖处均燕国公制》《赠韩维曾祖母李氏燕国太夫人制》《赠韩维祖保枢鲁国公制》《赠韩维祖母郭氏周氏赠鲁国太夫人制》《赠韩维父亿赠冀国公制》《赠韩维母蒲氏王氏赠秦国太夫人制》《赠韩维故妻张氏同安郡夫人制》《赠韩维故妻苏氏永嘉郡夫人制》，第194—203页；苏辙：《全宋文》第94册，卷2044《安焘三代妻告词》《李清臣三代妻告词》《范纯仁三代告词》，第101—110页；邹浩：《全宋文》第131册，卷2827《蒋之奇陆佃章棻赠曾祖母制》《蒋之奇追赠祖制》《陆佃追赠祖制》《章棻追赠祖制》《蒋之奇陆佃章棻追赠祖母制》，第87—88页。

①　例如，李昉为亲生父母和养父母均赢得封赠。《宋史》卷265《李昉传》，第9139页。(《李昉传》："初，(李)沼未有子，昉母谢方娠，指腹谓叔母张曰：'生男当与叔母为子。'故昉出继于沼。昉再相，因表其事，求赠所生父母官。诏赠其祖温太子太傅，祖母权氏莒国太夫人，超太子太师，谢氏郑国太夫人。"——译者注)

②　韩琦：《全宋文》第40册，卷856《太夫人胡氏墓志铭》，第66页。关于宋夏战争的近期研究成果，见 Smith, "A Crisis in the Literati State."

奏请不胜枚举。① 宋仁宗天圣九年(1031)，段少连请求用他的
功名换取给父亲的赠官。② 范仲淹(989—1052)奏请将他获得
的官爵回赠给继父。③ 另一位官员赵槩(996—1083)，请求将他
得到的恩赏换成加封母亲。当时的宰相对赵槩说："君即为学
士，拟封不久矣。"劝赵槩不妨耐心等待一些时日。赵槩却回答
道："母年八十二，愿及今拜君赐以为荣。"赵槩显然担心母亲年
事已高，不愿冒她去世时可能没有封号的风险。④

　　北宋的封赠制书通常文字简短，写作风格公式化，语言古朴
且经常引经据典。概括地说，这些制书通常包括三方面信息来
拔高禄养理念：首先，是歌颂"孝治兴矣"，为官之子得以"尊荣
其亲"；其次，是奖励孝子为国尽忠的精神，并激励他人仿效追
随；第三，是鼓励并褒扬孝子"致恭于祖者，所以致孝于父母而移
忠于君"。⑤ 下面引用的是一道文字相对冗长的制书，内容是为
两位为官兄弟的继母授予封号：

---

　　① 这种请求的样例，见熊文雅：《全宋文》第 17 册，卷 364《乞为亡父迴赠官奏》，第
394 页；徐奭：《全宋文》第 16 册，卷 327《乞迴授父郁文散一阶奏》，第 139 页；黄庭坚：
《全宋文》第 104 册，卷 2280《乞回授恩命状》，第 277 页；宋神宗：《全宋文》第 115，卷
2480《许韩存宝减磨勘三年回授其母诏》，第 108—109 页，第 115 册，卷 2488《包顺乞用
南郊赦书封赠父母御批》，第 254—255 页。
　　② 段少连：《全宋文》第 20 册，卷 412《为亡父请改赠官奏》，第 67 页。
　　③ 范仲淹：《全宋文》第 18 册，卷 379《乞以所授功臣勋阶回赠继父官奏》，第
256 页。
　　④ 《宋史》卷 318《赵槩传》，第 10364 页。
　　⑤ 相关事例见蔡襄：《全宋文》第 46 册，卷 998《刘参政父素赠太子少师再赠太子
太师制》，第 277 页；蔡襄：《全宋文》第 46 册，卷 998《孙副枢母追封清河郡太夫人张氏再
追封京兆郡太夫人制》，第 281 页；王珪：《全宋文》第 52 册，卷 1140《王尧臣父渎可赠太
子太师制》，第 338—339 页；刘敞：《全宋文》第 59 册，卷 1278《程戡祖母彭城郡太夫人刘
氏追封某国太夫人制》，第 56 页；郑獬：《全宋文》第 67 册，卷 1465《梁适祖母燕国太夫人
卫氏可追封楚国太夫人制》，第 330—331 页。

有子以仕于朝,慈颜而白发,就养乎高堂之上,私门之荣,莫逾于此。某官某母某氏柔洁端庄,治内有法,二子既以才能显于时,则脂泽之封,宜有以均及。昔仲由负米为养,犹足以致乐,况夫以尚书郎、太常属官之禄以奉其亲,则其为乐,不犹侈于为仲由乎? 可。[1]

从这份制书,我们可以了解到以下几方面情况：首先,这个家庭在同一代有两人入仕；其次,两兄弟很可能是由继母抚养长大的；第三,两个儿子所得的禄,自然也应该延伸到母亲身上；最重要的是,制书把两个得禄的儿子比作仲由(子路)。作为孔子的著名弟子和孝道楷模,仲由以为亲负米、关心父母衣食著称。通过把两位做官的兄弟与仲由相提并论,制书的作者无疑也在将他们的孝行与仲由的孝行进行比较,并肯定禄养是比孝养更优越的孝道表达方式。该制书以最直截了当的方式断言,以封号、官阶、豪宅的形式给父母带来的"禄",比仲由为父母长途讨来精米的简单孝行,能带给父母更多的快乐。因此,给父母封赠不仅代表了朝廷对官员的才干和奉献精神的认可,也成为精英们将其政治地位转化为模范孝道的工具。从另一个角度看,仲由是在父母去世后才"飞黄腾达"的,而这两位官员兄弟能够在母亲生前为她带来荣耀。因此,他们才是更优秀、更"成功"的孝子。这种话语明确肯定禄养为比儿子关心父母基本需要更高层次的孝道表达方式。

乍一看,这种做法并非新现象。毕竟,在之前朝代中,朝廷

25

---

[1]　郑獬:《全宋文》第 67 册,卷 1466《继母福昌县太君许氏进封永安太君制》,第 335 页。

官员的父祖辈经常接受官方的赏赐。北宋与以往朝代的不同之处在于，国家积极主动地提倡封赠官员的父母，这种趋势可以清楚地见于政令中使用的与孝相关的用语、各种相关礼仪以及朝廷授予的大量封赠等方面。同样重要的是，还有大批来自官员本人，旨在为父祖辈获得封赠的奏表。① 这种机会的存在同时也造成了巨大的压力，使那些最终未能为祖先争取到这类封赠的人心怀愧疚且黯然失落。这里举两个例子。黄仲通虽然中第，但由于升迁缓慢，父母在世时没资格获得封号，他后来"每叹禄不逮亲"。② 因为入仕很久后才为父母获得封赠，鞠仲谋甚至自称不孝。根据其父亲墓碣铭作者的说法，鞠仲谋最终"奉天子命得封赠父母"时，"慰罔极之心"。③

父母封赠中的一个显著特点是，母亲获得此类奖励大大多于父亲。吕陶（1028—1104）起草的诸多封赠制书中，有六道是授予父亲的，而十九道是授予母亲的，这包括一个妾母和多位继母。④ 郑獬（1022—1072）撰写的制书中，有九道制书是为母亲加封

---

① 这些奏议的样例，见刁湛：《全宋文》第 13 册，卷 274《乞为亡母叙封奏》，第 412 页；李迪：《全宋文》第 14 册，卷 275《乞回赠叔官叔母邑号奏》，第 27 页；卢察：《全宋文》第 16 册，卷 332《乞封赠先父多逊亡母苏氏奏》，第 258 页；谢绛：《全宋文》第 20 册，卷 411《乞移恩追封亡母郡君之号奏》，第 51 页；段少连：《全宋文》第 20 册，卷 412《为亡父请改赠官奏》，第 67 页；胡宿：《全宋文》第 22 册，卷 459《转官乞回赠祖父母表》，第 80 页；吴奎：《全宋文》第 46 册，卷 985《乞回赠亡祖父母官封奏》，第 33 页。

② 余靖：《全宋文》第 27 册，卷 574《宋故屯田郎中黄府君碑》，第 125 页。

③ 王禹偁：《全宋文》第 8 册，卷 161《著作佐郎赠国子博士鞠君墓碣铭》，第 177 页。

④ 吕陶：《全宋文》第 73 册，卷 1590《陈安石故妻太原郡君王氏可赠京兆郡君制》《陈安石妻安康郡君王氏可封普安郡君制》《右通直郎掌世廉弟左朝请郎世衡故父任尚书工部侍郎致仕赠开府仪同三司禹锡可赠司徒制》《右朝散郎马玗弟左朝奉郎珣故父通议大夫充天章阁待制特迁仲甫可赠司空制》《马玗等故前母齐安郡太夫人钟离氏可赠荣国太夫人制》《马玗等故母乐平郡太夫人杨氏可赠崇国太夫人制》《马玗等故继（转下页）

号。① 这些制书的一个共同之处是提倡"母以子贵"的理念。②

（接上页）母安康郡太夫人杨氏可赠康国太夫人制》《右朝散郎行司农寺主簿韩祗祖弟左朝散郎行都水监主簿祗德故父任正议大夫致仕赠右光禄大夫璹可赠右银青光禄大夫制》《右朝奉郎杨良显故父任翰林侍讲学士兼给事中赠右银青光禄大夫安国可赠左银青光禄大夫制》《杨良显故嫡母中山县君王氏可赠泰宁郡太夫人制》《杨良显故继母太原郡太君王氏可赠太原郡太夫人制》《右通直郎杨元永故父任给事中充天章阁待制佐可赠右正议大夫制》《杨元永故母高阳郡君张氏可赠谯郡太君制》《右通直郎敦诗弟右奉议郎约史故父任龙图阁学士尚书右司郎中赠通议大夫必可赠左正议大夫制》《邵闻礼等故母通义郡太君蒋氏赠永宁郡太君制》《邵闻礼等故继母和义郡太君蔡氏可赠遂宁郡太君制》《右朝散大夫充集贤院学士李周故父赠通议大夫齐可赠右正议大夫制》《李周故前母仙游县太君周氏可赠安定郡太君制》《李周故前母仙源县太君党氏可赠冯翊郡太君制》《李周故继母仙居县太君姚氏可赠襄阳郡太君制》《李周故继母寿安县太君刘氏可赠彭城郡太君制》《李周故妻党氏可赠直宁县君故妻詹氏可赠永宁县君故妻郭氏可赠真定县君制》《皇叔祖感德军节度使宗景故母襄阳郡太君张氏可特赠泰宁太夫人制》《宫正王氏可赠郡夫人制》《左朝散郎充龙图阁待制王震故母金华县太君张氏可赠汝南郡太夫人制》《皇叔右武卫大将军德州刺史叔聘等所生母朱氏可赠崇仁县太君制》《右班殿直王志母安氏可封长县太君制》《三班借职卢拱母汲氏可封永安县太君制》《左班殿直葛世良母郭氏可封长安县太君制》《宣义郎致仕孙向母张氏可封长寿县太君制》《左班殿直袁务成母赵氏可特封长寿县太君制》《尚书右仆射兼中书侍郎范纯仁妻燕国夫人王氏可封魏国夫人制》，第102—116页。

① 郑獬：《全宋文》第67册，卷1465《太子太傅梁适妻封兖国夫人制》《昭德军节度使梁适曾祖母陈国太夫人邬氏可追封楚国太夫人制》《梁适祖母燕国太夫人卫氏可追封楚国太夫人制》《皇伯祖东平郡王允弼母光国太夫人耿氏追封楚国太夫人制》《母沛国夫人段氏可追封卫国太夫人制》《母越国太夫人阎氏可追封鲁国太夫人制》《集庆军节度使同中书门下平章事宗谔适母刘氏追封祁国太夫人制》《继母宋氏可追封崇国太夫人制》《皇后乳母贾氏可封遂宁郡君制》《屯田员外郎王广渊前母太常博士临亡母嘉兴县太君朱氏追封真定县太君制》《继母福昌县太君许氏进封永安县太君制》《韩国公从约女封县君制》《屯田员外郎王广渊弟太常博士临妻太和县君盛氏进封天兴县君制》《宗室女封县君制》《千牛卫将军世荣等妻可封县君制》《集庆军节度使宗谔所生母朱氏可追封永嘉郡太夫人制》，第330—336页。

② 相关事例见杨亿：《全宋文》第15册，卷299《刘氏太夫人天水县太君赵氏墓碣铭》，第37页；第15册，卷300《宋故推诚保德翊戴功臣邓州管内观察使金紫光禄大夫检校司空兼御史大夫上柱国长城郡开国公食邑二千四百户食实封四百户赠户部尚书钱公墓志铭》，第54页；胡宿：《全宋文》第21册，卷449《集贤相宋庠母钟氏可追封晋国太夫人制》，第332页；郑獬：《全宋文》第67册，卷1465《皇伯祖东平郡王允弼母光国太夫人耿氏追封楚国太夫人制》，第331页。

其他人则更进一步，指出提高母亲的地位是为官之子们无可推
卸的责任。例如，蔡襄（1012—1067）就曾用反讽的语气写道：
"有子之荣，不贵其母，孰谓于孝？"①

　　如何解释母亲比父亲获得更多封赠这一现象？一种解释
是，许多官员出身官宦之家，他们的父祖已经为自己赢得了封
赠。另外两个因素也发挥了作用。首先，妇女寿命往往高于
男性，继室在丈夫去世后寡居多年，更是屡见不鲜，很多母亲
因此得以独享儿子（包括继子）仕途不断发展给自己带来的荣
耀。② 其次，相当数量的北宋士人有不止一位母亲和祖母。以
上述所引制书为例，两位官员兄弟的已故生母显然之前已获
封号，因此，朝廷对他的继母也"有以均及"。所以，这两位名
字不详的官员为至少两位母亲赢得了封号。他们的同僚有些
有三四位母亲，包括嫡母、继母、妾母等。③ 高若讷（997—

　　26

────────────────

　　①　蔡襄：《全宋文》第 46 册，卷 998《程相公母制》，第 284 页。一些类似例子，见王
珪：《全宋文》第 52 册，卷 1137《王举正母宋氏可追封曹国太夫人制》，第 287 页；第 52
册，卷 1137《许怀德父均可赠太尉制》，第 289 页；郑獬：《全宋文》第 68 册，卷 1477《用古
论》，第 122 页。

　　②　伊沛霞发现，作为头婚的伴侣，妻子比丈夫活得更久，反之亦然。此外，当男
人比妻子长寿并续娶时，续弦的妻子通常要比丈夫年轻得多。结果，这些婚姻不仅没
有维持很长时间，而且比那些头婚伴侣去世后不再婚娶的人留下了更多年轻的寡妇。
Ebrey, *The Inner Quarters*, 188 - 216.

　　③　拥有多位母亲的北宋官员的样例，见郭峻：《全宋文》第 3 册，卷 53《大宋故周金
紫光禄大夫检校尚书左仆射卫尉少卿致仕上柱国姜公墓志铭》，第 284 页；胡宿：《全宋
文》第 21 册，卷 449《集贤相宋庠母钟氏可追封晋国太夫人制》，第 332 页；第 22 册，卷
467《太傅致仕邓国公张公行状》，第 212 页；蔡襄：《全宋文》第 46 册，卷 998，第 282—
293 页；王珪：《全宋文》第 52 册，卷 1140《韩琦母罗氏可追封文安郡太夫人母胡氏可追
封河东郡太夫人制》，第 342 页；王安石：《全宋文》第 63 册，卷 1371《嫡母追封德国太夫
人刘氏可追封许国太夫人》《所生母追封许国太夫人王氏可追封蜀国太夫人》，第 181
页；郑獬：《全宋文》第 67 册，卷 1466《集庆军节度使同中书门下平章事宗谔适母刘氏追封
祁国太夫人制》《继母宋氏可追封崇国太夫人制》，第 333 页；第 67 册，卷 1466　　（转下页）

1055)的两位曾祖母、两位祖母和两位母亲，均获得了皇帝的慷慨封赠。① 文彦博(1006—1097)的两位祖母和母亲情况也同样如此。②

应当指出的是，在北宋法律和礼制规定中，生母和继母在获得封号时是被一视同仁的。这意味着，理论上，收养和续娶不会使人子的孝道义务复杂化。而且，北宋前期的一份诏书也特别

(接上页)《集庆军节度使宗谔所生母朱氏可追封永嘉郡太夫人制》，第 336 页；吕陶：《全宋文》第 73 册，卷 1590《马玕等故母乐平郡太夫人杨氏可赠崇国太夫人制》《马玕等故继母安康郡太夫人杨氏可赠康国太夫人制》，第 104 页；第 73 册，卷 1590《杨良显故嫡母中山县君王氏可赠泰宁郡太夫人制》《杨良显故继母太原郡太君王氏可赠太原郡太夫人制》，第 106 页；第 73 册，卷 1590《李周故前母仙游县太君周氏可赠安定郡太君制》《李周故亲母仙源县太君党氏可赠冯翊郡太君制》《李周故继母仙居县太君姚氏可赠襄阳郡太君制》《李周故继母寿安县太君刘氏可赠彭城郡太君制》，第 110—111 页；刘挚：《全宋文》第 77 册，卷 1678《王开府行状》，第 107 页；王安礼：《全宋文》第 83 册，卷 1799《韩缜祖母周氏追封魏国太夫人祖母郭氏追封魏国太夫人可并追封冀国太夫人》《韩缜母周国太夫人蒲氏王氏可并追封兖国太夫人》，第 28 页；第 83 册，卷 1799《文彦博祖母王氏追封唐国太夫人可追封周国太夫人制》《文彦博祖母郭氏追封唐国太夫人可追封越国太夫人制》，第 34 页；苏轼：《全宋文》第 85 册，卷 1852《赠韩维母蒲氏王氏赠秦国太夫人制》，第 202 页；苏辙：《全宋文》第 94 册，卷 2044《安焘祖母李氏告词》《安焘祖母齐氏告词》《安焘母张氏告词》《安焘母王氏告词》，第 102—103 页；第 94 册，卷 2044，第 109 页。

① 胡宿：《全宋文》第 21 册，卷 449《参知政事高若讷曾祖母王氏可追封祁国太夫人制》《枢密使高若讷曾祖母冀国太夫人王氏可追封晋国太夫人制》《参知政事高若讷祖母追封扶风郡太夫人马氏可追封澶国太夫人制》《枢密使高若讷祖母卫国太夫人马氏可追封魏国太夫人制》《参知政事高若讷母追封河南郡太夫人阎氏可追封郧国太夫人制》《枢密使高若讷母雍国太夫人阎氏可追封秦国太夫人制》，第 337—342 页。(高若讷曾祖母王氏、祖母马氏、母亲阎氏的加封分别是其担任参知政事、枢密使时所加，无法由此判断是否为两位。——译者注)

② 胡宿：《全宋文》第 21 册，卷 449《吏部侍郎同中书门下平章事文彦博祖母王氏可追封越国太夫人制》《吏部侍郎同中书门下平章事文彦博祖母郭氏可追封沂国太夫人制》《吏部侍郎同中书门下平章事文彦博嫡母耿氏可追封秦国太夫人制》，第 334—336 页。

强调过"谊惟继嫡之均"。① 但在现实中，宋代知识人敏锐地意识到续娶和纳妾会给家庭带来很多麻烦。② 司马光（1019—1086）有一句名言："世之兄弟不睦者，多由异母或前后嫡庶更相憎嫉。"③而墓志铭作者们急于赞扬继妻对待继子就像对待自己亲生的孩子一样，从反面印证了司马光的担心并非多余。诸多迹象表明，继母对亲子和继子能做到不偏不倚，并不常见。

　　当涉及妾母受封时，情况会更加复杂。早在宋真宗天禧元年（1017），朝廷即已开始讨论这个问题。礼官晁迥（951—1034）的奏议在总结了一些前朝规定后，提议五品及以上的官员如果嫡母、继母均已不在人世，有资格要求为所生母（妾母）获得封号。④ 晁迥的提议是否立即生效情况不详。我们可以确定的是，韩琦（1008—1075）的所生母（妾母）胡氏（968—1030）在 11世纪 30 至 40 年代接受了三次追封。⑤ 本章后面一节和第二章中会讨论对妾母的孝行。

乞近郡便郡养亲

27

　　与考取功名和为父母获得封号相比，第三种孝道表现，即要求就近为官或在交通便利的地方任职，以方便随时探望照顾父母，最有效强调了禄养理念在调和文官制度（要求官员远离家和家乡）与养亲（要求儿子在父母身边侍奉）之间内在冲突方面的

① 胡宿：《全宋文》第 21 册，卷 449《集贤相宋庠母王氏可追封越国太夫人母高氏可追封汉国太夫人母王氏可追封秦国太夫人母朱氏可追封燕国太夫人制》，第 332 页。

② Ebrey, *The Inner Quarters*, 216.

③ 司马光《家范》卷 7，第 643 页。

④ 晁迥：《全宋文》第 7 册，卷 137《叙封所生母及致仕官封赠议》，第 143 页。

⑤ 韩琦：《全宋文》第 40 册，卷 856《太夫人胡氏墓志铭》，第 66 页。

效用。官方话语和文学作品中因此经常提到为官之人乞近郡或便郡，以期定期探望在家的父母或迎亲至官侍养。

因为儿子公务在身，导致父母与儿子长期天各一方并非什么新现象。在先秦及秦汉时期，当大环境使为官之子无法养亲时，许多人都曾因其孝心的真诚流露而受人赞誉。《左传》记载，赵宣子（赵盾，？—前601）外出田猎时，见到灵辄饿得面黄肌瘦，出于怜悯，便分给他一些食物吃。灵辄却只吃了一半，留下另外的半份。当赵宣子询问他此举的原因时，灵辄解释道："宦三年矣，未知母之存否，今近焉，请以遗之。"①通过将自己的食物省下一半留给母亲，灵辄证实了即使在宦游时，作为儿子的他仍念念不忘应该孝敬远在家乡的母亲。

防止父母与其为官之子分离的补救办法是，让年迈的双亲跟随仕宦的儿子迁居后者的任所。② 这种安排最早的先例之一，是汉代学者班昭（45—117）与其子曹成的一次旅行。东汉安帝永初七年（113），班昭母子这趟从长安到陈留的旅程因为班昭的《东征赋》而广为人知。班昭在赋中并没有提到这次长途旅行背后的根本原因。鉴于班昭对要离开都城表达出的强烈不舍之情，这次旅行可能并非她的选择。然而，班昭丧偶且年事已高，她自然想留在独子曹成身边。而此时曹成被派往距离都城五百里之外的地方为官，如果他想要略尽孝道，他们母子就别无选择，只能一起迁居。③

---

① 　Durrant, Li, and Schaberg, *Zuozhuan*, 1：594-595 (Lord Xuan, 2.3b).

② 　患病的母亲鼓励儿子尽职工作，不必挂念她的病情，这样的东汉例子，见 Brown, "Mothers and Sons in Warring States and Han China," 157.

③ 　班昭《东征赋》的英译文，见 Knechtges, *Wen Xuan or Selections of Refined Literature*, 2：173-179.1 里约等于 1/3 公里。

帝制早期有关父母随子之官，为官之子在任上尽孝的记载寥寥无几。直到唐朝中后期，这类史料才逐步丰富起来。与此同时，朝廷关于士人处理公私事务之间关系的政策也陆续产生。① 到 11 世纪初，对这个问题的关注愈发集中。无论是中央政府还是士大夫个人都迫切需要解决并平衡官员仕宦和养亲之间的矛盾。这一需求演变的结果就是一种日益标准化且为国家认可的做法：仕宦之子可以迎亲至官，侍养父母。本章开头介绍的李寅，因为担心长途跋涉的艰辛，决定把母亲留在家乡福建。到了 11 世纪，宋帝国已经长治久安，水陆交通得到了显著改善，对父母来说，随子至官已非异乎寻常之举。

确认迎亲至官的需求和普及程度的一种方法是将其逐步制度化。北宋是中国历史上第一个为满足官员尽孝而出台系统政策的王朝。② 这强有力地证明了朝廷承认官员的家庭责任，并愿意维护禄养理念的意向。宋真宗咸平四年（1001）的一道诏令规定，父母年逾七旬、没有兄弟在家养亲的官员，有资格在离家近便之处任职。有成年兄弟的官员则无权享受这项福利。这是北宋最早颁布的关于官员养亲的诏令。③ 二十年后颁布的另一道诏令明确规定，父母年满八旬的官员有权在其家乡或邻近州县任职。根据这项政策，官员是否有兄弟在家留守不再是一个

---

① 胡云薇《千里宦游成底事、每年风景是他乡：试论唐代的宦游与家庭》，第 65—107 页；郑雅如《亲恩难报：唐代士人的孝道实践及其体制化》，41—46 页。

② 从晋到唐的中国早期王朝已经允许个别官员解官侍养年逾八旬或病重的双亲。郑雅如《亲恩难报：唐代士人的孝道实践及其体制化》，第 54—64 页。

③ 宋真宗：《全宋文》第 11 册，卷 217《京朝官父母年七十以上无亲兄弟者与近地诏》，第 15 页。

问题。① 宋仁宗天圣元年（1023）规定，父母年龄在七旬以上的新近中举者有资格享受同样的福利待遇。② 康定元年（1040）朝廷下令，在四川大部分地区任职的官员，如果父母年老体衰身患疾病，可以被安排到离家近便之处任监当官。③ 康定元年到至和元年（1040—1054）期间，至少又有三道诏令重申了上述政策。④ 在某些情况下，官员甚至被允许"对移"，这样他们就可以搬到距离父母住所更近的地方任职。⑤

通过允许父母年迈的官员在近乡为官，政府不再仅仅是口头上承诺"以孝治国"，不过在程序上和实际操作上，执行这些政策并非易事。在宏观层面，任何要求在任用（或重新任用）中给予特殊考虑的请求都违背了宋朝文官管理制度的精神，即集中选拔、岗位轮换和磨勘官员。回避原则更旨在避免官员在家乡任职，以防止裙带关系和潜在的利益冲突。即使中央政府有意慨允臣僚的请求，过于迁就必然会造成体制管

----

① 宋真宗：《全宋文》第 11 册，卷 218《亲老无兼侍京朝官等与近地诏》，第 20 页。官员根据这一政策或早先的政策，请求回家照顾 90 岁的父亲。孙奭：《全宋文》第 9 册，卷 193《乞退归侍养奏》，第 363 页。（"据令，父母年八十者许解官侍养。"——译者注）

② 宋仁宗：《全宋文》第 44 册，卷 942《初赴铨集人父母年及七十许注近任诏》，第 19 页。

③ 宋仁宗：《全宋文》第 45 册，卷 963《徙益梓利夔路京朝官父母老疾许权入近地监当诏》，第 2 页。

④ 宋仁宗：《全宋文》第 45 册，卷 963《选人乞侍养者须及三年方许注官诏》，第 20 页；第 45 册，卷 966《请侍养京朝官朝参事诏》，第 72 页；第 45 册，卷 978《合入远地三班使臣父母年高许召保官与近地诏》，第 323 页。

⑤ 邓小南《宋代文官选任制度诸层面》，第 201 页。例如，为了让同僚朱某在离家更近的地方为官，江注主动与朱某调换了工作，他因此举而受人称赞。李先：《全宋文》第 27 册，卷 578《宋故承奉郎守秘书丞知江州湖口县事兼兵马都监江君墓志铭》，第 203 页。

29 理的噩梦。① 此外，由于官员们来自不同地区，他们心目中的理
想任职地点也因个人和家庭背景的不同而有很大差异，有些人
热衷于离家近的职位，有些人则更倾向于交通枢纽，以方便出
行。有多个为官之子的家庭无疑会有更多的因素需要考虑。中
央政府一方面要满足地方行政管理需要，使各个州县顺利运转，
另一方面又要尽量考虑官员们的偏好，要在二者之间达成一种
平衡实属不易。从另一个角度看，这一系列人事管理政策的颁
布，凸显了国家期望官员把为官的责任置于为子的义务之上。
由于父母的年龄门槛设置得如此之高，只有一小部分官员能够
从这些政策中获益。大多数官员，只要他们的父母身体健康并
有人照顾，就应该把精力放在事业上，远离父母家人。

尽管如此，北宋的官员仍然充分利用了上述政策提供的可
能性。现存的奏疏、墓志铭和私人信件中，保存了数百份官员们
调动工作的请求，理由包括父母生病、年事已高或特殊的家庭情
况等。② 许多人的奏请得到了允准。③ 举例为证，孙霸多次表示

---

① 有关宋代人事制度（包括回避原则的实施）的全面研究，见 W. W. Lo, *An Introduction to the Civil Service of Sung China*；苗书梅《宋代官员选任和管理制度》。关于回避原则的执行，见苗书梅《宋代官员回避法述论》，第 24—30 页。

② 相关例子，见李谘：《全宋文》第 16 册，卷 329《乞外任以便侍养父奏》，第 175 页；文同：《全宋文》第 51 册，卷 1102《谢成都端明启》，第 71 页；司马光：《全宋文》第 54 册，卷 1176《为孙太博乞免广南转运判官状》，第 181 页；韩宗师：《全宋文》第 84 册，卷 1831《乞分司两京便侍父奏》，第 204 页；王梁材：《全宋文》第 128 册，卷 2773《母老乞勿远去上表》，第 204 页。

③ 相关事例见《宋会要辑稿》职官 46.2b，46.2b—3a，77.23b—26b，77.34b，77.45b，77.51b，77.60a—b，78.23b—24a；《宋史》卷 298《彭乘传》，第 9899 页；卷 298《陈希亮传》，第 9918 页；卷 304《刘湜传》，第 10075—10076 页；卷 311《王随传》，第 10202 页；卷 318《张昪传》，第 10362 页；卷 331《周沆传》，第 10643 页。

希望辞官回家侍奉父母，最终得到了一份离家近的差遣。① 因为父母年事已高，周沆坚辞远官任命，随后被分配到父母所在的邻州任职。② 蔡襄被任命到家乡附近的泉州为官，他在上表中表达了自己的感激之情："过家上冢，在古之甚荣；守郡养亲，为子之至幸。"③结束了泉州任期数年后，蔡襄回忆说，他与家人和亲人们在一起的时间和经历足慰母心："非由孝治之广，曷为天幸之多？"④

大量证据表明，随着与禄养有关的政策的实施，北宋官员有意试探朝廷的底线，在父母没有生病或没有达到需要更进一步照顾的年龄时提出任职近郡的要求。在眉州人程濬（1001—1082）的墓志铭中，我们得知：

> 旧制，蜀人官近乡，止再任。公既通判彭、梓，以亲高年乞便官，朝廷推异恩，俞其请，又通判嘉州。僚友称其孝，乡闾荣其归。或板舆迎养，或持檄还省，始终十余年，庭闱欢然，得尽人子之心。⑤

我们从程濬墓志铭中了解到，在长达十余年的时间里，他被派往四川三个不同地方任职，并通过将父母接到官舍居住或回家探望的方式实现养亲。这种少见的皇恩浩荡是程濬多次奏请

---

① 宋祁：《全宋文》第 25 册，卷 527《仆射孙宣公墓志铭》，第 124 页。
② 郑獬：《全宋文》第 68 册，卷 1481《户部侍郎致仕周公墓志铭》，第 187 页。
③ 蔡襄：《全宋文》第 46 册，卷 1005《移泉州谢上表》，第 404 页。
④ 蔡襄：《全宋文》第 46 册，卷 1005《辞翰林学士知开封府表》，第 405 页。
⑤ 吕陶：《全宋文》第 74 册，卷 1611《太中大夫武昌程公墓志铭》，第 70—72 页。

的结果。"以亲高年乞便官，朝廷推异恩，俞其请。"①程濬的孝养不仅愉悦了双亲，也为他赢得了同事和蜀人的赞扬。因为成功地平衡了自己的事业和家庭责任，程濬得以实现禄养理念。

　　到底有多少官员曾有幸在家乡附近任职，我们恐怕永远无法得知准确人数。这一现象背后的原因很简单，大多数墓志铭在赞扬人子实现禄养时，通常没有指明禄养的地点，也没有提到这位官员是否曾为此要求在近郡为官。而若是官员乞近郡或便郡的要求被拒，又常常被忽略不计。接下来，我们选择三个分别发生在北宋前、中和晚期的事例。这些事例为我们提供了不同的角度，来考察官员们以禄养之名争取理想职位的各种尝试。

　　第一个事例涉及北宋初年政治家毕士安（938—1005）。当被任命到陕西为官时，以孝闻名的毕士安担心继母可能无法应付长途旅行的艰辛。因此，他请求在河南附近任职，毕士安的请求得到了朝廷的批准。② 毕士安的奏表未能保存下来，但我们可以合理想象一下他是如何说服朝廷的。毕士安幼年丧父，由继母抚养长大，他把自己能够仕宦成功归功于继母在都城地区为自己找到了良师并挑选到名校。踏入官场后，毕士安自然想要报答继母的拳拳爱心和无私奉献，让她能够不再经受车马劳顿，安享晚年。毕士安调任成功是有代价的，因为他的新职位的级别比之前要低。由于免除了继母在偏僻陌生的地方生活之

---

　　① 吕陶：《全宋文》第 74 册，卷 1611《太中大夫武昌程公墓志铭》，第 71 页。天禧四年（1020），宋真宗下诏允许四川和陕西人每三年到离家乡三百里的地方任官。《宋大诏令集》卷 161《令川峡官许去本贯三百里外守官诏》，第 610—611 页。

　　② 杨亿：《全宋文》第 15 册，卷 302《宋故椎忠协谋佐理功臣金紫光禄大夫行尚书吏部侍郎同中书门下平章事监修国史上柱国太原郡开国公食邑二千户食实封四百户赠太傅中书令谥曰文简毕公墓志铭》，第 82 页；《宋史》卷 281《毕士安传》，第 9517 页。

苦,毕士安被称为孝子。

北宋墓志铭显示,北宋中前期,朝廷对官僚求近郡的请求总 ³¹体上相当宽松。得出这一结论的原因是,墓志铭作者常常比较随意地提到某官员因父母年老请求近职,并被获准,此外很少记录任何细节。有时,甚至连奏表被允准都没有明言,而是隐约透露出来。这些书写给人的印象是,这种性质的要求更多的是一种形式,而无须奏请人与人事部门之间的反复协商。从北宋中期开始,由于冗员问题日益严重,要求任职优待的奏请似乎需要等待更多时间,而且成功率也在下降,这一点可见于我们的第二个事例,这个例子涉及河南人张蒭(1015—1080)。

据张蒭的墓志铭记载,张蒭被派往越州任职时,由于担心继母与其同行路途太远过于辛苦,便请求换一个离家近的岗位。张蒭随后被派往密州,但很快又被调到靠近宋辽边界的沧州。张蒭后来是否又提出过调任请求,情况不详。他的墓志铭显示,他到沧州赴任时,继母并未随行。在沧州为官时,张蒭常常因与继母的分离而戚戚然。张蒭的墓志铭作者记录道,张蒭因任职边疆,甚至担心自己的人身安全——而如果他不幸罹难,他的继母便无人照顾。几年以后,张蒭得以任官陈州,继母随他之官。继母对陈州印象极好,在张蒭任期结束时甚至不愿意离开。张蒭因此决定定居此地,并向朝廷表达了致仕的愿望。他的请求并未得到批准。作为妥协,张蒭请求在陈留附近任职,这样继母可以继续住在那里。和毕士安一样,张蒭也表示,为照顾母亲,他愿意接受比之前更低级别的官职。①

---

① 沈括:《全宋文》第78册,卷1686《故朝散大夫右谏议大夫知应天府兼南京留守司公事畿内劝农使上护军清河县开国男食邑三百户赐紫金鱼袋张公墓志铭》,第45—46页。

张葺是否如愿我们不得而知。但他的经历足以说明皇恩难测。张葺花了数年时间，才在地方谋得一个能让继母过上舒适生活的职位。他要求提前致仕和在陈州附近工作的奏表可能没有获批，这再一次让张葺不得不在与继母分离和把她带到一个陌生之地间做出选择。张葺的故事让我们联想到本章开篇提到的李虚己。李虚己将父亲李寅从福建接到他的洪州任上。尽管李寅一家之后在那里定居，李虚己的仕宦生涯决定了他会继续远离新家。

32   上面的两个例子发生在北宋初中期，涉及两个北方家庭。我们的第三个事例涉及一位南方人——生活在北宋晚期的常州人施垧。当施垧除授河北路提举学事时，考虑到父母年事已高，他恳请朝廷差遣他到一个离家较近的职位。随后，施垧被重新安排到淮东路任职，他得以将父亲接来与自己一起生活。几年后，施垧调任江东路，因其治所在鄱阳，"道险且远"，他再次向朝廷奏请调换到其他地方任职。这次施垧的要求未获批准。最后，施垧将父亲安置到了交通较为便利的金陵，以便间或可以看望父亲。①

从以上北宋士人的禄养经历我们可以得出哪些结论？首先，即便朝廷没有如官员们所愿，尽心竭力地支持他们养亲的责任，他们中间许多人的请求仍然得到了一定的回应。这些慷慨之举不应被视而不见。毕竟，北宋的文官制自有其运行规律，每

---

①   葛胜仲：《全宋文》第 143 册，卷 3076《朝议大夫施公墓志铭》，第 69 页。

一年都要处理成百上千的官员的磨勘和派遣。[①] 在严谨的人事
管理政策的指导下，哪怕只是顾及一小部分人的改任要求，也会
给各政府部门带来繁重的工作量。更重要的是，即使朝廷愿意
采取更灵活的做法，鉴于当时通信缓慢且可靠性不佳，而每个要
求又需单独处理，保证所有到任官员为新职位做好准备几乎是
不可能之事。而官员们必须奏请改任，而且常常多次奏请都无
果的现象也表明，在整个北宋时期，某些官员有幸获准得到离家
近、位置便利的职务，其目的是昭显朝廷恩典，而不应被视为理
所当然的待遇。[②]

　　其次，关于官僚们希望被派遣的任职地点，我们掌握的史料
中并未显示任何明显的趋势，表明大多数人心仪相同的目的地。
例如，很少有人请求去开封任职。对这一现象我们必须谨慎对
待，现实是，官员们只有在被任命到自己不满意或交通不便利的
地方时，才会提出岗位调动申请。在前文讨论过的事例中，陕
西、沧州和鄱阳之所以上榜，正是因为这些地方被毕士安等视为
荒僻之地，不宜携父母赴任。因为众所周知的原因，很少有人会
要求调离都城地区、大运河沿线的主要政治和文化中心，或长江
中下游地区。官员们的地域背景在他们是否申请调任方面也有
很大的影响。程瀹认为，申请继续在四川任职是他和家人所愿，
但毕世安和张莴则绝对不会考虑携父母到四川任职。官员们的

33

---

① 根据李弘祺(Thomas H. C. Lee)的计算，北宋官员的人数在一万人到四万人
之间波动，宋初前几十年的官僚机构规模最小，而从 11 世纪中叶开始，官员人数超过两
万，频频出现关于冗官的言论，见李弘祺《宋代官员数的统计》。
② 在一个例子中，官员石辂因公务出差时绕道看望母亲而被降职。杜纯：《全宋
文》第 79 册，卷 1722《宋故太常少卿石公墓志铭》，第 151 页。

家乡所在地的不同决定了他们需求的巨大差异。

侍养：在地方官舍奉亲

除了以养亲为目的乞近郡便郡，许多为官之子实现了禄养的最高境界——"侍养"。这种孝道实践的例子不胜枚举。朱遵式的母亲在长达十三年的日子里随儿子宦游四方。[①] 另一位官员朱处仁十五年内任职五个不同的郡县，他每次都带着母亲一起赴任。[②] 田氏的墓志铭作者没有提供她随子迁徙的具体信息，仅仅提到，田氏陪同儿子长途奔波，足迹遍布东西南北。[③] 曹荀龙在写给黄庭坚（1045—1105）的多封信中坦言，因为任职的县衙"僻无事"，他十分享受"奉亲在江湖间"。对此，黄庭坚回答道："仕宦不远乡里，定省之乐，不废亲侧……何慰如之？"[④]

应该指出，正如允准官员在近郡任职的政策经历了长期准备一样，允许官员在地方任所养亲也是在北宋建立几十年后才开始实行的。宋真宗天禧三年（1019），朝廷仍然禁止官员携带家属到河东任职。[⑤] 直到宋仁宗景祐元年（1034），在四川和陕西任职的官员才获准与家人同行。[⑥] 这些基于安全问题和长途跋涉困难考虑而设置的规章制度，造成了官员与其家人之间事实上的长期分离。在导论和本章开头讨论过的王益和李寅，就

---

① 王禹偁：《全宋文》第 8 册，卷 161《监察御史朱府君墓志铭》，第 183 页。

② 苏舜钦：《全宋文》第 41 册，卷 880《歙州黟县令朱君墓志铭》，第 125 页。

③ 沈括：《全宋文》第 78 册，第 1696《长寿县君田氏墓志铭》，第 41—42 页。

④ 黄庭坚：《全宋文》第 104 册，卷 2282《答曹荀龙一、三》，第 322—323 页。

⑤ 宋真宗：《全宋文》第 13 册，卷 258《禁河东路携家赴任诏》，第 50 页。

⑥ 宋仁宗：《全宋文》第 44 册，卷 955《幕职州县官任川陕路者听搬家诏》，第 295 页。

属于这一类官员，二人出于类似的考虑未能侍亲。

　　侍养行为从11世纪中叶开始逐步引人注目。这一趋势非常明显地见于墓志铭的书写中。北宋作家在他们所写的墓志铭中，使用了与早期孝道传奇故事中相同的养亲比喻，赞扬其笔下的士大夫同侪们格外关注父母最基本的日常需求，包括衣食住行和身心幸福。赵氏的墓碣铭记载，儿子刘陟将母亲接到京城养老，并和妻子晨昏定省，满足母亲的一切需要。赵氏也因儿子的政绩而获封成纪县太君。① 叶齐将父亲从金陵接到了开封，每天他都会准备美味可口的食物，满足父亲的口腹之欲。② 官员赵荐的墓志铭特别详细地记录了他在荣州任职期间的孝行。赵荐在郡署专门为父母修建了一座"悦老堂"。由于州里的行政事务处理得井井有条，赵荐能够有充裕的时间陪伴父母，并视愉悦父母为"天下之至乐"。赵荐的事迹广为人知，以至于当地的缙绅士大夫们纷纷作诗对他加以褒扬。赵荐的族属们也同样以他的杰出事迹为荣。③

　　至少有两个事例提到年过八旬的父母随子之官。官员赵槩将八十二岁的母亲接到他的任所苏州。事实上，正是因为母亲喜欢早春的竹笋，而苏州又富产竹笋，赵槩才特地要求到苏州任职的。④ 八十四岁的林氏随儿子徐闶中在家乡的邻州任职。在母亲到达之前，徐闶中"完补舍次，掇拾器用，凡所以娱老之备，

---

① 杨亿：《全宋文》第15册，卷299《刘氏太夫人天水县太君赵氏墓碣铭》，第37页。

② 宋祁：《全宋文》第25册，卷528《故光禄卿叶府君墓志铭》，第138页。

③ 吕陶：《全宋文》第74册，卷1613《都官员外郎赵君墓志铭》，第95—96页。类似孝行的另外一例，见刘挚：《全宋文》第77册，卷1678《杨氏乐养轩记》，第99—100页。

④ 苏舜钦：《全宋文》第41册，卷882《广陵郡太君墓志铭》，第135页。

无所不尽"。①

北宋墓志铭充斥着有关仕宦之子在其官舍尽心养亲的描写。问题是，我们如何理解对这种理想家庭生活的构建？这个问题可以从两方面予以考虑。一方面，我们似乎没有任何理由质疑这些描述的真实性。毕竟，我们面对的是家庭关系中最重要的父母与子女的关系。本书将继续展示，许多士人以各种方式表达了对父母的深厚感情，并不辞辛劳地取悦他们，而当他们无力孝养时会深感愧疚。许多人奏请朝廷要求被派往条件优越的地区，之后携同父母前去赴任，给他们舒适的生活，这一点并不令人感到惊讶。满足父母对某些食物的口腹之欲，为他们提供精致的生活环境，用各种各样的娱乐活动来防止父母百无聊赖，本就是最自然不过的事情。

另一方面，考虑到墓志铭作者的谀墓倾向，我们又应该谨慎地对待有关此类孝行的描写。夸赞地方官员花费大量时间陪伴父母并亲自为父母准备美食和侍奉起居的描写，无疑是有夸张成分的。证据之一便是，在为官之子因精心养亲而受到赞许的同时，他们同时又被描绘成勤勉尽责的地方官，后者是北宋墓志铭中对士人的另一个标准比喻。如果我们把这些人的为官职责及其社交和文学活动一并考虑，一个合理的推测是，即使官员们将父母带在身边，大多数日常的照料工作可能是由他们的妻子、其他家庭成员、婢仆来承担的。难怪前文提到过的赵荐的墓志铭强调，赵荐之所以能够集中精力取悦父母，是因为"君为州已大治"。

------

① 李之仪：《全宋文》第112册，卷2429《郡太君林氏墓铭》，第258—259页。

　　尽管我们无法估量父母随子之官的比例，但从 11 世纪中叶开始，这种做法似乎变得相当普遍。证实这种趋势的一个方法是，不执行侍养者会被认为不孝。宋神宗元丰三年（1080），王伯虎因将父母留在福建、自己与妻儿一起住在开封将近十年，而遭弹劾。随后，王伯虎被免官并勒令前去福建照料双亲。① 同样，齐廓兄弟也因为将年迈的父母委弃在家乡不闻不问而仕途受挫：弟弟齐唐被免官，被勒令回家侍奉双亲；兄长齐廓虽然继续为官，"然士论薄之"。② 宋徽宗大观二年（1108），吏部重新磨勘官员郑南，因为他的父母都已年过七旬，郑南却从未将其接到自己的官舍侍养。③ 大观四年（1110），另一位官员遭贬官，部分原因是他既没有回家探望已年过八旬的父亲，也没有将父亲接到任所侍养。④

　　这种性质的记录在 11 世纪后半叶才偶尔出现，而且每次都是因为官员无视其养亲责任的行为已引起中央政府的注意。以上所有的事例都涉及为官之子长时间不曾看望父母，更不用说在任职之地侍亲了。这些人都受到了一定的惩罚这一事实，在一定程度上证实了朝廷对官僚的预期，即为官者至少在其仕宦生涯的某些阶段应当践行养亲。换言之，既然入仕仍然是士大夫们的职业首选，那么，要想能够履行养亲之责，特别是对作为独生子的官员来说，他唯一的选择就是将父母接到自己的任所来照料。

---

　　① 《宋会要辑稿》职官 77.24a—b。（"闰九月八日，诏太常博士王伯虎放令侍养。先是，御史何正臣言：'……伏望永弃田里，以戒天下之为子者。'"——译者注）
　　② 《宋史》卷 301《齐廓传》，第 10005 页。
　　③ 《宋会要辑稿》职官 68.17a。
　　④ 《宋会要辑稿》职官 68.20a。（此人是直秘阁、湖南转运使李偲。——译者注）

如何应对不愿随子之官的父母

为了鼓励为官之子在地方任职期间养亲，侍养理念绝佳地体现了禄养的精神，尽管这意味着孝道是在远离家乡的人子的临时住所即官署进行的，而且时间地点也要受到官方规定的限制。上面讨论涉及的对侍养的理想化和对那些没有迎侍父母之人的谴责，让我们不禁要问：如果父母不愿意长途跋涉，随儿子去他的任所呢？如果侍亲从某种程度上意味着父母被迫离乡迁居，这不会削减儿子孝心的诚意吗？

大量证据表明，在孝子养亲和显亲的幌子下，禄养理念并没有被士人的父母毫无保留地普遍接受，很多老人并不情愿离开自己舒适的家前往儿子的任所。官员李新记载，经过反复耐心地劝说，他才说服母亲与他同行。① 另一位母亲田氏跟随儿子仕宦，长期漂泊四方，一次在谈及祖坟时，田氏的精神终于崩溃了，她痛哭流涕地对儿子说："吾宁归扫丘墓，安邻里乡党以死，何以阅传舍为哉？"②张咏被任命到条件优越的相州为官后，却转而要求被派往离乡更近的濮州，他的理由是：

> 盖遇陛下孝治之时，臣有遗亲之咎也。重念臣十年聚学，悉是离乡；两任远官，皆非迎养。近因受命，曾到旧庐，双亲扶羸，顾臣以泣。臣非死木，得不伤心！臣亦引谕国恩，用相慰勉，终

---

① 李新：《全宋文》第 134 册，卷 2890《上漕使三》，第 75—76 页。（"慈母嗟季，留情故乡，今方肯来。"——译者注）

② 沈括：《全宋文》第 78 册，卷 1696《长寿县君田氏墓志铭》，第 42 页。

且恋其本土，不肯随臣之官。朝夕系思，方寸已乱。①

　　张咏以"不可再得者父母"为由，说他很幸运地生活在圣君统治的时代，因此，他觉得要向皇帝表达自己的真实想法。我们不清楚张咏的要求最后是否得到批准。由于父母坚决反对离开家乡，张咏将不得不继续忍受与父母两地生活的痛苦，以及由于未能照料他们，保证他们幸福生活而产生的内疚。

　　许多上了年纪的父母随子迁居可能是情非所愿这一事实，从一份诏令的内容中也可见一斑。宋仁宗庆历八年（1048），官员逢冲年迈的母亲不愿意迁居，他却强行把母亲迎奉到任所，结果受到降职处分。② 一些父母可能并不乐意离开自己家的另一迹象是，北宋墓志铭中开始出现赞美父母（尤其是母亲）随儿子之官的内容。这些书写旨在表明，通过分享长途旅行中的磨难，父母和孩子之间表达了对彼此深深的爱意和无限柔情。③

　　如果父母执意选择留在家乡自己的家里，为官之子该怎么办？北宋官员通常采用两种方法来回应不情愿迁徙的父母：第一个方法是让他们的妻子作为自己尽孝的替代者；第二个方法是儿子中断仕途，解官养亲。

　　禄养理念作为一种新的精英人士孝道观念的兴起，对作为

37

---

　　①　张咏：《全宋文》第 6 册，卷 108《通判相州求养亲表》，第 68 页。
　　②　《宋会要辑稿》职官 65.6b。（"冲母老，不肯去乡里，而冲辄迎妻、母之官，为御史台所弹，责及之。"——译者注）
　　③　张方平：《全宋文》第 37 册，卷 796《西垣陈乞外补状》，第 223 页；吕陶：《全宋文》第 74 册，卷 1615《仁寿县太君魏氏墓志铭》，第 127 页。

妻子和儿媳的女性产生了重要的影响。北宋墓志铭显示，许多
士人的妻子往往被描绘成家庭中唯一一个能够取悦公婆（特别
是婆婆）的成员。她们在丈夫离家宦游的情况下，精心照顾公婆
的生活起居和身体健康。从这个意义上说，当丈夫无法尽孝或
无力尽孝时，这些妇人就成了丈夫尽孝的替代者。在陈氏的墓
志铭中，范仲淹叙述道，陈氏的丈夫胡某多次被派往偏僻的地方
为官：

> 二亲乐闾里，与姻族游，夫人愿侍左右，不从公行，凡二十
> 年。缝衣爨飧，必躬亲之。至舅姑之终，与公执丧三年，然后就
> 公官所。此夫人大节，无愧天下之为人妇者，有声诗之义焉。①

　　胡家的安排让我们想起了本章开篇叙述过的李寅的行为。
当迎接母亲到任所奉养证明是不现实的考虑时，李寅把母亲托
付给了妻子照顾。胡家也采取了同样的策略。这种安排确保了
即使为官之子远离家乡，父母也并不孤单，会得到适当的照顾。
苏舜钦（1008—1048）为亡妻郑氏所作的墓志铭进一步说明这种
做法的普遍性。苏舜钦写道，当他即将赴亳州上任时，郑氏坚持
让他和儿子们一起离开，她则留在公婆身边侍奉。② 另一个事
例表明，高氏刚结婚不久，丈夫就被派到遥远的地方为官，他希
望高氏在家中照顾年迈的公婆。高氏如丈夫所愿，任劳任怨勤
恳恳地侍奉公婆，不仅证明了她的无私奉献精神，也赢得了公婆

---

① 范仲淹：《全宋文》第 19 册，卷 389《胡公夫人陈氏墓志铭》，第 42—43 页。
② 苏舜钦：《全宋文》第 41 册，卷 880《亡妻郑氏墓志铭》，第 115 页。

和其他人的交口称赞。① 另一个类似的事例关乎一位妇女田氏，尽管婆婆多次催促田氏陪同丈夫赴任，但她始终坚持待在家里侍奉婆婆，并因此广受人们称颂。②

上述现象在历史上有先例可循。女儿和儿媳自古以来在照顾父母方面就被寄予厚望，并发挥了积极作用。从《礼记》到《女诫》都详细阐述了儿媳的孝道。《女孝经》的编纂进一步确立了"孝"是社会各阶层妇女的最高美德。③ 尽管如此，在上古和中古中国，孝道的典范大多是男性。当女性出现在当时的叙述中时，她们通常被描述为了表达孝心而采取更为极端化的方式。南恺时(Keith Knapp)认为，这是因为孝道被认为是一种男性美德，女性在男性亲属缺席的情况下表现出孝道。"简言之，孝顺的女性是代替儿子尽孝。"④

北宋对女性孝道的表现继续强调了儒家经典中规定的女性的养亲之责。这种尽孝的普遍连续性与社会和家庭现实的重大变化并行不悖：士人和为官之人与妻子分隔两地是习以为常之事。在得禄之子远离父母仕宦他乡的情况下，自我牺牲奉献、一切以公婆为中心的儿媳形象得以突显。在日常与公婆的交往

① 苏颂：《全宋文》第62册，卷1352《长安郡太君高氏墓志铭》，第171—172页。（"于时内阁颍川公初擢进士第，调岚州军事推官，以二尊年高，思得淑人以佐膳饔。闻夫人在家之贤，因以礼请，遂合姓焉。颍川公孝友清白，为朝廷伟人。而夫人恭静和顺，能成君子之志。奉上率下，举动有法。周其族人，曲尽情礼，无不得其欢心者。舅姑则曰顺妇也，侄娣则曰贤姒也，六亲则曰仁姑也。有家七十年，中外无一间言。前志所称贤明、辨通、节义者，夫人皆有焉。"——译者注）

② 毕仲游：《全宋文》第111册，卷2405《田孺人墓志铭》，第170页。

③ 伊沛霞的英译见于 Wang, *Images of Women in Chinese Thought and Culture*, 380 - 390.

④ Knapp, *Selfless Offspring*, 164 - 165.

中,妇女不仅自己尽孝,也代她们的丈夫尽孝。范仲淹以最直截了当的方式表达了他对女性孝道责任的理解,他写道："夫人之职,莫先乎舅姑。"①从这个意义上说,北宋女性理想美德的重新定义,在一定程度上是社会文化价值观发生重大变化,尤其是男性行为理念发生转变的结果。例如,禄养模式允许精英人士将养亲的大部分职责交给妻子。在这样的背景下,我们可以更好地理解当时妓妾文化的发展和妾的家庭成员化。② 在行孝和为官双重压力下的某些北宋士人,可能最终从分配妻妾角色中找到了一个切实可行的解决办法：他让妾与其一起宦游,照顾自己的衣食起居,而妻子则留在家里照顾父母和孩子。这种新"责任制"得利者自然是士人本身,但他们的妻子并不一定会对这种安排感到极度不满。这种安排使妻和妾之间得以保持距离,而且如果这些妇人不住在同一屋檐下,就可以避免很多复杂的家庭争端。

　　然而,我们不应想当然地认为这种结构会受到父母的普遍青睐,尤其是考虑到父母对儿子身心健康的关心。以苏舜钦的妻子郑氏为例,虽然郑氏在丈夫赴任前主动提出要留在家乡和公婆同住,但苏舜钦的父母坚持要她和丈夫同行,因为"凡仕无留孥"。③ 苏舜钦父母的这一回应透露出,从老两口的角度来看,夫妻应该双栖双宿。在这种情况下,那些丈夫不在身边时"选择"侍奉公婆的妇人无疑更成为了孝道典范。

---

① 范仲淹：《全宋文》第 19 册,卷 389《胡公夫人陈氏墓志铭》,第 43 页。
② Bossler, *Courtesans, Concubines, and the Cult of Female Fidelity*. 类似的情况可见于大量记录中,商人将妻子留在家中,与结合了妾和妓的倡女生活在一起,见田欣《宋代商人家庭》,第 93—102 页。
③ 苏舜钦：《全宋文》第 41 册,卷 880《亡妻郑氏墓志铭》,第 115 页。

　　家庭具体情况可能使妇女理解和履行孝道的方式更加复杂。当段氏被夹在对婆婆尽孝和随子之官由儿子侍养之间左右为难时，段氏说道："吾姑老矣，岂可一日去左右耶?"她的婆婆则试图说服她道："吾孙少年初宦，尔当往，常规诲之，免贻悔咎也。"段氏最终被说服前往陪伴儿子，却终放心不下婆婆，据记载，她不久就因思念婆婆感疾身亡。① 尽管关于段氏向婆婆尽孝的描写可能略有夸大，她的事例仍然让我们看到女人在履行孝道和"帮助"儿子实现养亲目标之间所处的困境。

　　北宋的士大夫们除了让妻子来代替自己尽孝之外，还找到了另一种方法来缓解为官和为私之间的紧张关系。与禄养在男性孝道表现中获得突出地位的同时，一些为官之人为了养亲，暂时解官或彻底致仕。桑光辅是最早采用这种做法的士人之一，他致仕后回到家里侍奉父母。② 另外两位官员，柳崇和杜叔温，据说曾以同样的理由辞官。③ 见于详细记载的事例还有赵君锡，他"性至孝。母亡，事父良规不违左右，夜则寝于傍。凡衾裯薄厚、衣服寒温、药石精粗、饮食旨否、栉发剪爪、整冠结带，如《内则》所载者，无不亲之。及登进士第，以亲故不愿仕"。因为这个原因，直到父亲去世，赵君锡才正式任职。④

　　上述事例证实，并不是所有知识人及其家庭都把仕宦视为绝对优先的考虑，或将禄养视为最理想的孝道理念。泸州人包

---

　　① 萧稷：《全宋文》第 78 册，卷 1701《宋故崇德县太君段氏墓志铭》，第 136 页。

　　② 王禹偁：《全宋文》第 8 册，卷 161《殿中丞赠太常少卿桑公神道碑铭》，第 167 页。

　　③ 王禹偁：《全宋文》第 8 册，卷 161《建溪处士赠大理评事柳府君墓碣铭并序》，第 185 页；苏舜钦：《全宋文》第 41 册，卷 881《大理评事杜君墓志》，第 129 页。

　　④ 《宋史》卷 287《赵君锡传》，第 9660 页。

拯(999—1062)选择养亲而非求仕的经历对这一假设提供了最有力的证据。① 宋仁宗天圣五年(1027)，包拯中进士第，被任命为知建昌县：

40　　　辞以亲年高，改和州管库，而亲不欲去乡里，遂解官就养。及亲亡，庐墓侧，终丧不忍仕。②

　　与上文大同小异的书写出现在包拯的现存所有四篇传记中。原因很简单，包拯主动将仕途停滞了近十年，放弃得禄，而集中实现他养亲的愿望。在处理公、私责任时，包拯没有像大多数士大夫同侪那样，让妻子代替自己尽孝，或"强迫"父母与他一起搬迁。相反，他选择了"养"而不是"禄"。整个北宋时期，若从北宋现存的大概一千五百方男性的墓志铭来看，包拯是仅有的两个连续两次为养亲而明确拒绝任官的人之一。为此，包拯的谥号为"孝肃"。③ 这种类型的另一个孝道典范是著名政治家范仲淹的儿子范纯仁(1027—1101)。《宋史·范纯仁传》记载，范仲淹询问范纯仁为何拒绝离家近的职位时，范纯仁回答道："岂可重于禄食，而轻去父母邪？虽近，亦不能遂养焉。"④

　　整个北宋时期，真正做到弃官就养的人很少，但包拯和范纯

---

① 关于包家以及作为孝道典范的包家人的讨论，见 C. E. Zhang："The Rise and Fall of a Northern Song Family" and "A Family of Filial Exemplars."
② 包拯《包拯集校注·孝肃包公传》，第 265 页。
③ 包拯《包拯集校注·孝肃包公传》，第 265—267 页。
④ 《宋史》卷 314《范纯仁传》，第 10282 页。

仁确实仍有一些追随者，因"不忍远去父母"而选择辞官居家。①
葛书思(1032—1104)的例子尤其值得注意。他的行状称，"公素
以禄釜为急"，在取得功名并初次授官后，"益坚请迎养之官"。
但父亲葛密却拒绝了他的请求。葛书思自忖："曾子一日不肯离
亲，岂能以五斗米移素志？"所以最终决定放弃仕进。在之后的
几年里，家里的每个人，包括他的父亲，都试图让葛书思改变主
意。他们并试图用禄养的理念打动他，甚至说："就养左右，孰若
荣名显亲孝之大也。"葛书思却不为所动。直到十年后，葛书思
再次为朝廷派遣，尽管父亲确实不喜欢离乡背井，但考虑到儿子
已经表现出的孝行，还是决定和葛书思一起赴任。②

　　尽管包拯和葛书思的事迹让他们成为非同一般的孝子，但
他们长达十年恬于仕进，也给其士大夫同侪和家人们展现了选
择"养"而非"禄"带来的负面影响。考虑到包拯日后在仕途上取
得的成功，我们不禁会设想，如果他早入仕十年，他的宦途会是
怎样的？包拯和葛书思的经历也让我们更深入思考禄养对父母
的影响。虽然这种理念将官阶、俸禄和相关的特权提升为更为
可取的孝行象征，但禄养模式可能给士人的父母带来巨大的压
力，迫使他们委曲求全。包拯和葛书思的事例结局不同：包拯
的父母宁愿他在他们有生之年远离官场；而葛书思的父亲没有
一直坚持自己的主张，最终同意和他一起离家赴官。

41

---

　　①　康卫昔：《全宋文》第65册，卷1426《何黄中侍养本末奏》，第360页；杨杰：《全
宋文》第75册，卷1646《故钱夫人墓志铭》，第284页；刘挚：《全宋文》第77册，卷1680
《直龙图阁蔡君墓志铭》，第133页；邹浩：《全宋文》第131册，卷2829《荐张举状》，第
133页。（正文中引文出自《荐张举状》。——译者注）
　　②　葛胜仲：《全宋文》第143册，卷3075《朝奉郎累赠少师特谥清孝葛公行状》，第
50页；《宋史》卷333《葛书思传》，第10705页。

　　除了把父母托付给妻子和辞职奉亲之外，在"禄"和"养"之间还有可供选择的第三种可能性。以生活在北宋中期的谢季康（1027—1083）为例，鉴于父亲年事已高需要人照顾，谢季康一度考虑辞官，但他的想法遭到父亲的强烈反对。因为不愿意丢下父亲，谢季康一直拖延接受职务安排。最后，是他的朋友周革说服了他继续仕进。周进的逻辑是："尊君年虽高，而康强过人，君家贫族，众当勉力从仕，以承亲意，安可衣食于亲以就养乎？"[①]

　　借着禄养的言辞，谢季康的朋友提出了一个强有力的论点。如果谢季康留在家里，悉心照顾父母的衣食起居，他实际上是在啃老。出身"贫"家的他，自然不应如此成为父母的负担。更重要的是，为了家族的利益，谢季康根本不应放弃他的官职。谢季康的墓志铭作者希望人们相信，谢季康之所以同意复出，是因为他父亲和朋友的强大压力。事实上，谢季康放弃自己的坚持，离乡而去，才是让父亲高兴的做法，因此是一种孝行。就父亲而言，他和家人更看重谢季康的仕途。毫无疑问，无论是暂缓仕进，还是最终遵循父亲的意愿出仕，谢季康从两方面都表现了他的孝心。

　　以上事例揭示出北宋士人及其家庭对得禄与侍养关系的不同理解。只有包拯在家中陪伴父母十年，其他人最终都屈服于来自父母、家人和亲戚朋友的压力而求仕。除了说明禄养理念在整个北宋的影响越来越大之外，对这些事例的讨论还说明了现实生活中亲子关系的动态变化。自古以来，礼和法都规定子女要无条件地服从父母。但大量证据表明，家庭日常实践与文

---

① 　杨杰：《全宋文》第75册，卷1645《故通事郎签书商州军事判官厅公事谢君墓志铭》，第265页。

本规定大不相同。南恺时通过对中古孝道故事的研究得出结论：父母的权威是有条件的，远非压倒性的。长辈经常担心成年的儿子会违背他们的命令来颠覆其权威，背着他们转移钱财，或者将他们视作累赘。[①] 事实上，在宋代，不孝子们行为乖张，虐待、呵责甚至谋杀父母的事例不胜枚举。[②] 在我们目前讨论的语境下，随着得禄被拔高为理想的孝行以及士人父母远离家乡随为官之子赴任远方成为越来越普遍的现象，父母，特别是寡母，往往在家庭关系中处于劣势。鉴于家庭及社会普遍视为官之子放弃仕进为不可取，那么剩下的选择，包括将父母孤零零撇在家里，与儿媳同住，或者与儿子长途宦游，都难称理想。

　　撇开缺乏完美解决方案不谈，有些家庭的情况要好于其他家庭。下面一节讨论宣州梅氏及其成员的尽孝方式。

分工尽孝：宣州梅氏

　　北宋官方文献和文人著作在突出为官者的孝道情操时，往往给人的印象是他们都是父母的独子。事实上，他们中间许多人兄弟姐妹众多，并与妻子、未曾仕宦的兄弟和其他家庭成员分担养亲之责。本节以宣州梅氏为例，说明家庭内部两代人对尽孝的分工。更重要的是，梅氏的经历为我们提供了一个机会，让

---

① Knapp, "Creeping Absolutism," 65 - 91.

② 通过对宋代笔记中记载的数十个不孝故事的研究中，我发现了笔记作者真正关心的是通过严惩违法者来改变人们的思想和行为。见 C. E. Zhang, "Negative Role Models," 39 - 55.

我们可以从父亲的角度来思考未仕子弟如何尽孝,以及如何从
父亲的角度来看待儿子们的养亲。

　　在展开讨论之前,有必要先介绍一下梅家的一些背景情况。
宣州梅氏崛起于北宋初,宋太宗端拱二年(989),梅询科举中第,
其后仕宦几十年。[①] 梅询与兄长梅让(959—1049)各有五个儿
子。这一代的十个子弟中,梅询的儿子均入仕为官,梅让有三个
儿子为官。梅让之子梅尧臣(1002—1060)在同代人中最为知
名。梅尧臣是著名诗人,也是欧阳修的挚友。欧阳修先后为梅
询、梅让和梅尧臣撰写了墓志铭。[②] 梅询和梅尧臣的墓志几乎
完全聚焦在他们的仕宦和学术成就上。除了提到两人皆曾为父
母获得封赠外,两篇墓志铭没有提及两人任何其他具体的孝
行。[③] 而梅让的墓志铭则描绘了一个乡居之人,以及他作为孝
子和父亲的角色。研究梅氏的另一个重要文本是杨杰(1022—
1091)为梅尧臣的弟弟梅正臣(1004—1082)撰写的墓志铭。[④]

　　欧阳修撰写的《太子中舍梅君墓志铭》,以梅让独特的得禄
观为出发点。虽然梅让也曾问学,他对入仕的态度却很矛盾。

---

　　① 欧阳修:《全宋文》第 35 册,卷 750《翰林侍读学士给事中梅公墓志铭》,第
290 页。

　　② 欧阳修:《全宋文》第 35 册,卷 750《翰林侍读学士给事中梅公墓志铭》,第
289—291 页;卷 753《太子中舍梅君墓志铭》,第 338—339 页;卷 755《梅圣俞墓志铭》,第
361—362 页。《宋史》卷 301《梅询传》,第 9984—9985 页;《宋史》卷 413《梅尧臣传》,第
13091—13092 页。关于梅尧臣和欧阳修的一些深入研究,见 Chaves, *Mei Yao-ch'en
and the Development of Early Sung Poetry*; Egan, *The Literary Works of Ou-yang
Hsiu*.

　　③ 欧阳修:《全宋文》第 35 册,卷 750《翰林侍读学士给事中梅公墓志铭》,第 291
页;卷 755《梅圣俞墓志铭》,第 362 页。

　　④ 杨杰:《全宋文》第 75 册,卷 1646《故朝奉郎守殿中丞梅君墓志铭》,第 276—
278 页。

当弟弟梅询鼓励他去追求仕途时，梅让回答道：

> 士之仕也，进而取荣禄易，欲行其志而无愧于心者难。吾岂不欲仕哉？居其官不得行其志，食其禄而有愧于其心者，吾不为也。今吾居父母之邦，事长老以恭，接朋友以信，守吾坟墓，安吾里间，以老死而无恨，此吾志也。①

梅让明确表示，他和弟弟有着截然不同的人生目标。他的观点同时表明，北宋初年，考取功名和仕宦可能尚未成为地方精英最重要的目标。梅询选择了入仕和宦游天下，梅让则很高兴自己留在家乡，能与家人和祖茔在一起。后来，梅询为梅让争得了一个颐养天年的官衔，这样他就可以继续待在家里了。②

梅让对自己人生追求的详细描述揭示了他对梅氏内部责任分工的一种愿景：自己居家奉亲，弟弟则是禄养者。他和家庭对梅询的期望是，由梅询赢得封赠，给父母和家庭带来风光，而梅让则留在家里管理家务，包括侍候家族长辈、安排其后事、看护祖茔和在年节举行祭祀。梅让虽没有明确称自己为孝子，但他对这些义务的总结，揭示出他对孝行的理解，以及对行孝的重要性的认识。而梅询的墓志铭中只字未提他曾求近郡或迎亲至官侍奉，事实上，因为梅让一直在父母身边且愿意承担养亲的责任，梅询根本不必担心父母的晚年幸福。

因为实现得禄（梅询）和侍养（梅让），梅氏兄弟自然都堪称孝子。除了为兄弟俩赢得了人子们珍视的声誉和保证其父母的

---

① 欧阳修：《全宋文》第 35 册，卷 753《太子中舍梅君墓志铭》，第 338 页。

② 欧阳修：《全宋文》第 35 册，卷 753《太子中舍梅君墓志铭》，第 338 页。

晚年幸福之外，这种分工尽孝的模式还有其他重要的意义。梅询感激梅让照顾父母的功劳，便荫补梅让的三个儿子为官。①我们不免要问，梅询对侄子们的呵护是否是对梅让代替自己尽孝的一种补偿？考虑到梅让是养亲的主力，兄弟二人的父母可曾暗示过梅询，他应该尽力来回报自己的兄长？现存资料并不能给我们提供明确的答案。尽管如此，这些问题还是让我们思考宋人家庭生活的动态，尤其是孝和悌（兄弟关系）之间时而清晰时而模糊的界限。可以说，孝行既关乎个人努力，也可视作一种家庭策略。

梅家形成的两个儿子之间的分工责任制似乎运行得相当良好。有鉴于此，作为父亲的梅让清楚地表达了延续同样模式的愿望。欧阳修写道，梅让的五个成年儿子中有三人当官。梅让年老之时，每一个儿子都表达了要回家侍奉他的诚心。梅让坚决拒绝了他们的提议，说："此非吾意也。"他接着详细阐释道：

> 顾其二子曰："勉尔朝夕，以辅吾老。"顾其三子曰："勉尔名誉，以为吾荣。居者养吾体，仕者养吾志，可也。"②

欧阳修的《太子中舍梅君墓志铭》最有意义的一点就在于，它包含了父母对孝道的看法，以及求禄与侍养之间的关系。梅让承认他需要人照顾，但他不希望也不需要所有的儿子都承担起照料自己的角色。相反，他认为自己很幸运，有可能做出称心

---

① 几乎可以肯定的是，梅让的儿子们通过梅询荫补入仕，因为没有任何证据表明他们科举中第。

② 欧阳修：《全宋文》第 35 册，卷 753《太子中舍梅君墓志铭》，第 339 页。

如意的安排:两个儿子在他身边照顾,另外三个儿子负责给他和家庭带来荣誉和声望。

我们需要质疑,欧阳修笔下的那番话是否真正出自梅让之口,还是梅尧臣或欧阳修借梅让之口讲出了这些话? 很有可能梅让曾经表达过类似的想法。毕竟,作为儿子,他在弟弟外出为家庭得禄的时候,自己承担了照顾父母的角色。而在亲身体验过这个分责方式的有效性之后,梅让对他的儿子们也抱有同样的期望。还有一种可能是,梅尧臣在向欧阳修提供父亲的情况时,为了迎合自己的目的,润色了梅让的话。梅尧臣是五兄弟中的长兄,并且经常离家在外。他一定从叔父梅询身上看到了与其类似的处境。如果说在上一代人中,分工尽孝对梅家人行之有效,那么同样的结构在这一代人中没有理由不继续下去。

梅让之子、梅尧臣之弟梅正臣的经历,进一步揭示了养亲的复杂性。[①] 梅正臣的墓志铭作者杨杰记述,和父亲一样,梅正臣对仕宦兴趣寥寥,只是应父亲的要求才应举做官。在遭弹劾免官之前,梅正臣至少曾在东南地区的六个地方为官。杨杰继续写道:

> 时母夫人年余七十,自侍奉还乡里,日与诸亲戚相见,志意愉怿,胜在它郡时。君乃谓所知曰:"我从仕以来,多承命出入,不得在亲之侧,常不足于所怀。今亲且老矣,敢以游宦为意哉?"于是缉治先构,凿池种竹,手植花果百余品,日引儿孙奉版舆,嬉乐于其间,不知外物之可欲也。比终母夫人丧,即年及从心矣,

---

① 杨杰:《全宋文》第 75 册,卷 1646《故朝奉郎守殿中丞梅君墓志铭》,第 276—278 页。

遂不再仕，识者称之。①

　　梅正臣的墓志铭揭示了其他梅家人墓志铭中一些失载的内容。首先，梅让结过两次婚，先娶舒氏，续娶张氏。梅让的五个儿子中，这两名妇人具体是谁的生母情况不详。但可以肯定的是，张氏是梅正臣的生母，在梅让去世后，张氏随同梅正臣一起在多地宦游。其次，梅正臣和另外两个为官的兄弟一样，并未在父亲身边尽孝，但据说他遵照礼节为梅让服丧。第三，梅让去世后，梅正臣即带着母亲前往他的任所侍亲。这一举动，加上他被免官后待在家里的时间，意味着梅正臣在照顾母亲方面发挥了重要作用。

　　张氏与梅正臣一起离开宣州，表明梅让设想的理想的分工尽孝方式，即父母留在家乡享受为官之子赢得的封号荣誉，同时由未仕之子居家照顾自己的日常生活起居，已无法继续运行。可能有许多因素促成了这种变化。一种解释是，虽然梅让不想离开家乡，但张氏最终还是被梅正臣说服一同去体验一下其他地方。另一种可能是，梅正臣是母亲最喜爱的儿子，或者张氏在丈夫去世后只想和梅正臣一起生活。可想而知，随着梅让的过世，他们居家留守的儿子们不再受到来自权威家长的压力，张氏因此不再得到她和丈夫在世时享受的同样的照顾。或者，梅正臣所有或大部分的兄弟都已亡故，他别无选择，只能迎母亲至任所照顾。如果梅正臣在并非自愿的情况下承担起了养亲的责任，那么他的仕途受挫和母子俩重回宣州，就为他提供了一个宝

---

①　杨杰：《全宋文》第 75 册，卷 1646《故朝奉郎守殿中丞梅君墓志铭》，第 277 页。

贵的机会，让他在母亲生命的最后几年使她晚年幸福。从另一个角度看，尽管杨杰称赞梅正臣全心全意让母亲安享晚年，但直到被免职，梅正臣才真正成为杨杰笔下的孝子。

梅家的故事可以让我们从几个方面重建精英家庭如何尽孝。梅让是建立这个分工明确的孝道模式的关键人物，他让所有的儿子各司其职，但都可以被视为孝子。这一模式使得为官之子能够继续其仕途，但同时也避免了梅家长辈们长途旅行，并远离他们舒适的家、他们的家乡和祖茔。最重要的是，梅氏的经历为禄养理念的流行及仕宦之子和未仕之子孝道实践中引发的变化提供了确凿的证据。欧阳修撰写的梅让墓志铭除了歌颂梅让的生平外，还突出了梅尧臣的禄养功绩。为了把朋友描绘成孝子，欧阳修描述了梅尧臣回家探望年迈的父亲期间的一幕："（梅尧臣）朱服象笏侍君旁，乡人不荣其子而荣其父。"[1]

梅尧臣侍立在父亲身边的形象，让我们想起了前文引用过的那首关于中举者风光回家在村里造成轰动场景的诗。[2] 对欧阳修来说，梅尧臣因给父母带来了朝廷的恩赏，并表达了愿意暂时去职侍养的愿望，表现出了他对父母的真挚感情。这一视角也解释了梅尧臣墓志铭中有关孝行记载的缺失。因为早在撰写梅尧臣墓志铭之前，欧阳修在梅让的墓志铭中已经确立了梅尧臣的禄养功绩。[3] 然而，在把注意力集中在梅尧臣身上的同时，

47

---

[1]　欧阳修：《全宋文》第35册，卷753《太子中舍梅君墓志铭》，第339页。

[2]　在宋人写作中，经常会提到当官儿子侍立在父母身边或身后，尤其是在客人面前。更多的例子，见丁传靖《宋人轶事汇编》卷4，第121页；卷5，第207页。

[3]　我们知道梅尧臣还有其他孝道表现，其中之一就是在宋仁宗至和二年（1055）为已故的父亲和伯父修建了祠堂。梅尧臣：《全宋文》第28册，卷593《双羊山会庆堂记》，第165—166页。

欧阳修却忽视了梅尧臣未仕的兄弟们及其妻子。所有这些人在梅家的墓志铭中均悄无声息，他们的孝养付出因此被完全湮没了。

梅让设计的儿子们分工尽孝的方式虽然取得了一定的成功，但并没有为梅尧臣及其为官的兄弟们解决"禄"与"养"之间的矛盾。尽管他们不必担心父亲的生活起居，但父子们仍然不得不彼此天各一方地生活。仕宦之子们不得不远离家乡和祖茔。最后，尽管梅让将他为官与未仕之子的角色并置，后者尽孝的事迹在现存记载中却被有效地边缘化，而得禄子则成为杰出的孝子典范。从梅让留在身边的儿子的角度来看，两人是否也曾希望从仕？他们一定也企盼仕宦的三兄弟承担更多的孝养义务。他们的下一代与另外三人的子女天各一方，亲情如何维持，家族事务如何处理？现存材料无法回答这些问题，但足以说明行孝的难度及其在家庭成员间可能产生的问题。

轮番侍养行孝：南丰曾氏

还有一些其他因素使梅让理想的分工尽孝方式更加复杂化。首先，这一方式的延续要求在梅家每一代人中都要生育不止一个儿子且都能够长大成人，他们之中至少一人要成功入仕，一人需留在家乡侍养父母。这种期望对于很多像欧阳修这样的家庭来说是行不通的。欧阳修幼年丧父，由母亲郑氏抚养长大。欧阳修科举入仕成功后，郑氏多次陪同独生儿子到处宦游，并在远离家乡江西的地方去世。如果他们可以选择的话，母子也许都会希望有一位不当官的家庭成员来分担养亲的责任。梅家的分工尽孝方式也不适用于那些在科举考试和仕宦方面取得非凡成就的家庭。换句话说，如果梅让的五个儿子均在外为官，他会如何表达自己对孝养的期待呢？这个问题虽不适用于梅氏，却是其他许多家庭必须面对的现实。本节以江西南丰曾氏为例进一步勾勒行孝的复杂性与多样性，并特别从"情"的角度说明仕宦与行孝的根本内在冲突。

南丰曾氏在宋代的兴起始于曾致尧（948—1013）。[①] 曾致尧于983年中进士第，其后仕宦三十载。[②] 他与夫人临川黄氏（953—1044）共育有四子三女。[③] 从士人行孝的角度观察，曾氏夫妇的想法及做法与宣州梅家有所不同。曾致尧于1013年六十六岁时离世，黄氏则寿过九十。在丈夫亡殁之后的三十年中，黄氏没有像梅让一样与她在南丰的未仕之子们生活，也没有同张氏一样随其子梅正臣远赴任所，她选择了返回临川居住。究其原因，临川不仅是黄氏的娘家，她与曾致尧的女儿们也多嫁到此地。[④] 黄氏的决定从几个角度昭显了曾氏两代妇女婚后与其娘家的密切关系。从孝道而言，黄氏搬离南丰意味着她的女儿女婿，甚至外孙外甥为她养老送终。她留在南丰或辗转仕宦的

---

① 关于曾氏祖先及早年历史，见周明泰《宋曾文定公巩年谱　宋曾文肃公布年谱　宋曾文昭公肇年谱》；李震《曾巩年谱》。

② 欧阳修：《全宋文》第35册，卷746《尚书户部郎中赠右谏议大夫曾公神道碑铭》，第226—229页。王安石：《全宋文》第65册，卷1413《户部郎中赠谏议大夫曾公墓志铭》，第135—137页。

③ 王安石：《全宋文》第65册，卷1419《曾公夫人万年太君黄氏墓志铭》，第227页。

④ 曾巩：《全宋文》第57册，卷1245《上齐工部书》，第238页。

儿子们在这方面则作用有限。[①]

　　曾致尧与黄氏夫妇二人的墓志铭中着重提到的只有一子——曾易占（990—1047）。原因有二：第一，曾易占在他四兄弟中是唯一走上仕途的；第二，曾致尧夫妇墓志铭的作者皆是曾易占之子曾巩的朋友。[②]

　　本案例关注的焦点不在曾易占，而是他的六个儿子：曾晔（1009—1053）、曾巩（1019—1083）、曾牟（1022—1062）、曾宰（1023—1068）、曾布（1036—1107）、曾肇（1047—1107）。他们分别为周氏、吴氏、朱氏（1011—1082）三位夫人所生。曾氏六兄弟有三个特点。其一，除了长兄曾晔，另外五人皆于 1057 至 1067 年间高中进士。[③] 吴氏所生的曾牟、曾宰年过四十即过世。但吴氏所生的曾巩和朱氏所生的曾布和曾肇，在北宋中后期文坛政坛影响都盛极一时。[④]

　　其二，鉴于曾易占及周、吴两位夫人早逝，曾氏兄弟唯一的行孝对象便是朱氏。而曾巩、曾布、曾肇的仕途决定了朱氏无法像梅让一样继续住在家乡南丰。[⑤] 实际上，曾巩在 1058 年入仕之后，立刻把朱氏带到了他的第一个任所。自此，伴随儿子们频

　　①　有关此方面研究可参考 Beverly Bossler：*Powerful Relations*；"A Daughter Is a Daughter All Her Life."Patricia Ebrey，"Women in Liu Kezhuang's Family."

　　②　李清臣：《全宋文》第 79 册，卷 1718《曾博士易占神道碑》，第 74—76 页。王安石：《全宋文》第 65 册，卷 1414《太常博士曾公墓志铭》，第 147—149 页。

　　③　曾巩：《全宋文》第 58 册，卷 1270《亡兄墓志铭》，第 270—271 页。

　　④　有关曾布的政治生涯，见 Ari Levine，*Divided by a Common Language: Factional Conflict in Late Northern Song China*；刘子健《王安石曾布与北宋晚期官僚的类型》，第 123—148 页。

　　⑤　曾氏三兄弟给他们父祖辈带来了众多的封号，黄氏一人即得到六次封赏。王安石：《全宋文》第 65 册，卷 1419《曾公夫人万年太君黄氏墓志铭》，第 227 页。

繁迁徙成了朱氏后半生的主旋律。在此期间，她只返乡过两次。朱氏的另一个两难之处是，在由任何一个儿子侍养的时候，她都会远离其他的儿女。

其三，与其兄弟和北宋绝大部分士大夫相比，曾巩不仅对继母朱氏有超乎寻常的感情依赖，并把这种情绪形诸文字。① 曾巩的主要传记，包括林希（1035—1101）为之撰写的墓志铭、韩维（1017—1098）所作的神道碑、曾肇的行状，及其《宋史》本传，都大力渲染曾巩对朱氏的孝行和他对兄弟姐妹的照顾。② 据曾肇的记载，曾易占去世之后，曾巩担当了教育诸弟，并操持九个姐妹婚嫁的重任。"平居，未尝远去太夫人左右。其任于外，数以便亲求徙官。太夫人爱之异甚。"③《宋史》本传显然参考了曾肇对其兄的评价，赞扬"巩性孝友，父亡，奉继母益至，抚四弟、九妹于委废单弱之中，宦学昏嫁，一出其手"。④ 需要指出的是，从他1058 年入仕至1083 年去世的二十五年中，曾巩只有六年时间可以在继母左右侍奉。其余的大部分时间，朱氏则与曾肇生活在京城。

了解曾巩与朱氏的母子情，最直接的材料是曾巩的作品，其

---

① 《寄舍弟》《寄子进弟》《与舍弟别舟岸间相望感叹成泳》《喜二弟侍亲将至》《亲旧书报京师盛闻治声》，见《曾巩集》卷 1，第 10、15 页；卷 4，第 56、59 页；卷 8，第130 页。

② 林希：《全宋文》第 83 册，卷 1812《朝散郎试中书舍人轻军督尉赐紫金鱼袋曾公墓志铭》，第 253—257 页。韩维：《全宋文》第 49 册，卷 1812《朝散郎试中书舍人轻军督尉赐紫金鱼袋曾公神道碑》，第 240—243 页。曾肇：《全宋文》第 110 册，卷 2381《曾舍人巩行状》，第 91—98 页。脱脱《宋史》卷 319，第 10390—10392 页。

③ 曾肇：《全宋文》第 110 册，卷 2381，《曾舍人巩行状》，第 97 页。

④ 脱脱《宋史》卷 319，第 10392 页。曾肇：《全宋文》第 110 册，卷 2381，《曾舍人巩行状》，第 97 页。

中尤以多份表状最为详细直接地传达了曾巩侍养的诉求及对母子分离的痛苦的描述。按时间顺序,曾巩曾在四处任所侍养朱氏。1058 年,朱氏随曾巩赴他的第一个任所太平州。1065 年,朱氏同曾巩暂居开封。① 1071 至 1073 年,母子同在齐州。之后曾巩被派往湖北襄州,朱氏即随曾布赴江西饶州。1074 和 1075 年,曾巩两次上表,恳求朝廷在他襄州任满后派他往宣州或洪州便养。② 他的这一要求为朝廷允准。1075 至 1077 年,曾巩任职洪州,朱氏从饶州搬去洪州。③ 这是曾巩多次乞便郡侍亲的要求唯一一次被准奏。

洪州任满之后曾巩又被派往福州。赴任之前,他上表要求朝廷把他改派到开封附近,以便他在赴任之前把母亲送到时在京畿的曾肇处。朝廷似乎驳回了这一请求。曾巩于 1077 年到达福州时,朱氏没有同行,而是返回了开封。曾巩则从福州继续上表,陈述他侍养的诉求。在《福州上执政书》中,他先是列举了《诗经》中有关母子感情的名篇,然后转而描述自身的处境:

> 转走五郡,盖十年矣,未尝敢有半言片辞,求去邦域之任,而冀陪朝廷之仪。此巩之所以自处,窃计已在听察之日久矣。今辄以其区区之腹心,敢布于下执事者,诚以巩年六十,老母年六十有八,老母寓食京师,而巩守闽越,仲弟守南越。二越者,天下之远处也。于著令,有一人仕于此二邦者,同居之亲当远仕者,皆得不行。巩固不敢为不肖之身,求自比于是也。顾以道里之

① 曾巩:《全宋文》第 57 册,卷 1246《与王介甫第三书》,第 252 页。
② 曾巩:《全宋文》第 57 册,卷 1243《襄州乞宣洪二郡状》,第 198 页。
③ 曾巩:《全宋文》第 57 册,卷 1238《洪州谢到任表》,第 124 页。

阻，既不可御老母而南，则非独省晨昏，承颜色，不得效其犬马之
恩。至于书问往还，盖以万里，非累月逾时不通。此白首之母
子，所以义不可以苟安，恩不可以苟止者也。①

曾巩强调，在过去的十年，他共历五州县，勤于王事，但既不能携
六十八岁的老母长途跋涉到"天下之远处"的福州，又不忍"白发
之母子"天各一方。并且，曾巩在上书中提醒朝廷，因为曾布远
在广州，根据差遣之法，他实不应任职福州。根据以上考虑，他
便郡侍奉的要求显得十分合情合理。一年后，曾巩再次上表乞
便任。② 作为回应，朝廷先是把他调回东京任职，旋又改派明
州。对这一新差遣的反应，曾巩在《移明州乞至京迎侍赴任状》
中有详细描述，他写道，从福州赴京途中，到达洪州时，已知改派
明州的消息：

> 伏念臣已奔驰在路，屈指计日，望至亲侧。窃计臣老母之
> 心，闻臣之来，倚门之望，固已深切。今母子垂欲相见，而臣忽他
> 改差遣。晨昏之恋，既未得伸；迫急之诚，惟知涕泗。且臣母子
> 各已白首，臣母近岁多病。臣弟布又知桂州，私门之内，长子二
> 人皆违左右。而臣于兄弟之内，又最居长。犬马之志，岂敢
> 苟安？③

上引文字中，曾巩先是描述母亲倚门而立期待与他团圆，又提到

---

① 曾巩：《全宋文》第 57 册，卷 1246《福州上执政书》，第 264 页。
② 曾巩：《全宋文》第 57 册，卷 1243，《辞直龙图阁知福州状》，第 201 页。
③ 曾巩：《全宋文》第 57 册，卷 1243，《移明州乞至京迎侍赴任状》，第 203 页。

"母子各已白首""长子二人皆违左右"的境遇，然后表明自己的态度："今所得明州，足可迎侍。"他不过是想神宗"特赐矜悯，许臣径马暂至京师，迎侍老母赴任，不敢别有住滞"。

朱氏最终没能跟随曾巩到明州赴任。曾巩却并未放弃改派他地的希望。在《明州奏乞回避朱明之状》中，曾巩又以朱明之为朱氏"亲堂弟"为由，请求回避并改派。理由有二：第一，"念臣在外十有一年，已更六任……而自陛下即祚以来，未得一亲玉色"；第二，"兼臣昨任福州，已系远地，迎侍不得。即今老母多病，见在京师，人子之义，晨昏之恋，固难苟止"。曾巩强调："二者于臣之心，实为迫切。如臣合当避亲，臣不敢陈乞在京差遣，只乞对移陈、蔡一郡，许臣暂至京师，迎侍老母赴任，使臣仰得就日月之光，俯得伸犬马之养。"①

曾巩的下一个差遣亳州虽不是他的首选，却"既近辇毂，又便庭闱"。在《移知亳州乞至京迎侍赴任状》中，他再次强调自己"在外十有一年，已更六任"，尚"未得一亲玉色"，但曾巩该状的重点仍是"亳州去京不远，欲乞许臣暂至京师，迎侍老母赴任"。② 1081 年，曾巩递交了他最后一份与侍养有关的奏状《乞出知颍州状》。当时朱氏已七十一岁，"比婴疾疹，举动步履，日更艰难"。曾巩当时任职京师，"得侍庭闱，以便医药"，本无由要求改派。奏状的起因是曾布"得守陈州"，而朱氏与曾布久别，"欲与俱行"。曾巩若想继续得近亲颜，需"得旁郡，庶可奉亲往来，以供子职"。曾巩接着论证要求就任颍州的合理性："抱疾之

---

① 曾巩：《全宋文》第 57 册，卷 1243，《明州奏乞回避朱明之状》，第 204 页。

② 曾巩：《全宋文》第 57 册，卷 1243，《移知亳州乞至京迎侍赴任状》，第 204—205 页。

亲,陆行非便。今与陈比境,许、蔡、亳州及南京,皆不通水路,惟颍可以沿流。"基于上述理由,曾巩"诚不自揆,不讳万死之责",希望神宗差他"颍州一任"。[①] 曾巩晓之以情、动之以理的举动并未达到预期效果。他和朱氏还是留在了京师。朱氏于第二年九月在开封去世。这也意味着曾布没有见上母亲最后一面。曾巩在朱氏去世后开始丁忧并护送灵柩返回江西,于元丰六年(1083)四月在金陵途中病逝。他和朱氏于第二年葬于南丰。[②]

　　和上面对梅氏的考察相比,本案例从另一角度表明了仕宦与家庭生活,特别是与士人孝行之间的冲突。曾巩乞近郡便郡的要求大多未果,时时提醒北宋士大夫他们对朝廷政令的严重依赖。问题的症结在于,无论是对梅家还是曾家来说,在孝养问题上根本就无法找到一个完美的解决方法。梅让及他的夫人张氏,曾家的黄氏和朱氏两位母亲面对的情况各异。就朱氏而言,曾巩、曾布、曾肇的仕途只允许他们中的一个在朱氏身边尽孝,而另外二人则与母亲天各一方。

　　换一个角度来看,曾巩作为三兄弟中的长子必须与朱氏所生的曾布和曾肇"竞争"侍养的机会。基于曾巩与其家人的亲密关系,特别是他在兄弟姐妹的教育和婚嫁中所起的重要作用,我们没有任何理由怀疑曾巩对朱氏的尽孝之心。但梅氏和曾氏的经历仍然暴露了"行"与"名"的错位。梅尧臣的"无名"兄弟们无

---

　　① 曾巩:《全宋文》第57册,卷1244《乞出知颍州状》,第210—211页。
　　② 林希:《全宋文》第83册,卷1812《朝散郎试中书舍人轻军督尉赐紫金鱼袋曾公墓志铭》,第256页。韩维:《全宋文》第49册,卷1812《朝散郎试中书舍人轻军督尉赐紫金鱼袋曾公神道碑》,第241页。

疑比他更亲力亲为，但因了欧阳修的墓志铭，梅尧臣得以以孝子留名。在曾氏兄弟中，尽管曾肇和他的妻儿承担了最多的孝养责任，然而曾巩的文字不仅向朝廷及时地标榜了自己的孝心，也为后人塑造了他的孝子形象。

曾氏兄弟是否曾暗自希望，如果他们中间一人能留在南丰照顾朱氏会是一个更好更合理的安排？ 梅让作为父亲选择了这个方案，作为人子的包拯选择了类似的方式行孝，曾巩为金君卿所作墓志铭则表达了另一位人子同样的心声。金君卿声称，因为两位兄长已然做官，而"吾兄弟不可俱去吾亲也"，他自愿放弃了仕宦之途。① 金君卿的决定使其父母可以留在乡里，终其天年。相比之下，曾氏兄弟仕途的成功从某种程度上导致朱氏遭受辗转奔波之苦。

曾氏的遭遇远非特例。其实，从某种角度看来，朱氏算是幸运的。毕竟她大部分时间与曾肇住在京城。朱氏会更情愿住在南丰吗？ 或者她也曾想过回到娘家定居？ 又或者，曾肇本就是她最宠爱的儿子，与曾肇长居开封已如她愿？ 现存史料无法回答上述问题。又或者，朱氏本就没有别的选择，只要她乐见儿子们仕途顺利，随他们迁徙便是她唯一的选择。从曾家家庭关系方面考察，母子兄弟之间的长期分离意味着有关朱氏的生活及其他家事都需要书信解决。时空的阻隔同时会影响下一代人之间的关系以及远离南丰的后人对乡里的概念。这些问题是后面几章关注的主题。由于曾氏兄弟均入仕为官，他们的母亲朱氏从来没有选择在家乡生活的机会。与某个儿子一起搬迁成为朱

----

① 曾巩：《全宋文》第 58 册，卷 1268《卫尉寺丞致仕金君墓志铭》，第 244 页。

氏后半辈子的常态和必然。[①]

侍养妾母与出母

　　自古以来，妾的存在往往使精英家庭生活更加复杂化。随着妾"完全融入士人家庭，到了北宋后期，她们的广泛存在及其造成的新的社会和家庭动态，产生了两种关于她们的平行论述"，一种叙述强调她们带来的风险，另一种叙述则强调妾母是其士人儿子们尽孝的对象。[②] 妾生子因此在北宋禄养理念的描述中具有越来越高的可见度。

　　在北宋墓志铭书写中，有关人子兢兢业业侍奉妾母的记载逐渐增多。在为妾母胡氏所写的墓志铭中，韩琦突出了他在禄养和侍养方面的表现。韩琦写道，父亲和嫡母罗氏去世时，自己年纪尚小，成人后只能向胡氏尽孝。关于这一点，韩琦提供了两份证据。首先，宋仁宗大圣五年（1027），韩琦和同为胡氏所生的兄长韩璩（1002—1042）科举中第，两人"彩衣拜庆，当时为荣"。[③] 韩琦在这里提到身着彩衣取悦年迈双亲的传奇孝子老莱子，自然旨在将他和韩璩的孝行与老莱子的行为相提并论，从而树立自己作为得禄养亲的榜样。在接下来的几十年里，韩琦

48

---

　　① 曾巩在多篇奏状中极好地记录下朱氏与儿子们的分离。例如，曾巩：《全宋文》第57册，卷1243《辞直龙图阁知福州状》，第201页；卷1243《移明州乞至京迎侍赴任状》，第203页；卷1243《移知亳州乞至京迎侍赴任状》，第204—205页；卷1246《福州上执政书》，第264页。

　　② Bossler, *Courtesans, Concubines, and the Cult of Female Fidelity*, 128.

　　③ 韩琦：《全宋文》第40册，卷856《太夫人胡氏墓志铭》，第66页。

屡屡为胡氏赢得封号。① 胡氏出现在韩琦的行状和墓志铭中。韩琦行状的作者李清臣甚至称胡氏为韩琦的所生母，完全无视她妾的身份。②

其二，韩琦对胡氏的爱并未止于为母亲带来前所未有的荣誉，他的孝心也见于他的侍养行为。韩琦中第后初任通判淄州，随即将胡氏迎到自己的官舍，与妻子一起"晨昏侍膳羞，奉颜色，孝养无违。八年夏，方受代，而夫人宿疾作。琦日讨方书，治汤剂，躬自杵药，未尝委人，祷神访医，卒不获验"。③

我们没有理由怀疑这一对妾母与儿子之间的亲密关系。韩琦对胡氏的真挚感情还取决于另一个重要因素。韩琦四岁丧父。他的嫡母罗氏很快搬到许州，不久去世，留下韩琦兄弟和胡氏在开封生活。韩琦与罗氏所生四子年龄相差悬殊，韩琦中进士第时，他四人中三人已经谢世。这不仅意味着韩琦实际上由胡氏独自抚养长大，而且胡氏一直负责管理韩家的日常事务，后者在韩琦为胡氏的墓志铭中得到证实。④ 这些情况证明，胡氏随同韩琦一起赴任，并非受到来自其他家庭成员的压力的结果。

在很大程度上，因为父亲和嫡母在他成年之前皆已去世，韩

---

① 尹洙：《全宋文》第 28 册，卷 590《故太中大夫右谏议大夫上柱国南阳县开国男食邑三百户赐紫金鱼袋赠太傅韩公墓志铭》，第 104 页；王珪：《全宋文》第 53 册，卷 1163，第 342 页；陈荐：《全宋文》第 48 册，卷 1052《宋故推忠宣德崇仁保顺守正协恭赞治纯诚亮节佐运翊戴功臣永兴军节度管内观察处置等使开府仪同三司守司徒检校太师兼侍中行京兆尹判相州军州事□□□□□□使上柱国魏国公食邑一万六千八百户食实封六千五百户赠尚书令谥忠献配享英宗庙廷韩公墓志铭封韩公墓志铭》，第 334—335 页。

② 李清臣：《全宋文》第 79 册，卷 1717《韩忠献公琦行状》，第 39 页。（在宋代文献中，所生母一般指妾母。——译者注）

③ 韩琦：《全宋文》第 40 册，卷 856《太夫人胡氏墓志铭》，第 66 页。

④ 韩琦：《全宋文》第 40 册，卷 856《长兄德清尉墓志铭》《二兄监簿以下墓志铭》《五兄著作墓志铭》，第 67—68 页。

琦孝道义务因此大大简单化了。如果罗氏长寿且一直与胡氏和
韩氏兄弟住在一起，情况会怎样呢？韩琦会如何处理照顾两个
母亲的问题？现存资料无法回答这些假设性的问题。但两位北
宋官员张永德（928—1000）和贾黯（1022—1065）与其被休弃的
母亲的关系，却让我们有幸看到了儿子同时对两位母亲尽孝道
的情况。①

　　生活于北宋初年的张永德出于马氏。马氏后被张永德的父
亲休弃并再婚，而张永德则以后来复迎马氏回到张家而闻名。
张永德知邓州时，还曾做出了一个非同寻常的举动：为了侍养，
他将继母刘氏和马氏一起迎到官舍。更具体地说，张永德在州
廨修建了两座堂馆，刘氏居于左堂，马氏居于右堂。日复一日，
张永德“事二母如一”。刘氏去世后，马氏甚至被允许参加宋太
宗举行的宫宴，为我们提供了一个母以子贵的鲜明例证。②

　　《宋史·张永德传》载："永德生四岁，母马氏被出，育于祖
母，事继母刘，以孝闻。"但文中并未提及刘氏嫁入张家的时间。
可以推测，张永德应该很早就知道自己生母被出之事，甚至很可
能是从祖母处得知这一事实。那么，在祖母与继母之间，张永德
与谁的感情更深？马氏返回张家时，两个女人年纪几何？她们
对儿子把她们分别置于两堂的安排有何感想？鉴于继母刘氏随
同张永德一同宦游，刘氏很可能视张永德为唯一的生活支柱。
从这个意义上说，刘氏丧夫后，是无力阻止张永德把生母接回张

----

　　① 丁传靖《宋人轶事汇编》卷4，第127页；卷10，第468页；《宋史》卷255《张永德
传》，第8913页，第8918页。

　　② 《宋史》卷255《张永德传》，第8913页，第8918页；王林《燕翼诒谋录》卷2，第17
页；丁传靖《宋人轶事汇编》卷4，第127页。

家的。

　　张永德把已再婚的生母迎回，同时侍养两位母亲，是北宋有关人子对出母尽孝的最早记载。张永德毫不质疑他的继母理应在张家享有更高的地位。然而，他为马氏在家中修建了另一座堂作为住处这一事实，充分表明了他对出母的尊重。从这个意义上说，张永德实际上是设计了一个"独立但平等"的体系，意在模糊刘氏和马氏之间的地位差异。而且，虽然张永德称修建两套住处可以更加昭显他对刘氏特别的敬重，但把刘氏马氏的居所分开完全有可能是因为两个女人无法和谐相处。最后，需要注意的是，张永德的官声政绩为他八十一岁的出母赢得了面见太宗的殊荣。不仅马氏被赐予封号，马氏再婚所生的儿子，即张永德同母异父的弟弟也被授官。①

　　贾黯的经历在很多方面与张永德相似。贾黯的生母陈氏在贾黯幼时遭贾父出离。贾黯的行状记载，贾黯年轻时曾恳求父亲将陈氏接回贾家。父亲回应道，"能取名第作官，则往视母"。贾黯科举中第后，实现了自己的愿望，迎接陈氏回家。由于贾黯的政绩，陈氏和继母史氏后来都被授予封号。② 在相关笔记记载中，贾黯还被特别描绘成对两个母亲恪尽孝道的孝子，尽管《宋史·贾黯传》特别指出"二母不相善"。③

　　要讨论人子对妾母及出母尽孝的问题自然要提到朱寿昌。朱寿昌三岁时得知自己的妾母被逐出家门，就发誓要找到她。历经五十年，终于在宋神宗熙宁三年（1070）如愿，之后"奉养三

---

① 《宋史》卷 255《张永德传》，第 8918 页。

② 刘攽：《全宋文》第 69 册，卷 1504《贾公行状》，第 204 页。

③ 丁传靖《宋人轶事汇编》卷 10，第 468 页；《宋史》卷 302《贾黯传》，第 10018 页。

年而母亡,寿昌至毁焉".① 朱寿昌的孝道行为发生在贾黯之
后,在政治和文学领域引起了极大关注,有很多人撰文赋诗歌
颂。② 他的杰出事迹使他在《宋史》列传中占据一席之地。③ 朱
寿昌后来被列为"二十四孝"之一,继续激励后世子孙以他为
榜样。④

　　虽然上述事例数量不多,但足以揭示人子在官场上的成功
与其对妾母、出母尽孝表现之间的密切关系。妾和被离弃的妇
女在丈夫的墓志铭中鲜被提及,但她们中有些人却因子贵而得
到彰显。其他因素在这一过程中也发挥了作用。韩琦、张永德、
贾黯、朱寿昌都是在他们已经丧父或没有强势的嫡母或继母存
在的情况下才有可能对生母精心尽孝的。韩琦的嫡母罗氏离开
了开封,后来在许州去世。张永德的继母刘氏和贾黯的继母史
氏,都倚靠张永德和贾黯生活,所以无力挑战儿子与其生母的团
聚和情感表达。朱寿昌直到五十多岁才知道生母的身份,其时
父亲和嫡母应皆已不在人世。可以说,不仅是四位人子对生母
的孝心,更重要的是他们所处的家庭环境,使其能够表达对妾母
或出母的深厚情感。

---

　　①　苏轼:《全宋文》第 91 册,卷 1977《蔡延庆追服母丧》,第 107 页。
　　②　钱明逸:《全宋文》第 48 册,卷 1046《朱寿昌弃官寻母事奏》《乞褒奖朱寿昌奏》,
第 253 页;文同:《全宋诗》第 8 册,卷 435《朱康叔郎中弃官求母于金州因会华清宫作此
诗送之》,第 5331 页;王安石:《全宋诗》第 10 册,卷 568《送河中通判朱郎中迎母东归》,
第 6716 页;吕大防:《全宋诗》第 11 册,卷 620《送朱寿昌迎母东归》,第 7395 页;苏轼:
《全宋诗》第 14 册,卷 791《朱寿昌郎中少不知母所在刺血写经求之五十年去岁得之蜀中
以诗贺之》,第 9163 页。
　　③　《宋史》卷 456《朱寿昌传》,第 13404—13405 页。
　　④　其中最著名的故事是关于黄向坚,他在明清交替之际离开苏州去寻亲。吕妙
芬《明清中国万里寻亲的文化实践》;Kindall:"The Paintings of Huang Xiangjian's Filial
Journey to the Southwest" and *Geo-Narratives of a Filial Son*.

　　北宋文化和社会精英们的自我认同比以往任何时候都更为复杂地与仕宦联系在一起。因此，知识人最神圣的家庭责任，与其宦途变得密不可分。通过将入仕之子从国家获得的荣誉和特权作为荣耀父母及养亲最为合理、理想的尽孝途径，禄养理念扎实地确立了得禄子作为新的孝道典范的地位。这一重大转变受益于北宋文学创作以及官方政策的推动。后者不仅公开认可禄养理念，而且对官员的家庭责任予以一定照顾。尽管北宋官员中的大多数人很少与父母待在一起，但作为得禄者，他们为家庭争得功名、官阶和俸禄，并为父母和其他祖先赢得封号。因为对家庭在这方面的贡献，这些人无一例外被描绘成孝子。

　　禄养理念和支持这一论调的制度措施显然没有，也并非旨在彻底解决孝道与仕宦之间的内在矛盾。只要得禄被视为知识人的首选，他们就必须踏上漫漫征程。如何在公、私责任之间取得平衡取决于为官之子及其家庭的具体情况。禄养话语的兴起有其他两方面的影响。首先，禄养的拔高越来越将得禄子的孝道表现与女性和未仕男性的孝道表现相提并论。后者本就是养亲的主力，但因禄养模式的流行和仕宦的兄弟的缺位而承担了更大份额的责任。并且，妇女经常充当丈夫尽孝的替身。鉴于研究家庭内部尽孝的最重要的资料来源于官方文献和墓志铭，而这些文字多由为官之人为其同僚和他们的妻子撰写，结果是，从未仕宦的家庭成员在养亲方面的作用往往被边缘化。可以说，对精英家庭中男性和女性养亲行为的关注失衡，将孝道转化为一种更具性别和家庭角色导向的美德。

　　禄养理念的传播对家庭生活也有很大的影响，其特点是官员、他们的父母和其他家庭成员频繁而广泛的地域流动，以及亲子之间、夫妻之间的长期分离。许多人在行旅途中去世，使得服丧和葬礼这项本来就充满情感折磨、费钱耗时的任务变得更加难以应付。如以下章节所示，这一过程不仅使官僚和他们没有入仕的家庭成员的孝道行为复杂化，而且还导致了人们对家—家乡感情的变化以及人—地关系的诸多变动。

第二章

守制与孝道：政策与实践

　　北宋著名政治家、文学巨匠欧阳修四岁丧父。作为母亲唯一的儿子,欧阳修曾偕郑氏(981—1052)辗转多地赴任,以便孝养。宋仁宗皇祐四年(1052)三月,郑氏在南京去世,欧阳修立即在颍州着手办理她的丧事。欧阳修的父亲葬于家乡吉州,而颍州距离吉州不啻万水千山,多年前,颍州就被选定为郑氏最后的归宿地。不知为何,欧阳修后来改变了想法,将郑氏的灵柩连同他两位亡妻的遗骸一同运回江西安葬。丧事甫一结束,欧阳修就回到颍州,在那里继续守制,并于至和元年(1054)六月终丧。①

　　欧阳修的服丧经历有三个方面值得一提。首先,像前代的孝子一样,据说母亲的去世使欧阳修悲痛欲绝,头发短时间内迅速变白。② 其次,欧阳修是在获得了朝廷允许,并且拒绝了多次起复的命令后,才得以完成皇祐四年至至和元年(1052—1054)的三年丁忧。第三,郑氏卒于南京,与其原本打算终老的地方(颍州)以及最后安息之地(吉州)都相距甚远。这意味着欧阳修很大一部分丁忧时间都耗费在了奔波于这三个地方来回之间的路上。

---

　　① 这一叙述是基于严杰的《欧阳修年谱》。
　　② 吴充:《全宋文》第 78 册,卷 1698《故推诚保德崇仁翊戴功臣观文殿学士特进太子少师致仕上柱国乐安郡开国公食邑四千三百户食实封一千二百户赠太子太师欧阳公行状》,第 80 页。

　　本章旨在梳理服丧这一北宋士大夫孝道表现的重要组成部分。在研究欧阳修及其同时代人如何处理父母亡故时，一个常见的问题是个人叙述的缺乏。宋朝精英人士很少详细记录父母亡故时天崩地裂般的悲伤经历。这种疏于文字记载的现象首先与礼典的要求有关：儒家丧礼规程要求孝子停止正常的生活，集中精力守孝并处理父母的后事。出于这方面的考虑，即使是最杰出的作家，写作也不应该成为他们在丧期的当务之急。其二，缺乏对服丧的自我表达也源于个人实际情况：孝子可能沉浸在无尽的悲痛中无法自拔，或因哀毁致身体虚弱而无法写作。第三个影响对这一主题的书写的因素是士人普遍接受，甚至过于依赖儒家经典中与服丧有关的标准用语。正如本章后面讨论所示，尽管北宋出现了一些新的表达方式和守丧的做法，但用于描述伤心欲绝的居丧之子的主要术语仍然来源于帝制早期的记载中，大多数悼文体裁都是如此。由于这些原因，要追溯一个人的整个服丧经历往往困难重重。

　　有鉴于此，本章拟采用不同的角度来研究北宋士人守丧的情况。这一章的前半部分将着重讨论北宋政府在官员丁忧方面的政策演变。其目的是表明，与前代相比，北宋政府对士人的丧葬事宜，实施了较为系统的控制指导。更重要的是，北宋中期官方政策的基调发生了变化。之前，严格的规定使得官员们几乎不可能为父母丁忧三年。然而，到了11世纪中叶，丁忧则成为强制性的规定。这种政策转变与特定政治和政策考虑有关，也是士人的势力在政府中逐渐崛起的结果。

　　本章的第二部分考察北宋墓志铭中记载的各种服丧做法。虽然古老的文学比喻继续被用于描绘伤心欲绝的孝子，但北宋时期出现了新的居丧主题和各式服丧行为。墓志铭记载中有几个主题尤其突出。首先，未成年的男孩经常被描述为引人注目的服丧者。其次，仕宦之人因风尘仆仆赶回家中参加父母的葬礼，或千里迢迢运送父母遗骸时流露出来的哀毁情绪，而受到普遍赞扬。第三，基于佛道在葬仪中发挥的重要作用，墓志铭作者往往突出墓主的反对态度及其纠正非儒家正统丧葬做法的努力。与朝廷礼官和学者知识分子不同，这些孝子没有通过论述周密的文章来阐明他们的立场。相反，他们有意把自己树立为本地居民的榜样，并因改变周围人的思想和态度而受到墓志作者们的称赞。

本章最后的两节分别讨论北宋时期为祖父母及庶母服丧政策的演变及几个个案。其目的是阐明，鉴于士大夫家庭背景千差万别，士人守丧实践也因此情况各异，甚至可以说复杂多样。

见于儒家经典和宋代之前的服丧

仪式行为，尤其是丧礼，在中国古代伦理体系中占据中心地位，这主要是源于它在界定人际关系模式和支持祖先崇拜行为方面具有的重要作用。守孝三年是丧礼中的最高规格，它要求孝子为已故父母守孝二十五至二十七个月，在这期间，死者转化为祖先，而孝子和其他家庭成员则逐渐过渡到正常生活。[①] 儒

54

---

① 关于中国古代服丧的四种主要研究，见 Brown, *The Politics of Mourning in Early China*；Choi, *Death Rituals and Politics in Northern Song China*；Knapp, *Selfless Offspring*；and Kutcher, *Mourning in Late Imperial China*.

家思想家一致把服丧作为一种神圣的孝道责任。孔子强调，"三年之丧，天下之通丧也"，并特别指出，"丧，与其易也，宁戚"。①孟子同样宣称，为父母守丧三年是"自天子达于庶人"所有人子的义务。② 荀子（约前 313—前 238）格外强调丧礼的表现形式，包括人子所用衣食以及各种恰当公开表达悲伤的方式，以此作为应对不测和面对厄运的手段。③

儒家经典，特别是《仪礼》和《礼记》等礼书，对人子恰如其分地服丧提供了详尽的指导。招魂之后，饱受失去亲人悲痛折磨的人子，需服斩衰三年，期间因伤心欲绝，长期粗食，终日哀嚎而形支骨立。父母下葬后，孝子们还需庐于墓侧，在很大程度上脱离家庭社会活动。三年丧期由"卒哭"（父母去世百日）、小祥（卒后十三月）、大祥（卒后二十五个月）分割为三个阶段。大祥之后的除服意味着守丧的正式结束。④

上述规定有两点需要作进一步解释。首先，尽管服丧有规定的时间长度和严苛要求，礼文通常不鼓励人子居丧过礼。事实上，因丧亲悲痛而形销骨立并导致身故，在帝制早期被认为是未能实现孝道的表现。其次，丧葬礼规定父子关系优先于母子关系。例如，嫡子丁父忧服斩衰，而丁母忧则服齐衰。如果父亲

---

① 孔子《论语》17. 21，3. 4。In Ivanhoe and Van Norden, *Readings in Classical Chinese Philosophy*, 46，7. Olberding, "I Know Not 'Seems.'"（分别见《论语·阳货篇》和《论语·八佾篇》。——译者注）

② 《孟子》3A. 2。

③ 《荀子·礼论篇》，in Ivanhoe and Van Norden, *Readings in Classical Chinese Philosophy*, 271. 亦见 Radice, *The Ways of Filial Piety in Early China*.

④ 关于这一主题的全面研究，见陈华文《丧葬史》；丁凌华《中国丧服制度史》；徐吉军《中国丧葬史》；章景明《先秦丧服制度考》。

尚健在，儿子应将丁母忧的时间缩短到一年。① 母亲在礼制中的地位随着时间的推移而提高。然而，直到 7 世纪末，武则天才颁诏正式规定，即使父亲健在，儿子也要为亡母守孝三年。②

在整个帝制时代，上述礼仪规范仍然是官方政策和文学作品中关于从礼服丧的标准言辞。在实际生活中，守孝三年的实施范围有多广，人子们在多大程度上严格遵循了儒家经典中的规定，仍然是学术界争论不休的话题。从东周到汉代的现存记录表明，皇室和贵胄之家的成员通常在父母的葬礼结束后便不再穿丧服，而多数葬礼在死者亡故后三个月到一年内完成。③西汉史料明确记载实际服丧三年的事例很少。事实上，无论是西汉思想家还是官方言辞，都把为政公平而不是长期服丧作为最重要的孝道表达方式。东汉时，朝廷与地方精英之间权力平衡的变化，导致了后者对为官之责与家庭义务孰轻孰重的看法有所转变。服丧三年作为一项重要的孝道义务在东汉话语中可见度大增。④

作为一种根本的孝道表现，居丧在中古初期继续处于中心地位。正如南恺时所述，"当中古初期的人们想要描述一个人有多孝顺时，他们会谈论他或她在服丧时表现出来的行为"。⑤ 因

---

① 关于为丁母忧的深刻讨论，见 Y. Zhou, "The Status of Mothers in the Early Chinese Mourning System."

② 武曌：《全唐文新编》第 2 册，卷 97《请父在为母终三年服表》，第 1132 页。数十年后颁布了类似诏令，见唐玄宗：《全唐文新编》第 1 册，卷 34《定母服齐衰三年制》，第 415 页。

③ 丁凌华《中国丧服制度史》，第 236 页。

④ Brown, *The Politics of Mourning in Early China*; Brown and Fodde-Reguer, "Rituals Without Rules."

⑤ Knapp, "Borrowing Legitimacy from the Dead," 192.

此，尽管礼书警告孝子们不要居丧过礼，以免对身体造成致命伤害，那些拒绝进食、整日哭泣、庐墓、形销骨立甚至伤恸而亡，以此来追念父母的人，仍被列为当时孝道传奇故事中的终极孝道典范。[①]

南北朝时期，三年丧期逐渐被纳入国家政策。北魏（386—534）政府在中国历史上首次将服丧三年纳入刑律。在居丧期间冒哀求仕将被处以五年徒刑。[②] 唐朝的法典和礼典对精英和普通民众的服丧礼继续予以制度化。《唐律疏议》对未能遵守丧礼规制之人规定了从流放到鞭笞的重罚。被列为不孝的行为包括：（1）隐瞒或捏造父母去世的消息；（2）服丧期间穿吉服；（3）参加娱乐活动；（4）居丧期间嫁娶、与应嫁娶人主婚或做媒；（5）居父母丧生子；（6）求仕。[③] 之后，《大唐开元礼》对皇帝、宗室和官员守丧行为进一步做了详细规定。[④]

将服丧三年列入官方文件，并不一定能得到有力地贯彻执行。尽管唐代礼法措辞严厉，国家也能通过"夺情"和"起复"剥夺大多数官员三年甚至短时间丁忧的权利。事实上，夺情和起复被广泛用于实践中，以至于服丧的官员们无一例外期待着被迅速召回。一些丁忧的人也曾申请过快速复职。[⑤] 有唐一代，

56

---

① Knapp, *Selfless Offspring*, 145 - 163；丁凌华《中国丧服制度史》，第 242—244 页。

② 丁凌华《中国丧服制度史》，第 251—258 页。

③ 长孙无忌《唐律疏议》卷 2《名例》，第 35 页；卷 12《户婚》，第 236—237 页；卷 13《户婚》，第 257—259 页；卷 22《斗讼》，第 414—416 页；卷 23《斗讼》，第 432—433 页；卷 24《户婚》，第 435—438 页。

④ 《大唐开元礼》卷 138—149。

⑤ 丁凌华《中国丧服制度史》，第 269—270 页；郑雅如《亲恩难报：唐代士人的孝道实践及其体制化》，第 82—93 页。

因与服丧相关的违法行为而受到惩罚的官员数目少之又少。①
因此，我们有理由得出结论：无论是国家还是大多数唐朝官员，
长期服丧都不是他们真正关注的问题。

北宋有关文官的丁忧政策

《宋刑统》对官员和百姓守丧义务的规定与《唐律疏议》的规
定几乎完全相同。② 法典中的详细规定还得到了诏令和礼典，
以及来自朝廷奏议和礼制辩论的补充。综合来看，这些文件揭
示了朝廷关于官员丁忧政策的重大转变。③ 这一过程中官方关
注的焦点是提倡孝道与国家对官僚履行政务的要求之间的内在
冲突。在两者之间寻求平衡的结果是，直到北宋中后期，三年丁
忧才首次成为中国历史上普遍实行的政策。

　　出于完善人事管理的目的，宋朝廷积极干预到官员生活中
的重大事件中。死亡也不例外。咸平元年（998），宋真宗下诏，
要求所有京朝官将父母过世时间以及他们打算持服的地点报告

---

　　① 丁凌华《中国丧服制度史》，第 270—273 页；徐吉军《中国丧葬史》，第 354 页。
　　② 窦仪《宋刑统》卷 2，第 23 页；卷 10，第 183—186 页；卷 13，第 242 页。这次讨论
仅限于针对文官的政策。在整个北宋时期，武官不必丁忧三年。宋仁宗庆历元年
（1041）的敕令规定，如果父母去世，下级军官可以丁忧一个月，见宋仁宗：《全宋文》第
45 册，卷 964《三班使臣以上遭丧给假一月诏》，第 35 页。对于武官丁忧政策的一般性总
结，见郑侠：《全宋文》第 100 册，卷 2176《林明中持服诗序》，第 2—3 页。
　　③ 宋真宗：《全宋文》第 10 册，卷 213《具丁忧京朝官名衔等报台诏》，第 364 页；第
11 册，卷 220《令御史台画时录报丁忧京朝官诏》，第 88 页。

给负责监督官僚丁忧的太常礼院和御史台。① 北宋中后期，三年丁忧成为常态后，官员们在丁忧结束后还应递交服阕书，以备续任之用。②

宋太宗雍熙二年到宋哲宗元祐七年（985—1092）期间，朝廷颁布了三十多道与丁忧有关的诏书。这些官方文件让我们可以追溯北宋官员丁忧制度化的历程。③ 除了宋初几十年，大多数官员一般都被允许丁忧一段时间。雍熙二年（985）年和端拱二年（989）的诏令虽然简短，但透露出京朝官、外任京朝官和幕职州县官皆有资格丁忧。雍熙二年（985）的诏令规定："三年之制，谓之通丧，圣人垂教，百代不易。向者臣僚居丧，多从抑夺。盖切于为理而急于用人，求便一时，诚非永制。"④这道诏令明确表示，新建立的宋王朝在最初二十五年间没有允许官员丁忧，也未做出任何相关承诺。端拱二年（989）的诏令进一步解释了先前禁令背后的理由："京朝官丁忧，多是转运使或本州举留，比至替回，已终丧纪。"这一解释明确指出，由于京城与地方官署之间交通不便且沟通缓慢，在不妨碍地方行政运行的情况下让官员丁忧是不现实的。诏令明确宣布，从那时起，官员凡有称职的次官可以临时代替他们职任的，便会被允许解官持服。如果找不到

---

① 宋真宗：《全宋文》第 10 册，卷 213《具丁忧京朝官名衔等报台诏》，第 364 页；第 11 册，卷 220《令御史台画时录报丁忧京朝官诏》，第 88 页。

② 此类文献，见张纲：《全宋文》第 168 册，卷 3666《丁父忧服阕从吉再任宫观谢表》，第 195—196 页；第 168 册，卷 3667《丁母忧服阕从吉再任宫观谢表》，第 206 页，第 168 册，卷 3673《丁父忧服阕上宰相启》《服阕上执政启》，第 315 页；第 168 册，卷 3673《丁母忧服阕上宰相启》，第 320 页。

③ 大多数这些政策见于《宋史》卷 125《礼志二十八》，第 2922—2925 页。

④ 宋太宗：《全宋文》第 4 册，卷 69《京朝幕职州县官丁忧者放离任诏》，第 181 页。

这样的替代者，地方政府应通知朝廷要求立即差人替代。①

　　如果说缺乏得力的次官和对接替者的必要等待已经成为这项政策的制约因素，那么路途遥远使这一政策的实施更加复杂化。尽管含糊其词，宋真宗咸平元年（998）颁布的诏令表示，刚刚获准丁忧的官员可以离开地方岗位，前往他们的家乡或其他丁忧目的地。但这种情况也有例外。在北方任职的南方人被禁止回家丁忧。② 在偏远的战略要地（包括四川、广东、广西、江浙、河东等路）任职的官员，由于旅途漫长、行动缓慢和考虑安全因素，向这些地区及时派遣官员的工作尚未全面展开。在这些情况下，朝廷明确禁止在这些地方任职的官员离任丁忧。同年颁布的另一道诏令重申，因当地官员人手短缺，驻守在四川、陕西、福建、粤南和广西的官员不得解官丁忧。③

　　上述政策解释了为什么夺情和起复在宋初数十年间曾被广泛使用。张咏的经历最能说明这些官方考虑的后果。10 世纪90 年代，张咏在四川为官期间双亲亡故。两次夺情的命令使得他无法回家丁忧或临时解官持服。几年后他终于回到都城时，张咏才申请为已故父母守心丧，以弥补他孝道的过失。④ 张咏以丁忧行孝的诉求在政府对官员丁忧的限制有所放宽之际才成为可能。到了宋真宗天禧五年（1021），除了四个州的官员外，所有在四川任职的官员都被要求在父母过世后通知朝廷并等待朝廷的安排，这一转变表明标准的丁忧政策开始出现。事实上，新

---

①　宋太宗：《全宋文》第 4 册，卷 71《外任京朝官幕职州县官丁忧事诏》，第 242 页。
②　《宋会要辑稿》职官 77.1b—2a。
③　宋真宗：《全宋文》第 10 册，卷 214《川陕诸路官丁忧不得离任诏》，第 376 页。
④　张咏：《全宋文》第 6 册，卷 110《西川回乞持服状》，第 99 页。

政策实施之后，要求免于持服的人会受到惩处。①

　　值得注意的是，上述诏令中没有一条明确规定丁忧的时间长度。有证据表明，实际丁忧的时间仍然很短，远非三年。宋太宗淳化五年(994)的诏令批评那些父兄亡故百日内去官署拜访上级的官员。对朝廷而言，这样的拜访是服丧者"遽忘哀戚之容，不念劬劳之报"的证据。② 尽管如此，同一道诏令表明，在服丧百日期间，官员们通常仍然在正常履职。事实上，由于这道诏令只针对那些父母亡故百日之内的人，所以基本可以推测百日是朝廷给予大多数官员丁忧的最长时间。从北宋初一项发布日期不详的政策中也可以看出来，官员一般只会被允准丁忧百日，该政策规定所有七品及以上的官员在"卒哭"后都会被召回复职。③ 对大多数官员来说，百日远远不足以让官员赶到亡故的父母身边服丧。这一假设得到了咸平元年(998)一道诏令的证实，该诏令要求官员报告他们的丁忧地点。这说明，在北宋初，大多数官员似乎都在其岗位所在地丁忧。

　　上述政策决定很可能是对士人要求更多丧期的回应。从11世纪初起，士大夫们积极奏请朝廷，允许官员们丁忧三年。早在宋真宗大中祥符九年(1016)，张廓就指出"况无金革之事，中外之官不阙"，因此他提出允许或要求所有官员丁父母忧三年，以彰显王朝以孝治国的主张。④ 天禧五年(1021)的奏疏进

---

① 宋真宗：《全宋文》第 13 册，卷 261《答刘烨奏京朝官丁忧事诏》，第 116 页。
② 宋太宗：《全宋文》第 4 册，卷 76《令子弟因父兄殁收叙未经百日不得公参诏》，第 356 页；《宋史》卷 125《礼志二十八》，第 2922 页。
③ 《宋史》卷 125《礼志二十八》，第 2924 页。
④ 张廓：《全宋文》第 14 册，卷 280《乞令京朝官解官持服奏》，第 108 页；《宋会要辑稿》职官 71.2b—3b。

一步点明了孝道的价值："京朝官丁父母忧者，不即时奔丧持服，伤坏风教，典章无取。"奏疏还请求朝廷不要在官员丁忧结束后立即将他们召回复职。①

然而，北宋初年的政治形势决定了大多数官员，特别是那些驻守在边远地区或战略要地的官员，都不可能被允许长时间地解官持服。宋朝建立后的数十年间，中央政府专注于扫平各地割据政权以形成统一王朝，并对辽和西夏发动了大规模军事行动。② 保证地方行政人员的充足提供和权力的平稳交接仍然是朝廷考虑的重中之重。三年丁忧的普遍实行，同时还需要成熟的官僚制度有能力处理繁重的人事变动、稳定的待阙官员提供、士大夫的影响力不断提升及其对守礼居丧的坚持。满足官僚三年丁忧的最后一个重要因素是，没有发生重大的国内动乱或边境纠纷。③

这种转变在宋仁宗朝（1023—1063）中期得以实现。④ 尽管上述天禧五年（1021）的诏令确认官员应丁父母忧，但景祐三年（1036）的诏令规定向卒于丁忧期间的在职官员的家属提供财政援助。这说明，北宋建立八十年后，仍有一些官员被剥夺了丁忧三年的权利。⑤ 事实上，在都城仍然可见身着孝服的官员，以至于有人特意上奏要求丁忧者身着官服办公。⑥ 庆历七年（1047）

---

① 刘烨：《全宋文》第 8 册，卷 169《奔丧持服事奏》，第 333 页。

② Lorge, *The Unification of China*.

③ W. W. Lo, *An Introduction to the Civil Service of Sung China*.

④ 宋仁宗朝简史，见 McGrath, "The Reigns of Jen-tsung (1022 - 1063) and Ying-tsung (1063—1067)," 279 - 346.

⑤ 宋仁宗：《全宋文》第 44 册，卷 959《在任丁忧物故臣僚给其家职田诏》，第 369 页。

⑥ 《宋史》卷 125《礼志二十八》，第 2922 页。

的另一份奏疏更能说明问题。上奏人吴鼎臣称，许多丁忧的官员裹着素纱幞头出入禁门，"殊失肃下尊上之礼"，要求他们"虽有亲丧服未除，并须光纱加首，不得更裹素纱"。该提议显然引起了争议，导致了礼官的干预，礼官称："其遭丧被起，在朝参处，常服各依品服，惟色以浅，无金玉饰；在家，依其服制。其被起者，及期丧以下居式假者，衣冠朝集，皆听不预。"① 穿孝服办公的官员也对他们是否适合参加各种朝廷活动提出了疑问。例如，知怀安军石屿母亲过世，当他将工作移交他人并遵照敕令前往都城接受评估和重新任命时，他上奏称，自己"缘服制未满，不敢依例朝见"。②

　　从各方面看，11 世纪 50 至 60 年代是官方丁忧政策实施的分水岭。有几个指标表明了这一变化。首先，从 11 世纪 50 年代开始，夺情和起复只适用于最高阶公卿大臣。③ 其次，皇祐二年（1050），宰相贾昌朝（997—1065）请求允许他为母亲丁忧三

---

① 《宋史》卷 125《礼志二十八》，第 2922 页。

② 石屿：《全宋文》第 8 册，卷 173《服母忧制未满不敢依例朝见奏》，第 408 页。事实上，很多人都穿着孝服上班，以至于宋仁宗景祐二年（1035），有官员提议，守孝者可以参加除少数宫廷活动以外的所有活动。章得象：《全宋文》第 15 册，卷 320《有父母丧者不预二庙大礼余无所妨奏》，第 401 页。宋仁宗庆历七年（1047）的奏议补充道，不允许服丧的官员参加祭天、祭地活动，这揭示了有许多官员身穿孝服参加公务活动。邵必：《全宋文》第 29 册，卷 617《乞郊庙行礼臣僚居父母丧者并不许赴奏》，第 169—170 页。

③ 杨亿、王随、董希颜都在父母过世数月至半年间起复。《宋会要辑稿》职官 71.3b，77.4a—b。更多例子，见杨廷美：《全宋文》第 3 册，卷 41《故推诚奉义翊戴功臣开府仪同三司检校太师右金吾卫上将军上柱国许国公食邑五千户食实封一千三百户赠太子太师太原王公墓志铭》，第 39 页；滕宗谅：《全宋文》第 19 册，卷 396《王公旦墓志铭》，第 189—190 页；宋祁：《全宋文》第 25 册，卷 528《文宪章公墓志铭》，第 128 页。《宋史》卷 256《赵普传》，第 8932 页；卷 262《刘温叟传》，第 9072 页；卷 262《刘载传》，第 9081 页；卷 263《薛惟吉传》，第 9112 页；卷 263《沈伦传》，第 9113 页；卷 265《贾黄中传》，第 9161 页；卷 267《陈恕传》，第 9203 页；卷 287《杨砺传》，第 9643 页。

年，他的理由是"少孤，惟母为恃"，此外，当时边境安宁，没有金革之虞，他可以从朝廷事务中抽身出来安心丁忧。最终，贾昌朝在母亲的葬礼上得到了皇帝的慷慨赏赐，但未获丁忧的批准。[①]尽管如此，贾昌朝这一要求的重要性在于，这是宰相层级的官员首度请求丁忧，并在之后成为其他人效仿的先例。第三，至和元年（1054），有人向宋仁宗上奏议，要求允许所有官员，无论其级别或职位如何，均要丁父母忧三年。[②] 同年，有诏令废除了卒哭之后起复四品及以上官员的惯例，事实上给予了这些官员更多丁忧时间。[③] 嘉祐六年（1061），富弼（1004—1083）成为第一位丁母忧三年的宰相。《宋史·富弼传》记载："故事，执政遭丧皆起复。帝虚位五起之，弼谓此金革变礼，不可施于平世，卒不从命。"[④]富弼成功为母丁忧三年意义重大，但未因此建立起一个永久的模式。即使在 11 世纪 70 至 80 年代，丁忧中的公卿大臣被起复的情况并不少见。[⑤] 然而，对于大多数官员来说，在北宋建国整整一个世纪后，三年丁忧才终于成了一项国策。

需要指出的是，丁忧三年的逐渐制度化并没有令所有人满意。尽管国家和官员们极力强调遵守礼仪的重要性，许多官僚对此的态度却是矛盾的，原因很简单，丁忧会影响甚至严重干扰他们的仕途。宋真宗景德四年（1007）颁布的诏令已经

---

① 宋祁：《全宋文》第 25 册，卷 528《贾令公墓志铭》，第 134 页。
② 刘敞：《全宋文》第 59 册，卷 1281《乞听百官服亲丧三年奏》，第 112—113 页。
③ 宋仁宗：《全宋文》第 45 册，卷 978《罢待制以上丁忧满日起复诏》，第 317 页。
④ 《宋史》卷 313《富弼传》，第 10254 页。
⑤ 更多例子，见《宋会要辑稿》职官 77.5b—7b。

明确规定，在考虑磨勘和晋升时，官员必须扣除其丁忧的时间。① 二十年后颁布的另一道诏令强调，要严格按照顺序重新任命丁忧之人。② 这些政策在北宋中前期不会造成很大的影响，因为当时大多数官员都没有享受长时间丁忧。到了北宋后半期，由于多年太平无事，冗员成为问题，三年丁忧对大多数官员的仕途产生了更广泛的影响，因此并未受到每个人欢迎。③

　　丁忧三年在北宋中期已经普遍实施的一个重要迹象是，中央政府日益关注与丁忧有关的违法行为。此类事件中最著名的涉及一位叫桑泽的官员。桑泽在 11 世纪 50 年代在四川任益州推官三年，期间父亲家中谢世，他却毫不知情。在朝廷考虑晋升桑泽时，此事遭到曝光，但桑泽声称他在四川任职期间没有收到任何来自家中的消息。桑泽因此遭到弹劾，指责他未能与身在家乡的父亲保持联系，导致他对父亲的去世一无所知。桑泽的批评者质疑道："亦有人子之爱于其亲乎？"朝廷最终判决，即使桑泽没有故意隐瞒父亲去世的消息，他仍然是不孝之子。由于这个原因，桑泽被免官，闲居家中了此残生。④

　　另外与丁忧有关的三起事件都发生在 11 世纪下半叶。第一起事件涉及朱服（1048—？）。宋哲宗元符元年（1098），有两份奏议均指向朱服，弹劾他在为父守孝时未与兄弟们同住。因为

61

---

① 《宋会要辑稿》职官 11.6b。
② 《宋会要辑稿》职官 11.2b。
③ 丁建军、贾亚方《简论宋代丁忧制度对官员仕途的影响》；祖慧《宋代冗吏溢员问题研究》。南宋时，朝廷官员孙寺丞为了避免丁忧而隐匿母亲过世。宋孝宗勃然大怒，一开始打算处死他，最终将其刺配广南。张端义《贵耳集》卷3，第57—58页。
④ 刘攽：《全宋文》第 69 册，卷 1496《贾公行状》，第 201 页。

只在祭祀时露面,朱服被贴上不孝的标签,从而遭到贬黜。[①] 第二起时间不详的事件涉及茹孝标,为了避免影响仕途,他隐瞒了母亲过世的消息,遭弹劾后被免官。[②] 第三件争论可能涉及北宋最臭名昭著的不孝之子李定(? —1087),在宋神宗熙宁三年(1070)他因未能为妾母服丧而遭到弹劾并被降职。[③] 下文会进一步讨论这一事件。

北宋官员丁忧政策的演变,就像官方批准官员在近郡任职并允许他们迎亲至官侍养一样,反映了朝廷对官员家庭责任的态度转变。直到 11 世纪中叶,三年丁忧和相应的解官才成为官方政策。这一变化并未明确见于任何一道具体的诏令中,但墓志铭和朝廷文书中开始普遍使用"三年丧",说明了这一点。

北宋墓志铭中有关服丧的书写

墓志铭是衡量精英们如何处理父母过世和当时占主导地位的服丧做法的最佳史料。下面,我参考 17 位作者的 347 方墓志铭,以说明一些总体模式和趋势。在选择这些墓志铭时,我有意识地照顾到生活在北宋不同时期、至少写过十方墓志铭的作家。这样做的主要目的是找出对具体的居丧行为的描述,而对某些

---

① 赵挺之:《全宋文》第 97 册,卷 2107《论朱服除知澶州不当奏》,第 8 页;范镗:《全宋文》第 101 册,卷 2216《乞令大臣审议朱服得罪名实奏》,第 342 页。(根据赵挺之的奏疏,朱服持母丧时不与兄弟同住。——译者注)

② 《宋史》卷 320《余靖传》,第 10410 页。

③ 《宋史》卷 329《李定传》,第 10602 页。

敷衍了事的简单提及，例如"某某丁父母忧"，则忽略不计。这种笼统的说法在墓志中通常以"父母过世时，他任某职或在某地为官。丁父母忧后，被任命到另一个地方继续任职"的形式出现。尽管这些叙述经常出现，但对目前的研究帮助不大，原因有两个：首先，它们不一定告诉我们官员是否奏请丁忧，如果是的话，他丁忧的地点或时间长度亦未告知；其次，它们不包括任何与丁忧有关的表达孝道的信息。

　　正如列表所示，在我考察的 347 方墓志铭中，有 59 方墓志（17%）提到了至少一种与丁忧有关的孝行。但不同墓志铭作者之间相关信息的分布极不均衡，使我们无法对这一现象做出简单解释。墓志铭作者们写作风格和作者与死者之间的熟悉程度，无疑是造成这些差异的原因之一。尽管如此，从上述数据中仍可以得出三个观察结果。

表 1

墓志铭作者姓名	撰写墓志铭的数量	提及丁忧的次数	与丁忧相关的墓志铭的百分比
王禹偁（954—1001）	12	2	16.7%
杨亿（972—1020）	10	4	40.0%
范仲淹（989—1052）	24	5	20.8%
余靖（1000—1064）	21	6	28.6%
宋祁（998—1061）	21	6	28.5%
范镇（1007—1088）	10	1	10.0%
苏舜钦（1008—1048）	12	3	25.0%
司马光（1019—1086）	24	4	16.7%
苏颂（1020—1101）	48	5	10.4%

续　表

墓志铭作者姓名	撰写墓志铭的数量	提及丁忧的次数	与丁忧相关的墓志铭的百分比
郑獬(1022—1072)	15	3	20.0%
刘攽(1023—1089)	18	2	11.1%
吕陶(1028—1104)	26	5	19.2%
杨杰(1022—1091)	10	2	20.0%
刘挚(1030—1098)	29	3	10.3%
沈括(1031—1095)	17	1	5.8%
杨时(1053—1135)	29	3	10.3%
葛胜仲(1072—1144)	21	4	19.0%
总数	347	59	17%

　　首先,北宋之前的史料中,男性丁母忧比丁父忧的记载为 62 多,这一趋势在北宋有所变化。北宋史料中丁父母忧的记载没有明显的失衡。[1] 上述 59 方墓志铭中总共提到了 69 次居丧,其中 22 次(31.9%)是丁父忧,23 次(33.3%)是丁母忧,18 次(26.8%)是指代不详的丁亲忧。其次,在 59 名男性中,6 人(10.2%)由祖父母抚养长大,他们因此特意为祖父母丁忧。这意味着,相当多的官员在年纪较小的时候父母(包括嫡母和姜母、继母和出母)双亡,因此,他们直接向祖父母尽孝。第三,北宋时期的大多数为官者(83%,墓志铭中提到的 347 人中有 288 63

---

　　① 米兰达·布朗(Miranda Brown)发现,东汉的政治精英们不遗余力地向公众展示他们虔诚侍母,同时淡化他们对勋贵和父亲的服表,丁母忧与丁父忧的比例超过二比一。Brown, *The Politics of Mourning in Early China*, 67. 在南恺时研究的孝道传奇故事中,63%的故事讲述了孝顺的儿子侍奉母亲的故事,只有 25%的故事提到了照顾父亲。Knapp, *Selfless Offspring*, 134 - 135.

人）没有任何明显的丁忧活动。这就解释了北宋墓志铭中某某"天性纯孝""依礼丁忧"等通俗说法的盛行。在墓主的家人没有提供任何具体细节来颂扬死者的情况下，墓志铭作者别无选择，只能诉诸一般意义上通用的陈述把死者描绘为一个孝子。

服丧主题之一：早期历史的延续

在描述居丧行为时，北宋墓志铭往往不遗余力地拔高墓主及其子女。墓志铭作者们一方面继续使用现成的比喻，来表现哀毁欲绝的人子，同时也创造了新的标准表达方式。本节介绍两个主要源于经典礼书，并在中古早期成为范式的守丧模式。这两个主题都聚焦于人子强烈的悲伤表现，从"庐墓"到守丧期间日夜哭泣不止且不吃不喝。

哀毁而卒、居丧过礼、毁脊　中古孝道传奇故事中最重要的母题之一，便是儿子居丧过礼。[①] 这一主题几乎原封不动地延续到北宋。北宋墓志铭在描述人子丧亲之痛时最常用的表达方式有"号绝""号恸""泣血"和"柴毁骨立"，所有这些都旨在描述儿子居丧期间憔悴的外表。由于父母过世，孝子们遭受的身心伤痛一览无遗。例如，在丁父忧时，柳崇（918—980）和苏耆（987—1035）日夜哭泣不止，极度的丧亲之痛，损害了他们的健康，以至于二人在守丧期间身亡。[②]　母亲亡故后，李穆"思慕以至灭性"，不久亦去世。[③]　由于母亲过世，张氏兄弟"泣血三年，

---

①　Knapp, *Selfless Offspring*, 137 - 151.

②　王禹偁：《全宋文》第 8 册，卷 161《建溪处士赠大理评事柳府君墓碣铭》，第 186 页；苏舜钦：《全宋文》第 41 册，卷 880《先公墓志铭》，第 111 页。（柳崇因渡江省诸子，路上感疾而亡，苏耆亦非伤痛而死。——译者注）

③　《宋史》卷 263《李穆传》，第 9107 页。

情过于礼"。① 张景宪丁母忧，"一夕号恸，髭发尽白"。② 李逢
（1030—1075）的母亲去世后，他昼夜哭泣不已。在做了一个关
于母亲的梦之后，李逢凭借梦中的记忆，为母亲雕刻了一个木
像。在余生中，他小心侍奉这个雕像，就好像母亲还活着
一样。③

　　哀毁过礼是自中古早期以来一直流行的另一个居丧主题，
上面提到的李逢是许多哀毁过礼的人之一。④ 张晦之（970—
1018）幼年时父母双亡，据说他一生都沉浸在悲痛之中。⑤ 再以
张纶（962—1036）为例，张纶"孝亲之心，皓首如孤时，言必泣下，
感动左右"。⑥ 杨景略在为母亲守完丧之后，还常常会恸哭流
泪。每当遇到母亲的亲戚时，他"即涕泣眷慕，如母存焉"。⑦

64

---

① 沈辽：《全宋文》第 79 册，卷 1728《宋太子中舍张传师墓志铭》，第 243 页。
② 范纯仁：《全宋文》第 71 册，卷 1555《太中大夫充集英殿修撰张公行状》，第 306
页；《宋史》卷 330《张景宪传》，第 10623 页。
③ 吕陶：《全宋文》第 74 册，卷 1614《著作佐郎李府君墓志铭》，第 107 页。更多类
似参考资料，见杨珏美：《全宋文》第 3 册，卷 41《故推诚奉义翊戴功臣卅府仪同三司检校
太师右金吾卫上将军上柱国许国公食邑五千户食实封一千三百户赠太子太师太原王公
墓志铭》，第 39 页；杨亿：《全宋文》第 15 册，卷 299《故陇西彭君墓碣铭》，第 35 页；《全宋
文》第 15 册，卷 300《宋故推诚保德翊戴功臣邓州管内观察使金紫光禄大夫检校司空兼
御史大夫上柱国长城郡开国公食邑二千四百户食实封四百户赠户部尚书钱公墓志铭》，
第 51 页；范仲淹：《全宋文》第 19 册，卷 388《宋故卫尉少卿分司西京胡公神道碑铭》，第
19 页；范镇：《全宋文》第 40 册，卷 872《石工部扬休墓志铭》，第 296—297 页；张纲：《全
宋文》第 168 册，卷 3678《李公朝奉墓志铭》，第 396 页；《宋史》卷 257《吴廷祚传》，第 8948
页；卷 267《陈恕传》，第 9203 页；卷 270《王质传》，第 9244 页；卷 270《颜衎传》，第 9254
页；卷 287《杨砺传》，第 9643 页；卷 305《杨亿传》，第 10083 页；卷 316《赵𫘝传》，第 10326
页；卷 320《彭思永传》，第 10413 页；卷 333《张掞传》，第 10699 页；卷 333《葛书思传》，第
10705 页；卷 336《司马光传》，第 10757 页；卷 336《司马康传》，第 10770 页。
④ Knapp, *Selfless Offspring*, 147 - 153.
⑤ 宋祁：《全宋文》第 25 册，卷 528《故大理评事张公墓志铭》，第 143 页。
⑥ 范仲淹：《全宋文》第 19 册，卷 387《宋故乾州刺史张公神道碑铭》，第 17 页。
⑦ 苏颂：《全宋文》第 62 册，卷 1346《龙图阁待制知扬州杨公墓志铭》，第 86 页。

　　就像中古时期的前人一样，服丧的宋人往往被描绘成形销骨立，悲恸而绝。① 尽管儒家礼典并不赞同，甚至禁止孝子在服丧期间不进食或放弃维持生命的其他基本物质需要，以至于损害身体健康，但有些孝子仍无视这些劝诫。父亲去世后，王仲庄素食三年。② 吴奎（1010—1067）在整个丁忧期间不沾酒肉。③ 吴奎和其他人据称因此身体虚弱到只能靠手杖支撑才能站立，也就不足为奇了。有些人甚至在守孝期间哀恸而绝。父亲去世后仅五十多天，石从简就由于伤心过度而撒手人寰。④ 张咏过世后不到一个月，儿子张从质因悲伤过度不幸去世。⑤ 谢季康接到父亲过世的讣告后，“奔丧哭不绝声，水浆不入口者累日”，父亲葬礼结束后仅三天，谢季康就去世了。⑥

　　以上对悲痛欲绝的孝子的描写，强有力地证明了前代丁忧母题继续影响着北宋的服丧实践和文学呈现。在写给家人和朋友的大约二十封信中，黄庭坚用一种非常私人化的方式描述了母亲去世的情况，他的叙述完全采用时人熟悉的，来自古礼的标准语言。⑦ 黄庭坚写到，母亲一过世，儿孙们“叩地号天，无所告

---

① Knapp，*Selfless Offspring*，144-146.

② 郑獬：《全宋文》第 68 册，卷 1480《尚书比部员外郎王君墓志铭》，第 182 页。

③ 刘攽：《全宋文》第 69 册，卷 1506《吴公墓志铭》，第 231 页。

④ 宋祁：《全宋文》第 25 册，卷 528《石太傅墓志铭》，第 132 页。

⑤ 韩琦：《全宋文》第 40 册，卷 859《故枢密直学士礼部尚书赠左仆射张公神道碑铭》，第 127 页。

⑥ 杨杰：《全宋文》第 75 册，卷 1645《故通直郎签书商州军事判官厅公事谢君墓志铭》，第 265 页。

⑦ 黄庭坚：《全宋文》第 105 册，卷 2291《与洪甥驹父二、三、四》《与方察院》《与子正通守》《与仲谟运句》《与周子文长官》《与焦君明一、二、三、四》《与晋甫一、二、三、四》《与阎伯仁一、二、三》《答人》《与德举宣义》《与人》《与人》《与本州太守》《答何斯举一》，第 175—184 页。

诉,苦痛烦冤,心肝崩裂,苦痛奈何！冤苦奈何！"①在护送母亲的灵柩回江西老家时,黄庭坚写道:"水行略已半年……哀摧感咽,殆不自胜。"在安排葬礼时,黄庭坚说,他"悲催感塞,无以为喻",苦"病羸",仅能饘粥。② 黄庭坚身体太虚弱了,以至于写信时,"腕几欲废"。③

庐墓和过哀 作为一种礼俗,庐墓在中国历史上有着悠久的传统,人子们因父母过世而无比悲痛,搬到墓地附近的茅草屋里长期居住。离开舒适的家,这些居丧者只能靠水、蔬菜和稀粥等必需品维生。④ 长期庐墓无疑会严重影响身体健康,因此几乎所有的实践者最终都身体消瘦,体力不支。从这个意义上说,庐墓者和居丧过礼或终日号泣的人子没有什么不同。庐墓者与其他孝道模范的区别在于,他们完全拒绝社会交往,专注于对父母坟墓的维护照料。

庐墓虽然不是一种常见的做法,但在北宋,仍有少数人视之为孝行最合适的表达。在本书的导论中,我们揭到王安石蔬食席地为母亲守孝。他的弟弟王安国则更进一步,庐墓三年。⑤ 无独有偶,母亲去世后,李肃之庐墓三年,期间他一次都没有进入闹市。⑥ 胡

65

---

① 黄庭坚:《全宋文》第 105 册,卷 2291《与洪甥驹父一》,第 175 页。
② 黄庭坚:《全宋文》第 105 册,卷 2291《与洪甥驹父二、三、四》,第 176—177 页;第 105 册,卷 2291《举人》,第 183—184 页;第 105 册,卷 2291《与运判大夫一、二》,第 187 页。
③ 黄庭坚:《全宋文》第 105 册,卷 2292《与宇文少卿伯修三》,第 194 页。
④ "庐墓"出现在中国早期历史中,唐代甚至有女性"庐墓",见丁凌华《中国丧服制度史》,第 269—270 页。
⑤ 《宋史》卷 327《王安国传》,第 10557 页。
⑥ 苏颂:《全宋文》第 62 册,卷 1351《龙图阁直学士致仕李公墓志铭》,第 158 页。

宿因"居母丧三年，不至私室"而受到赞誉。① 孙亿住在父母坟墓旁边，不探亲访友，"不知盐酪之味"，并且，因三年坚持如此，"邦域称焉"。②

除了专心守丧，墓志铭作者们还经常对庐墓之人特别执着于修葺父祖的坟墓多加称许。③ 在一篇内容非常详细的墓表中，余靖记载梁揆的父母在两年内相继过世，梁揆亲自动手运来泥土，一共为亡故的家人修造或重建了六座坟茔。然后他在坟墓旁边搭建了一个草庐并住在那里，日夜哭泣。梁揆还刺血抄经，为已故的祖父母和父母祈求冥报。为了养活自己，梁揆亲自在草庐外种植蔬菜和谷物，以食稀粥为生。整整六年，未沾一点荤腥。④ 在余靖看来，梁揆是理想孝子的化身。除了庐墓和在很长一段时间内表现出的极度悲痛之外，梁揆还特别关注祖墓的状况。这一主题将在下一章有进一步探讨。

从汉代到中古早期以降，民间传说宣扬人子的孝行能感化

---

① 《宋史》卷 318《胡宿传》，第 10369 页。类似参考资料，见苏舜钦：《全宋文》第 41 册，卷 880《屯田郎荥阳郑公墓志》，第 123 页；刘敞：《全宋文》第 69 册，卷 1506《尚书驾部员外郎曹君墓表》，第 225 页；第 69 册，卷 1506《吴公墓志铭》，第 231 页。"不至私室"是守孝者不过夫妻生活的委婉说法。

② 余靖：《全宋文》第 27 册，卷 575《宋故大理寺丞前知白州孙公墓表》，第 150 页。

③ 这一活动的样例，见范仲淹：《全宋文》第 19 册，卷 389《工部侍郎致仕胡公墓志铭》，第 41 页；《全宋文》第 19 册，卷 390《天章阁待制滕君墓志铭》，第 67 页；苏颂：《全宋文》第 62 册，卷 1344《二乐陵郡公石公神道碑铭》，第 59 页；第 62 册，卷 1351《龙图阁直学士致仕李公墓志铭》，第 158 页；刘敞：《全宋文》第 69 册，卷 1506《尚书驾部员外郎曹君墓表》，第 225 页；吕陶：《全宋文》第 74 册，卷 1611《太中大夫武昌公墓志铭》，第 70 页；沈括：《全宋文》第 78 册，卷 1694《蔡孝廉母胡氏墓志铭》，第 13 页；许景衡：《全宋文》第 144 册，卷 3098《丁大夫墓志铭》，第 96 页。

④ 余靖：《全宋文》第 27 册，卷 575《宋故光禄寺丞梁君墓表》，第 151 页。

民心上达天听，上苍因此多以甘露、芝草等祥瑞表彰并赐福孝子。① 这种对孝道力量的信仰在北宋时期仍然强大。而祥瑞似乎往往落在庐墓的人身上。据墓志记载，张某一心庐墓，以至于营造坟茔之际，旁边涌出灵泉，泉水极其甘甜清澈。他随后将其泉水命名为孝感泉，并撰文加以纪念。② 因为庐墓和一心一意为母守丧，支渐八十岁时白发掉落，黑发重生，落齿复生新牙。更重要的是，他的孝行竟然感化了不孝的邻居，使之转而向善。③ 胡则（963—1039）在为母亲服丧期间庐墓，"有草木之祥，本郡表之"。④ 吕定国（1031—1094）是个大孝子，父亲去世后，据说他"执丧不违礼"。父亲即将下葬之际，他庐于墓旁，"昼夜哭不已，有甘露之祥，见者以为孝报"。⑤ 魏宪（1068—1140）也以类似的方式服丧。他"倾家赀筑佛舍冢次，日居其中，阅所谓大藏经者尽其函轴。茔域有芝草、甘露之祥"。⑥ 除了来自上天的赏赐，魏宪还因为吸引了士大夫同侪们的注意而获得了名人的地位，"诗人张景修（活跃于1090—1100）之流作歌诗记孝感者甚众"。⑦

66

---

① 亲子之间的亲密关系不仅可以感动亡命之徒、打动皇帝、让坏人幡然醒悟，甚至使天降异象。Brow, "Mothers and Sons in Warring States and Han China"; Knapp, "Reverent Caring."

② 胡宿：《全宋文》第22册，卷476《太傅致仕邓国张公行状》，第216页。

③ 范祖禹：《全宋文》第98册，卷2140《旌孝札子》，第188—189页。

④ 范仲淹：《全宋文》第19册，卷389《兵部侍郎致仕胡公墓志铭》，第41页。

⑤ 吕陶：《全宋文》第74册，卷1612《朝请郎新知嘉州家府君墓志铭》，第88—90页。

⑥ 葛胜仲：《全宋文》第143册，卷3075《故显谟阁直学士魏公墓志铭》，第58页。

⑦ 葛胜仲：《全宋文》第143册，卷3075《故显谟阁直学士魏公墓志铭》，第58页。

居丧主题之二：北宋的新发展

根据南恺时的研究，在汉代和南北朝时期的记载中，"孝行的表现极为公式化且数量有限"，孝子行为往往大同小异，涉及与服丧有关的表现时尤其如此。① 这种情况在宋代发生了改变。除了哀痛柴毁和庐墓之举外，北宋墓志作者们还普及了三个新的服丧主题。第一个主题是将男孩刻画为像成人一样服丧。第二个主题赞美官员解官丁忧。第三个主题则突出孝子们在奔丧途中表现出来的伤心欲绝。

男孩"哀毁如成人" 在帝制早期，早熟的孩子经常被描绘得天资聪颖，且孝顺健在的父母。② 北宋出现了一个新的发展：儿童在遭父母丧时"哀毁如成人"。从年仅三岁到十多岁的男孩因在守丧中表现出过度的悲伤而受到赞誉。母亲过世，七岁的赵曮"过哀"。③ 父亲刘式过世，儿子刘立之年仅十三岁，"哭泣毁慕，过于成人。及虽免丧，哀至则恸哭，闻者皆感动"。④ 同样地，十三岁的钱即丧母后，"哀慕毁脊，见者感动"。⑤ 葛书思十一岁时，父亲去世，他"哀毁如成人，已知不茹荤矣"。⑥ 女孩偶尔也会因为同样的品质而受到表扬。徐氏"七岁丧其母，哀不自胜，泣曰：'母，女所恃以生者也。无母，其复能生？'因欲投水火，

---

① Knapp, *Selfless Offspring*, 59.

② Kinney, "The Theme of the Precocious Child in Early Chinese Literature," and Wu Hung, "Private Love and Public Duty."

③ 《宋史》卷 262《赵曮传》，第 9067 页。

④ 刘敞：《全宋文》第 59 册，卷 1295《先考益州府君行状》，第 386 页。

⑤ 杨时：《全宋文》第 125 册，卷 2698《钱忠定公墓志铭》，第 73 页。

⑥ 葛胜仲：《全宋文》第 143 册，卷 3075《朝奉郎累赠少师特谥清孝葛公行状》，第 52 页。

其父兄力止之。"①方夫人十余岁丧父,悲痛万分,"不能食,宗族称以为异"。②

幼年失去双亲并循礼服丧的儿童特别受到墓志作者的关注和表扬。贾注(962—1008)三岁成了孤儿,"哀慕如有知"。③ 王曾(978—1038)八岁时痛失双亲,"斩焉致毁"。④ 同样,苏某早年痛失双亲,"哀毁过礼,乡曲称之"。⑤ 田京(991—1057)十六岁时父母双亡,"居丧有礼法,不饮酒食肉,盛寒不衣裘襦"。⑥

以上例子首先证实了宋人在各个年龄段都不免死亡的威胁。中青年早亡的男女会留下未成年的子女。然而,这一现象本身并不足以解释宋人越来越频繁地提及服丧儿童的原因。毕竟,古人的寿命肯定不比宋人更长,在宋以前,很多(如果不是更多的话)孩子同样在很小的时候就丧父亡母,甚至痛失双亲,但儿童守丧并没有成为文学书写的焦点。宋代未成年人悼亡活动在史料中频繁出现的原因之一可能是,北宋时期,士人家庭越来越关注孩子通过考取功名和入仕来提升家庭地位的潜力,因此,倍加关注

---

① 欧阳修:《全宋文》第35册,卷757《万寿县君徐氏墓志铭》,第388页。

② 沈遘:《全宋文》第74册,卷1628《方夫人墓志铭》,第350页。

③ 宋祁:《全宋文》第25册,卷528《贾令公墓志铭》,第133页。

④ 宋祁:《全宋文》第25册,卷527《文正王公墓志铭》,第118页。

⑤ 司马光《全宋文》第56册,卷1225《苏骐骥墓碣铭序》,第269页。

⑥ 郑獬:《全宋文》第68册,卷1479《右谏议大夫充天章阁待制知沧州兼驻泊马步军部署田公行状》,第167页。更多参考资料,见胡宿:《全宋文》第22册,卷469《宋翰林侍读学士朝请大夫尚书右丞提举万寿观公事勾当三班院上柱国陇西郡开国公食邑二千五百户食实封六百户赐紫金鱼袋礼部尚书谥恪李公墓志铭》,第244页;吕陶:《全宋文》第74册,卷1614《著作佐郎致仕宋府君墓志铭》,第116页;范纯仁:《全宋文》第71册,卷1555《太中大夫充集英殿修撰张公行状》,第309页;卷1557《范府君墓志铭》,第336页;李昭玘《全宋文》第121册,卷2615《王仲远墓志铭》,第234页;第121册,卷2615《李奉议墓志铭》,第238页;杨时:《全宋文》第125,卷2696《许德占墓志铭》,第51页;第125册,卷2698《钱忠定公墓志铭》,第73页。

他们的道德和智力培养。这一解释从宋代出现的大量为儿童撰写的墓志铭和墓记以及以儿童为题材的诗歌绘画中可见一斑。这些文本，除了把儿女和孙辈们描述成孝顺的孩子外，还突出他们幼而好学、聪颖进取、可爱美丽的品质。[1] 惟其如此，他们的去世才使父母和其他家庭成员遭受沉重的打击。举例为证，著名的政治家韩琦为他的十几位侄子和侄孙辈写过墓志铭。[2] 他称韩恺(1041—1060)"天性孝谨"，在父亲患病时，"躬进药剂，昼夜侍侧，不解带者累月。及父之亡也，哀毁过甚，不能自抑。既而感疾，不可治"。[3] 对韩琦来说，韩恺的早逝是韩家巨大的损失，尤其是因为他作为孝子的优秀品德及其在仕途上的潜力。

　　解官丁忧　北宋墓志中另一个新出现的主题是，为官者视丁忧重于仕宦。北宋中前期，当官员的丁忧时间受朝廷政策限制之时，为官的人子们因为屡屡上表要求丁忧，甚至短时间丁忧，而显得与众不同，成为墓志作者赞颂的对象。[4] 这种孝行常

----

[1]　唐代男孩的墓志，见 Shields, "Grieving for a Married Daughter and a Grandson."

[2]　韩琦：《全宋文》第 40 册，卷 856《侄太常寺太祝直彦墓志铭》《侄殿中丞公彦墓志铭》，第 70—72 页；卷 856《侄孙试秘书省校书郎确墓志铭》《侄孙恺墓志铭》《侄孙四殇墓记》《三侄孙女墓记》，第 75—77 页，卷 858《故秘书省校书郎韩恬墓志铭》《侄孙亶墓志》，第 105—106 页。

[3]　韩琦：《全宋文》第 40 册，卷 856《侄孙恺墓志铭》，第 75—76 页。

[4]　这些奏议的样例，见王禹偁：《全宋文》第 8 册，卷 161《建溪处士赠大理评事柳府君墓碣铭》，第 186 页；杨亿：《全宋文》第 15 册，卷 300《宋故推诚保德翊戴功臣邓州管内观察使金紫光禄大夫检校司空兼御史大夫上柱国长城郡开国公食邑二千四百户食实封四百户赠户部尚书钱公墓志铭》，第 51 页；范仲淹：《全宋文》第 19 册，卷 390《太子右卫率府率田公墓志铭》，第 56 页；第 19 册，卷 390《资政殿大学士礼部尚书赠太子太师谥忠献范公墓志铭》第 59 页；宋祁：《全宋文》第 25 册，卷 538《文宪章公墓志铭》，第 128 页；第 25 册，卷 528《贾令公墓志铭》，第 134 页；范镇：《全宋文》第 40 册，卷 872《范忠献公雍神道碑》，第 301 页；苏颂：《全宋文》第 62 册，卷 1344《二乐陵郡公石公神道碑铭》，第 55 页。

常被等同于前一章讨论过的"养"重于"禄"。例如，苏耆和吴奎
都曾要求为父母守孝三年。① 其他人则更进一步。宋太宗太平
兴国五年(980)，柳宜在得知父亲去世的消息后，"闻讣号绝，徒
跣冒雪而行"。虽然当时的政策不允许官员守三年丧，但柳宜还
是前往登闻鼓院，"三上章乞护丧终制"，又向宰相"泣诉其事"。
柳宜父亲的墓志铭作者写道，柳宜"虽不得请，君子是之"。② 很
多墓主据称表现出同样真诚的感情。高若讷的母亲过世后，高
若讷的行为和柳宜一模一样，"号诉愿尽三年"。他的墓志铭作
者解释道，当时，朝廷的政策规定，"卒哭则夺哀"。为此，许多人
"惨袍幞到朝就职"。自从高若讷的丁忧请求得到批准，皇帝下
诏修改了官员的丁忧条例。高若讷不仅被允许守丧三年，而且
在丁忧期间还领取"实俸"。③

　　高若讷的墓志铭并没有说明他丁忧的精确时间，也没有说
明朝廷政策变化的具体年代。这种变化很有可能发生在 11 世
纪 30 年代末或 40 年代。正如我们在前文中对官方丁忧政策讨
论时所表明的，官员有关丁忧的要求只出现在北宋中前期，当时
大部分官僚机构不允许丁忧或只允许官员丁忧很短时间。正是
由于这些限制，那些坚持完整丁忧三年的官员不得不在奏疏中，
通过极端的个人情感表达，向朝廷展示自己不一般的丁忧决心。
而在官署伤心痛哭和身着孝服办公，仍然是官员们展现其孝心
的两种最重要的方式。当大多数官员只能在国家规定的时间和

---

　　① 苏舜钦：《全宋文》第 41 册，卷 880《先公墓志铭》，第 110 页；刘敞：《全宋文》第
69 册，卷 1506《吴公墓志铭》，第 230—231 页。

　　② 王禹偁：《全宋文》第 8 册，卷 161《建溪处士赠大理评事柳府君墓碣铭》，第
186 页。

　　③ 宋祁：《全宋文》第 25 册，卷 529《高观文墓志铭》，第 145 页。

地点丁父母忧时，那些把孝道义务置于仕途考虑之上的人，即使只能短暂丁忧，也因此被誉为道德模范。

北宋中后期，当三年丁忧成为官方的标准政策，对理想孝子的书写发生了极大变化。因为身在仕途的人子现在有了充足的时间来处理父母的丧事以及与葬礼相关的事宜，他们必须找到其他方式来彰显自己，其结果是出现了一种新的孝道言辞：为官之人为了长期庐墓而情愿放弃自己的仕途，并因此为时人所称许。第一章中已经提到过的包拯在求仕时期，首先选择了养亲，并为父母分别丁忧三年。11世纪后半叶，包拯的几个同侪曾效仿他的做法。在结束了三年丁忧之后，杨宗惠（1040—1094）仍然悲痛不堪，"顾松楸不忍去，殆无仕进意"。他的墓志铭作者说道，经过家人和朋友的一番劝说，杨宗惠才去履职。①杜敏求（1039—1101）也表现出了同样的心情：父母过世让他心力交瘁，以至于在守丧结束后"屏处里舍，悢然有不愿仕之意"。②

然而，应当指出的是，正如仕宦之子寻求暂时解职来悉心侍奉双亲一样，最终很少有人真正放弃自己的仕途。只有少数人曾有过这种想法这一事实表明仕宦对文化社会精英所具有持续吸引力。同时，上述事例让我们体会到丁忧的情感代价，以及所有官员在处理仕途抱负和家庭责任的要求时不得不做出的艰难选择。

奔丧途中伤心欲绝　在北宋三种新的服丧做法中，墓志铭

---

① 吕陶：《全宋文》第74册，卷1611《朝奉大夫知洋州杨府君墓志铭》，第84页。
② 吕陶：《全宋文》第74册，卷1613《朝请郎潼川府路提点刑狱杜公墓志铭》，第98页。

作者们最频繁提到的是那些在奔丧途中悲恸欲绝的孝子们。有几个因素解释了服丧和长途奔丧之间的密切关系。首先，从 11 世纪中叶开始实行的三年丁忧意味着官员一旦得知父母去世的消息，就会立即离职前往逝者所在地，并开始筹划葬礼。其次，由于官方规定的官员致仕年龄为七十岁，很大一部分官员卒于任职期间，甚至赴任途中。第三，北宋时出现了官员在远离故土或安葬地的地方致仕的总体趋势。① 这种在遥远的异乡建造家园的倾向，导致许多人终老于偏远之地。第四，迎亲至官的官员，往往最终要应对父母的突然死亡和遗体长途运送安葬等问题。薛仲儒的经历尤其值得注意。

父亲薛蛰(977—1041)在蜀州为官时去世，通判陵州的薛仲儒即动身前往蜀州将父亲的灵柩运回，安葬在绛州。薛仲儒这样做的时候对住在代州的母亲和弟弟薛宗孺的情况一无所知：薛蛰去世后仅六天，薛仲儒的母亲在代州去世。② 我们只能想象两兄弟在处理父母双亲几乎同时死亡以及从不同方向运送他们的灵柩回家时所经历的精神和身体上的折磨。死于遥远的异乡给丧葬规划带来的复杂性是下一章叙述的重点。现在，只需稍微谈及这一现象带来的两个后果：首先，死者儿子和其他家庭成员往往要经过相当长的时间才能得知父母去世的消息；其

---

① 这种现象经常见于购买田产中，通常是在都城或近郊，或官员曾任职的地区。苏颂曾经说过，"汝阴，地濒淮、颍，厥土良沃，水泉鱼稻之美甲于近甸，言卜居者莫不先之。故自庆历以来，贤士大夫往往经营其处，以为闲燕之地"。苏颂：《全宋文》第 62 册，卷 1351《少府监致仕王君墓志铭》，第 159 页。事实上，很多人都在异地购置产业，以至于元绛(1009—1084)即将致仕，打算回钱塘老家时，皇帝觉得不可思议，甚至出钱让他在京城买房居住。苏颂：《全宋文》第 62 册，卷 1342《太子少保元章简公神道碑》，第 30 页。

② 欧阳修：《全宋文》第 36 册，卷 759《内殿崇班薛君墓志铭》，第 20—21 页。

次，儿子的大部分服丧时间是在奔波的路上度过的。

宋代之前的人子们当然也有同样的经历：既要忍受父母卒于千里之外的丧亲之痛，还要带着灵柩长途跋涉。然而，这一现象直到北宋才成为悼念文学的主要题材。宋代精英们只是偶尔在他们所写的大量私人信件中提到这个话题和个人经历。[①] 在他们所作的墓志铭中，这些人则不吝篇幅讲述他们的朋友和同事是如何得知父母去世的消息以及他们在途中服丧的情况。比如，一接到母亲过世的消息，元奉宗"昼匿夜驰，以及于葬"。[②]十二岁丧父的郑希甫得知母亲去世的消息，"徒跣号呼，越宿至于家"。[③] 宋哲宗元祐二年（1087），邓温伯的母亲陈夫人卒于邓温伯在都城的私邸。邓温伯兄弟"奉夫人之枢，途行泣血，翼扶登舟，泛汴渠，涉淮、泗，抵维扬"。[④] 苏梦臣接到父亲去世的消息后，"因号泣，昼夜奔赴，凡七日行千三百里"。[⑤]

北宋墓志铭除了强调远行孝子们长途跋涉和在奔丧途中的悲痛之外，还详细描述了奔丧者必须克服的各种挑战。长途跋涉造成的身体疲惫不堪，再加上丧亲之痛带来的情感打击，是造成许多奔丧人死亡的原因。陈向的父亲卒于官舍后，陈向扶灵柩归润州，"哀毁且病，至真州疾遂革"。[⑥] 同样地，在毛溥（996—1033）的父亲患病之后：

---

① 苏轼给范元长写了五封信，悼念范元长的父亲过世。苏轼：《全宋文》第 87 册，卷 1895《与范元长八—十二》，第 387—389 页。苏轼在一封信里写道："万里扶护，哀苦劳艰，如何可言。"《全宋文》第 87 册，卷 1895，第 388 页。

② 范仲淹：《全宋文》第 19 册，卷 388《都官员外郎元公墓志铭》，第 35 页。

③ 苏舜钦：《全宋文》第 41 册，卷 880《屯田郎荥阳郑公墓志》，第 123 页。

④ 苏颂：《全宋文》第 62 册，卷 1352《仁寿郡太君陈氏墓志铭》，第 178—179 页。

⑤ 司马光：《全宋文》第 56 册，卷 1226《苏骐骥墓碣铭序》，第 270 页。

⑥ 沈括：《全宋文》第 78 册，卷 1696《故朝散大夫知楚州陈君墓志铭》，第 50 页。

君尝药而后进，不去冠带者三月，昼夜不寐，两目尽疮。府君弃世未逾月，母夫人寿春君亦亡。君哀号恸绝，勺饮不入口，并侍两丧，全枢归葬。途次钟陵，柴毁越制，终于舟中。①

除了确认毛溥死于悲伤过度之外，墓志作者还指出了长途跋涉对其身体健康造成的损害。毛溥的墓志铭没有具体说明父母去世时毛溥在何处任职，因此无法推断他的行程。在精神不堪重负、身体日渐羸弱的情况下，长途跋涉的艰辛是对毛溥健康的最后一击。

对士人家庭而言，儿子们一接到父母去世的消息，远在异乡便开始服丧，已是司空见惯之事，以至于南宋朱熹在他著名的《家礼》中，都有一节是关于如何恰当地处理这种情况的。朱熹的指导意见包括以下几点：（1）"始闻亲丧哭"；（2）"易服"；（3）"遂行（日行百里不以夜行）"；（4）"道中哀至则哭（哭避市邑喧繁之处）"。事实上，一种常见的情况是直到父母的葬礼结束后儿子才赶回家。在这种情况下，朱熹敦促儿子们在回家前"先之墓哭拜"。此外，《家礼》还制定了"灵枢从他处运回安葬"的适当程序。②

朱熹在为孝子服丧规定适当的礼仪程序时，考虑到了司马光已经指摘过的某些做法。朱熹写道："司马公曰，今人奔防及从枢行者，遇城邑则哭，过则止。"事实上，司马光对同时代人的评价并不局限于他们在公共场合渲染自己的悲伤之情。他也不

---

① 余靖：《全宋文》第 27 册，卷 576《荣阳毛君墓志铭》，第 156 页。

② Ebrey, *Chu Hsi's Family Rituals*, 66 - 67, 115.（以上见于《朱子家礼》卷四《丧礼》。——译者注）

赞成其他许多常见做法："今之士大夫居丧食肉饮酒无异平日，又相从宴集，靦然无愧，人亦恬不为怪，礼俗之坏，习以为常，悲夫！"①

作为道德模范的孝子

　　北宋墓志铭的作者们在表现孝子们公开表达自己的伤痛之情时，并没有停留在对孝子典范的赞美；他们还热衷于展示孝子在激励那些目睹他们奔丧的人方面的道德力量。李沆（947—1004）因为丧父而伤心欲绝，他从京城赶奔到群舒，行程近两千里，"见星泣血，哀感道途"。② 据说，贾昌朝亲自护送母亲的灵柩从郑州返回家乡，徒步走了二百里路，"不避途潦"，伤心痛哭之下导致"羸瘵"，以至于"见者为垂泣"。③ 尽管司马光和朱熹可能会怀疑李沆和贾昌朝是在进行一场供公众消费的表演，但从两人墓志铭作者的角度来看，李沆和贾昌朝伤心欲绝的真实情感流露吸引了观众们的注意。

　　北宋墓志铭书写的一个总体发展趋势是，墓志作者越来越重视孝子严格守礼，以及服丧者在改良家人、朋友和邻里思想与行为方面所发挥的作用。穆修（979—1032）遭母丧，"徒跣自负

---

　　① 司马光继续描写庶民和未受教育之人的葬俗，他们沉溺于各种严重违反礼教的丧葬活动中。司马光《司马氏书仪》卷6《丧仪二》，第65页。

　　② 杨亿：《全宋文》第15册，卷300《宋故推忠协谋佐理功臣光禄大夫尚书右仆射兼门下侍郎同中书门下平章事监国史上柱国陇西郡开国公食邑三千八百户食实封一千二百户赠太尉中书令谥曰文靖李公墓志铭》，第62页。

　　③ 宋祁：《全宋文》第25册，卷528《贾令公墓志铭》，第135页。

椿成葬，日诵《孝经》《丧记》，未尝观佛书、饭浮屠氏也"。[1]　冯元
(975—1037)执亲丧，"皆案礼变服，不为世俗斋荐，遇祭日，与门
生对坐，诵说《孝经》而已"。[2]　同样，吴奎也因遵循正宗的祭祀
礼且"不为浮屠事"而受到人们赞扬。[3]　很多士人采取了类似做
法。父亲去世之后，任拱之(1018—1064)"坚求终三年制，惟是
衰麻宦乡之事，无不以时者，当时士大夫称其知礼"。[4]　司马康
被誉为"治丧皆用礼经家法"。[5]　吕大钧(1029—1080)"居父丧，
衰麻葬祭，一本于礼。后乃行于冠昏、膳饮、庆吊之间"。[6]

除了赞美这些人恪守礼制外，北宋墓志铭还将这些服丧者
作为家人、密友、族人、邻里乡亲的榜样。这种把服丧者与其周
围的人们联系起来的努力不仅突出了家礼和葬仪的公共性质，
而且还揭示出各地方社区的某些流行习俗。[7]　其中最突出的是
佛教对丧葬活动的强烈影响，并已为当时的国家和知识领袖视
作一个严重问题。[8]　纵观北宋墓志铭，我们可以发现，在政府政
策和礼书试图纠正并消除离经叛道的葬礼和低俗丧葬仪式的同
时，许多人主动采用他们认为正统的丧葬行为，并通过自身的实
践加以提倡。如果说北宋早期的墓志铭作者，如王禹偁、杨亿、

73

---

①　苏舜钦：《全宋文》第 41 册，卷 881《哀穆先生文》，第 136—138 页。

②　《宋史》卷 294《冯元传》，第 9822 页。

③　《宋史》卷 316《吴奎传》，第 10320 页。

④　苏颂：《全宋文》第 62 册，卷 1348《仪鸾使银青光禄大夫任君墓志铭》，第
119 页。

⑤　《宋史》卷 336《司马康传》，第 10770 页。

⑥　《宋史》卷 340《吕大钧传》，第 10847 页。

⑦　E. L. Davis, *Society and the Supernatural in Song China*, 171 - 199.

⑧　Ebrey：*Confucianism and Family Rituals in Imperial China*, 77 - 80, 85 -
101, and "The Response of the Sung State to Popular Funeral Practices."

范仲淹等人只因为其笔下的墓主人"按礼"服丧，便循例称赞他们是孝子，那么后来的墓志铭作者们开始使用更多的细节来描述士人千方百计地影响地方民众的礼仪行为。从另一个角度看，北宋时期，墓志铭成了记录精英努力在"基层"进行道德教育的重要载体。在这一过程中，墓志铭作者们在宣传礼仪认可的居丧活动和赞扬其身体力行者方面发挥了关键作用。

下面引述瑞安人许景衡（1072—1128）撰写的三方墓志铭来更具体地说明这一发展。在丁刚选（1066—1120）的墓志铭中，许景衡写道：

> 公天性至孝，常叹礼学缺绝，俗习卑陋，而丧祭为缺。比执亲丧，皆如古制，而哭泣之哀，人不忍闻。斥佛事不用，庐于墓侧，松槚皆手植。终丧茹酒肉。岁时享祀，斋戒、日时、币祝皆有法式，焄蒿凄怆，若将见之。于是州里始识丧祭之礼，人多慕效之。①

根据许景衡的描述，丁刚选循礼守丧。这一点可以见于他号泣、庐墓和举行祭祀仪式中的表现。许景衡称赞丁刚选拒用佛事，沿用古葬法。并特别提到丁刚选注意到他家乡的丧祭礼缺乏足够正确的指导，正是因为这个原因，人们沿用粗俗的丧祭习俗。因此，丁刚选打算让自己的丧祭实践成为乡党的榜样。许景衡说，受惠于他们对丁刚选丧祭礼的观摩，"州里始识丧祭之礼"。

---

① 许景衡：《全宋文》第144册，卷3098《丁大夫墓志铭》，第95—96页。

丁刚选只是众多看到丧祭问题并积极寻求解决办法的人之一。许景衡在为章延仲（1071—1102）所写的墓志铭中，再次谈到佛教和其他民间习俗在地方社会中的巨大影响力，以及章延仲与这些卑陋习俗作斗争的决心。章延仲的祖母以九十高龄去世：

延仲持丧如礼。里俗倾资奉老佛，俾诵其书祈福死者。延仲以为，谨身节用，养生葬死，吾圣人所以教人者，独不率而行之乎？乃集同志读《孝经》曰："愿以是为乡闾劝也。"①

与丁刚选一样，章延仲以重振古代儒家教义、改革地方丧祭实践为己任。两人都认为当时盛行的佛教影响和榜样缺失是造成丧祭礼混乱的根源。要纠正这种情况，就需要多管齐下的战略。丁刚选和章延仲并没有通过撰写礼书或高深的抽象讨论来解决这个问题。相反，他们通过呼吁当地人效仿他们的行为来迎接挑战。

许景衡也以类似方式赞美了丁昌期、他的妻子和三个儿子：

自周后，丧祭礼废，学士大夫概仍俗，漫弗省非是，先生父子独革去，纯用古法式，闻者多窃笑，而夫人率行之无难色。温人惑浮屠说，诸子常从容道其必不然者，夫人颔可之，诚诸妇毋违夫子令。②

---

① 许景衡：《全宋文》第 144 册，卷 3098《章延仲墓志铭》，第 101 页。
② 许景衡：《全宋文》第 144 册，卷 3098《章延仲墓志铭》，第 101 页；《全宋文》第 144 册，卷 3099《丁昌期妻蒋氏墓志铭》，第 110 页。

在许景衡笔下，丁家的男女不仅守孝道，还是圣贤教诲的坚定推动者和地方社会的改革者。撇开他们的积极性和成功不谈，事实证明，他们面对的任务比许景衡所说的更艰巨。并非所有墓志铭作者同道们都反感佛教在葬仪上的主导地位。他们同样也颂扬孝子们既遵守儒家的礼节，也遵守佛教的教义。葛书思的行状就是绝佳的例子。

葛书思行状的作者葛胜仲记载，葛书思在为亡父服丧时，"公行服过礼，柴毁加人，虽身疾不御肴酒，虽妻病不历房闼，虽盛暑不释苴菅，终制不变。每号呼抚臆，哀动行路，既久如始丧者。日诵《大藏经》，以追冥福"。① 葛书思将佛教葬仪和儒家葬仪结合在一起，强有力地表明了佛教在地方社会死亡仪式中的主导作用。葛胜仲通过将葛书思称作孝子，欣然接受了地方社会多种习俗并存的局面。这两种现象都证明了新儒家迫切呼吁指定可取的、理想的葬仪行为。

为祖父母服丧

北宋墓志铭中有很多有关祖孙叔侄亲密关系的描述。产生这种情况的原因之一是，很多人幼年遭逢父母双亡，由祖父母、叔伯甚至外家养大成人。刘挚（1030—1098）所作的三篇墓志铭比较极端地反映了上述情况。刘挚笔下的三对夫妇中，两对分别有六个和七个儿子，到他们的中晚年，这两对夫妇却都只剩下

---

① 葛胜仲：《全宋文》第143册，卷3075《朝奉郎累赠少师特谥清孝葛公行状》，第50—52页。

一个儿子健在。第三对夫妇的情况更是特别，他们的九个儿子都先他们而逝，在晚年所能依赖的只有几位孙辈。① 可以想象，这种情况在少子的家庭会表现得更加明显，因此也更加凸显了祖父母、叔伯在士人教育、科举、入仕方面的作用。刘挚本人在父母双亡之后，即由外祖父母养育，这一点在下一章会再次提及。

不论是从遵从仪礼还是基于感情的角度出发，很多北宋士人在成年后都热切表达了报答养育他们的祖父母、为其守孝的意愿。从另一个角度来看，北宋与其他前现代社会一样，除了婴儿死亡率很高之外，青年中年因病或突发事故亡故也是司空见惯之事，这种悲剧的后果之一是夫妻中老年丧子，孙辈便成了祖辈生前身后事的唯一依靠，他们的孝行也体现在祖父母身上。换句话说，尽管本书主要关注士大夫对父母的孝道，他们中间很多人因为父母早亡，从未有机会对父母尽孝。这些人作为孝子的理想与实践有时是通过为祖父母守丧实现的。

宋代的礼法规定孝孙须为祖父母齐衰守孝一年，这一点与前代没有任何区别。但从实际情况看，在北宋前中期，仕宦之子甚至被剥夺为父母丁忧权利的情况下，为祖父母守丧恐怕更是不切实际的奢望。现存史料极少提及这种事例。11 世纪中期，宋敏求（1019—1079）在修撰《新唐书》时就曾被允准居家为其祖母守孝。这一事例被宋敏求的墓志作者苏颂看作

① 刘挚：《全宋文》第 77 册，卷 1678《王开府行状》，第 114 页；第 77 册，卷 1681《职方员外郎李君墓志铭》，第 152 页；第 77 册，卷 1681《屯田员外郎蔡君墓志铭》，第 157 页。

是超乎寻常的恩典。① 从当时的情境看，宋敏求很可能只是为祖母守心丧。

　　在为祖父母尽孝道方面，北宋中期的一个明显变化是官方和仪礼方面有关嫡孙角色的论述。泛泛而言，所有的正妻之子都是嫡孙。但在北宋有关丧礼的讨论中，嫡孙往往指的是嫡长孙。最早的一条涉及嫡孙守丧的官方决策涉及杜杞（1005—1050）。天圣二年（1024）年，杜杞在祖母去世后向朝廷奏请：因为祖母的两个儿子都已去世，"并无服重子妇，止余孤孙七人。诸孙之中，臣最居长，今已服斩衰，即未审解官与否？"②

　　杜杞以祖父荫补入仕，年方二十，当时应该履职不久，并已在为祖父服斩衰。他奏章的主要目的因此并非获得朝廷允准他服斩衰，而是想确认他是否需要解官丁忧。在仁宗朝初期，朝廷官员为父母丁忧的期限也往往以卒哭为上限，为丁祖父母忧解官的可能性微乎其微。杜杞所称的已在服斩衰也只是在工余才有可能，在衙署应该还是穿官服的。杜杞奏章的重要性在于他是第一个在父亲叔伯都已亡故的情况下作为长孙为祖父母守丧的案例。

　　礼官们在讨论杜杞的奏章时参考仪制及令文，得出的结论是：作为嫡孙，杜杞在父殁之后，应为祖父承重："为祖后者，祖卒为祖母，祖卒后，嫡孙为祖母承重者，齐衰三年，并解官。"③应该指出的是，这一结论直到天圣四年才达成，距离杜杞的奏章已

---

　　① 苏颂：《全宋文》第 62 册，卷 1344《秘书丞赠太师刘君神道碑》，第 21 页；《宋史》卷 291《宋敏求传》，第 9736 页。
　　② 杜杞：《全宋文》第 30 册，卷 638《问丧服奏》，第 75 页。
　　③ 《宋史》卷 125《礼二八》，第 2931 页。

两年有余,所以对杜杞来说,并没有任何实际意义。

杜杞之后,仁宗朝断续有类似的问题。其中一个有关石祖仁。皇祐元年(1049)八月,石祖仁的祖父石中立亡故。与杜杞祖母情况不同的是,石中立的中子石从简尚在,并已开始为其父守丧。石从简于十月病故时,卒哭之期未到,石中立尚未下葬。石从简长兄之子、石中立的嫡孙,时任大理评事的石祖仁上奏,要求"承祖父重服"。[1]

石祖仁与杜杞的情况不同之处在于,杜杞的父叔在其祖亡殁之时皆已不在人世,而石祖仁的叔父石从简却已经为石中立服重二月。正因为如此,石祖仁才必须向朝廷确认他的丧礼角色。负责此事的三个礼官意见相左,最后宋敏求占了上风。宋的奏章首先指出,礼法中没有嫡孙在守丧期间接替叔伯的意见。前代似也不曾有此先例。但宋敏求认为石中立应该承重服斩衰三年。原因是石从简是中子,只守丧四十余日,石中立尚未下葬,而且石祖仁是嫡孙,应解官服丧。[2] 宋敏求的上述建议恰恰证明了,在石祖仁祖父亡故后,他和杜杞一样并未停职丁忧。不同的是,杜杞被要求为祖母服齐衰,而石祖仁则接替叔父服斩衰。

嫡孙为祖父母服丧规制上的一个重要案例发生在 1062 年。这一年,著名学者刘煇(之道,1030—1065)在有一位健在叔父的情况下为其祖母承重。

刘煇早年父母双亡,由祖母养大。他虽然只活到三十多岁,

---

① 石祖仁:《全宋文》第 43 册,卷 930《请下太常礼院定夺承祖重服事奏》,第 230 页。《宋史》卷 125《礼二八》,第 2933 页。

② 宋敏求:《全宋文》第 51 册,卷 1114《石祖仁当为祖服丧议》,第 276—277 页。

却已以孝养祖母、为其守丧著称。刘煇的墓志铭记载，在嘉祐四年状元及第入仕之后，刘煇即把祖母带到他在河中府的任所奉行侍养。但因祖母身为南方人，对北方的自然条件很不习惯，刘煇便"请解官侍亲"。朝廷考虑到他的情况，诏移建康军"以便其养"。①

　　刘煇对祖母的孝心在她于嘉祐七年去世之后表现得更加明显。刘煇"号慕尽哀，以嫡孙自陈，乞解官承重服"。② 刘煇的情况与杜杞和石祖仁有很大不同，他的祖母尚有二子健在，并已在服斩衰。刘煇执意为祖母服重丁忧，并解释道：

　　　　煇闻支子不祭，祭必告于宗子，所以重正适而尊祖考也。后虽未能尽蹈典礼，而丧事敢不勉乎？况国朝封爵令文，诸王公侯伯子男皆子孙承适者传袭，若无适子及有罪疾，则立适孙，无适孙则立次适子之同母弟，且贵贱虽殊，正适之义则一也。岂有处贵者之后，则封爵先于适孙？在凶丧之际，则重服止诸叔父耶？③

对刘煇的要求，"朝廷下礼官议，以为然。乃听其去。有国以来适孙有诸叔而承重者，自之道（煇）始也"。

　　刘煇被允准为祖母服重三年，在家乡信州守丧期间，"哀慕尽节，州闾称其孝"。他还买田数百亩，周济族人贫者，县大夫为易其地名曰义荣社。不仅如此，刘煇"居丧未尝一造郡县"，但他

---

① 杨杰：《全宋文》第 75 册，卷 1645《故刘之道状元墓志铭》，第 266 页。
② 杨杰：《全宋文》第 75 册，卷 1645《故刘之道状元墓志铭》，第 266 页。
③ 杨杰：《全宋文》第 75 册，卷 1645《故刘之道状元墓志铭》，第 267 页。

的名气吸引"四方士人从学者甚众"，他因此择处"建馆舍以处之，日讲诵乎其间。县大夫以其厚风俗，又名其馆舍曰义荣斋"。刘煇在服除之后赴阙道中病逝。[①]

刘煇的事例代表北宋丧礼实践的一个重要转折。通过重新强调并清楚区分宗子（适子）与支子、嫡孙与次适子之同母弟的差别，刘煇的论述及朝廷的决定强调了宗子和嫡孙在丧礼中的地位。这一变化与北宋中期官员为父母三年丁忧的制度化及家礼书写和宗族组织建设的兴起同时。[②] 刘煇对"宗"的重要性的强调与北宋时期"家"作为社会经济基本单位之现实之间存在着差别。[③] 因此，嫡孙在丧礼中的中心地位并未因刘煇的理论与实践而占据上风。北宋墓志铭在夸赞某位孝子时，鲜有提到或区分他的宗子、嫡孙或次子身份。

刘煇的事例还可以从另一个角度考察。一方面，朝廷需要制定相对统一的丁忧政策，另一方面，又对个别情况予以特殊考虑。因为刘煇为祖母养大，并奉行孝养，朝廷尊重他承重的要求。刘煇作为状元的名声很可能也是考虑因素之一。在绝大多数士人家庭中，自然是父母人子之间的关系占据中心地位。父母也更希望由人子尽孝。有关继子、庶子的记录时有出现，但目的多是彰显他们的孝行。继子的情况上面已有提及，下一节集中讨论为庶母守丧。

---

① 杨杰：《全宋文》第 75 册，卷 1645《故刘之道状元墓志铭》，第 267 页。

② Patricia Ebrey, "The Early Stages in the Development of Descent Group Organization"；"Education Through Ritual：Efforts to Formulate Family Rituals During the Sung Period"；*Confucianism and Family Rituals in Imperial China: A Social History of Writing about Rites*.

③ Patricia Ebrey, "Conceptions of the Family in Song Times."

为 妾 母 服 丧

鉴于北宋精英家庭中明显存在妾，如果不考虑到政府对妾母丧祭的相关政策及其描述的变化，对丧葬习俗的讨论便是不完整的。这些政策和变化都说明了在宋代，人们逐渐接受妾作为儿子尽孝道的对象和祖先的重大转变。

在传统中国，富贵之家蓄妾习以为常。妾的出身复杂，包含不同类型的女性，她们的角色涵盖了亲密伴侣、婢女还有女乐几种身份。儒家经典文献中没有明确规定妾母的礼仪地位，历代帝制政府也没有对她们的合法权利采取一致的政策。[1] 可以理解的是，在整个中国历史上，在不同的家庭中，尤其是根据她们儿子的命运起伏，妾的地位差别很大。[2] 唐宋时期，妓和妾是文学作品中的常见主人公，还在精英社会生活和家庭生活中获得了显著的地位。[3] 前一章已讨论了士大夫侍养妾母的例子，本节延续前一章的讨论，重点论述人子奏请为妾母服丧的情况。

现存第一个要求为妾母服丧的奏请见于宋真宗大中祥符九年（1016）。是年，聂震的妾母亡故，他的上司王钦若（962—

---

[1]　对丁母忧礼制规定的考察，见 Y. Zhou, "The Status of Mothers in the Early Chinese Mourning System."

[2]　妾母所出之子的身份地位同样各异。唐长孺发现，在汉代，妾母所出的男子并没有受到极端蔑视。正是在分裂时期，正妻和妾所生的儿子在其出身上的定义变得更加明确，中国北方尤其如此。唐长孺《读〈颜氏家训·后娶篇〉论南北嫡庶身份的差异》。

[3]　关于妓妾的主要研究成果，见 Bossler：*Courtesans, Concubines, and the Cult of Female Fidelity*；"Shifting Identities"；and "Men, Women, and Gossip in Song China"；Ebrey："Concubines in Sung China" and *The Inner Quarters*.

1025)上奏皇帝，要求免除聂震持服，因为聂震的嫡母还健在。[1]
聂震的情况被送到礼仪院讨论。在探讨了宋代之前的多种矛盾
做法后，礼官们得出结论：聂震应"解官行服，心丧三年"。然
而，由于聂震正参与编修《册府元龟》，礼官们似乎已经预料到聂
震不太可能被解除编修之职。因此，他们补充道，如果朝廷决定
"夺情"，那么将他召回继续任职的行为不应被称为"追出"（字面
意思是，在同意丁忧之后，将官员追回办公）。最后，朝廷没有同
意聂震丁忧，而是下令他继续履行编修职责。[2]

　　聂震一事发生的时代，当时官员的父亲和嫡母去世后，他们
甚至很少得到实质性的丁忧时间，而且通常在丁忧期间便会被
召回继续工作。因此，朝廷拒绝让聂震丁忧，并没有什么不寻常
的事情。在这个例子中，拒绝聂震要求服丧的请求在礼制上是
恰当的，尽管如此，礼官们的慎重考虑还是肯定了儿子对妾母的
孝道义务。此外，这个事例还显示，北宋建国半个多世纪以来，
虽然并没有措辞明确的政策要求，官员们还是要向朝廷通报妾
母过世的消息。

　　有关为妾母服丧的记载在北宋继续出现。宋仁宗天圣八年
（1030），著名政治家韩琦的生母胡氏在韩琦初次任职的淄州去
世。早在宋真宗大中祥符四年（1011），四岁的韩琦既已丧父，不
久之后，他的嫡母罗氏搬离开封去许州居住。胡氏因此成了韩
琦唯一尽孝的对象。韩琦为兄长韩璩（1000—1040）撰写的墓志
铭中清楚地写道，韩璩"丁母大宁郡太夫人（胡氏）忧去官。服

---

① 《宋史》卷125《礼志二十八》，第 2929 页。
② 《宋史》卷125《礼志二十八》，第 2929 页。

除，再调权舒州团练判官"。①但韩琦的行状和墓志铭中都没有提到他曾要求丁忧或服丧的内容，尽管他的行状中写道胡氏去世后，韩琦"哀毁过礼"。②但一则宋人笔记记载，韩琦在丁胡氏忧期间，是与当时在黄州为官的三兄韩琚住在一起的。③韩琦的《孙贲书记以齐安旧文为示感而成咏》印证了这则轶事。诗中写道："余遭所生忧，得归侍左右。孤茕获苟存，朝夕赖诲诱。"④

那么，为何韩琦的行状和墓志作者都忽略了这一点呢？最可能的原因是胡氏的妾侍身份。虽然这一点在当时广为人知，但仍然是一个有点棘手的问题。迟至嘉祐七年（1062），韩琦正处于权力的巅峰之时，在他要求富弼为自己的父亲韩国华（957—1101）撰写的神道碑中，富弼竟然也完全忽略了胡氏作为韩琦生母的事实。⑤抛开这些具体的事实不谈，以上证据证实，韩璩和韩琦可能是北宋首次为妾母丁忧的官员。韩璩丁忧的时间长度不详，但韩琦至少丁忧一年有余。

宋真宗大中祥符九年（1016）聂震的事例和宋仁宗天圣八年（1030）批准韩琦兄弟丁忧间隔了十五年。另外两个因素可能决定了聂、韩两个案例的不同结果。在聂震进呈奏议的当时，他的嫡母仍然健在，而韩氏兄弟的嫡母罗氏几乎早于他们的生母二

---

① 韩琦：《全宋文》第 40 册，卷 856《五兄著作墓志铭》，第 68 页。

② 李清臣：《全宋文》第 79 册，卷 1717《韩忠献公琦行状》，第 39 页。

③ 丁传靖《宋人轶事汇编》卷 8，第 352 页。

④ 韩琦：《全宋诗》第 6 册，卷 320《孙贲书记以齐安旧文为示感而成咏》，第 3984 页。

⑤ 富弼：《全宋文》第 29 册，卷 609《大宋故太中大夫行右谏议大夫上柱国南阳县开国男食邑三百户赐紫金鱼袋开府仪同三司太师中书令兼尚书令魏国公韩公神道碑铭》，第 47—51 页。

十年去世。聂震与韩氏兄弟的地位也大不相同。作为《册府元龟》编修项目的一员，聂震得到了直属上司王钦若的支持。事实上，王钦若亲自进呈了要求聂震夺情的奏议。胡氏去世的时候，韩璩和韩琦皆是刚刚入仕，在地方上不太重要的职位上任职，这也许是他们可以解官丁忧的部分原因。

十五年后，1045 年，在他新建立的家族墓地中，韩琦将胡氏葬在父亲坟墓的旁边，进一步证实了他对妾母的孝心。韩琦坦然接受自己的行为与礼不符的事实。他认为："礼非天降地出，本于情而已矣。今夫人从太师于此域，所以慰孝心而称人情也。"①

韩琦为生母胡氏所作墓志铭揭示了他所处的困境。一方面，他对母亲的孝心和母子之间的情感纽带都要求他给母亲一个得体的葬礼。事实上，韩琦特意表白自己的决定是遵从孝道的结果。另一方面，韩琦敏锐地意识到，他为生母所做的安排与礼仪规定相悖。因此，韩琦清楚地指出，胡氏的安葬是"侍葬"，其特点是"棺椁之制，率用降等，安神之次，却而不齐"。这样就不会与父亲和嫡母的坟墓位置一致。尽管胡氏的安葬跨越了一些既定的界限，但韩琦明确表示，他和母亲"示不敢渎（礼）也"。② 78

通过公开自己选择孝道而非拘泥礼仪的决定，韩琦不仅成功地将自己塑造成了一个孝子，而且还自己决定了孝道表达的尺度。韩琦暗示道，如果礼不考虑人情，那可能需要改变的是礼，而不是妨碍人子表达真情实感。韩琦这样做的目的并非要引起任何争议。相反，他只是想风光地把自己的生母下葬在家

① 韩琦：《全宋文》第 40 册，卷 856《太夫人胡氏墓志铭》，第 65 页。
② 韩琦：《全宋文》第 40 册，卷 856《太夫人胡氏墓志铭》，第 65 页。

族的墓地并适当地予以缅怀纪念,毕竟韩琦父亲的墓志铭和神道碑中都没有承认她的存在。①

　　韩琦并不是孤军奋战。到了11世纪30年代,官员们得到(尽管非常短暂)为妾母丁忧的情况并不少见。宋仁宗宝元二年(1039),薛绅在祖母过世后被放了三天丧假,他的祖母是薛绅父亲的妾母。薛绅的奏疏是为了向朝廷核实他应该穿何种丧服。不过,我们有理由断定,如果薛绅因为祖母的去世得到了三天丧假,他的父亲的丧假肯定更长。② 大约在同一时间,皇甫鉴也为其妾母休了一个时长不详的丧假。③

　　见于庆历六年(1046)的一份文件中,非常清楚地提到了官员为妾母服齐衰。事情的起因是孙抃(996—1064)的生母过世,他"援近例愿终三年丧,优诏从之"。④ 文中提到的"近例",说明孙抃并非第一个提出这个要求的人,朝廷也不是第一次批准为妾母丁忧三年。孙抃的事例相对简单之处在于,他的嫡母几年前已经身故,孙抃还曾为她守丧。⑤

　　孙抃的事例缺乏更详细的细节,尤其是关于他丁忧的服制。

---

　　① 尹洙:《全宋文》第28册《故太中大夫右谏议大夫上柱国南阳县开国男食邑三百户赐紫金鱼袋赠太傅韩公墓志铭》,卷590,第102—105页;富弼:《全宋文》第29册,卷609《大宋故太中大夫行右谏议大夫上柱国南阳县开国男食邑三百户赐紫金鱼袋开府仪同三司太师中书令兼尚书令魏国公韩公神道碑铭》,第47—51页。《宋史》卷277《韩国华传》,第9442—9444页中并未提及胡氏。
　　② 薛绅:《全宋文》第20册,卷409《祖母卒乞诏有司检详服制奏》,第2页。
　　③ 刘敞:《全宋文》第69册,卷1507《故朝散大夫尚书虞部郎中致仕上骑都尉皇甫君墓志铭》,第245页。
　　④ 苏颂:《全宋文》第62册,卷1340《朝请大夫太子少傅致仕赠太子太保孙公行状》,第3页。
　　⑤ 苏颂:《全宋文》第62册,卷1340《朝请大夫太子少傅致仕赠太子太保孙公行状》,第3页。

孙抃穿齐衰还是斩衰？他生母的祭仪与其嫡母的祭仪相比如何？孙抃的妾母是否就像韩琦的生母一样，葬在他父亲和嫡母的旁边？最重要的是，孙抃在哪里为她吊祭？撇开这些悬而未决的问题不谈，孙抃的奏请说明，在丁父母忧三年制度化的同时，北宋官员们也在扩大他们的孝道意识，并将妾母包括在内。

从另外两个方面也可以看出，北宋男子的孝道表现中，妾母越来越受人瞩目。第一个事例中涉及的夏伯孙据说不仅因为对生母无微不至的照顾而受人赞扬，而且他因为母亲过世悲伤过度而死。① 第二个事例中的陆珪（1022—1076）将妾母葬在祖茔里，并因其孝心得到上天的嘉奖：在严重的旱灾期间，有喷泉涌出，刚好为陆珪完成他的建墓工程提供了充足的水源。②

虽然孝子在丁忧期间悲恸而绝是历史悠久的文学比喻，但夏伯孙是有记载的第一个为妾母丁忧而死的人。而对于陆珪的墓志铭作者来说，泉水喷涌而出无疑是上天对陆珪孝心的肯定和赞扬。考虑到韩琦曾觉得有必要为将胡氏与其父亲和嫡母葬在一处辩解，这种对陆珪行为的超自然干预的提及和赞许，标志着在书写和倡导对妾母孝道方面的重大发展。无论是举行孝葬的儿子陆珪，还是热衷于推广上天对陆珪奖赏的、陆珪墓志铭的作者苏颂（1020—1101），都积极推动了这一发展。

周彦霑（1063—1124）的墓志铭进一步揭示了 11 世纪末嫡母之外的妾母、出母在精英孝道表达中的重要性。周彦霑的父亲结过两次婚。在父亲的继室俞氏的精心抚养下，周彦霑从未怀疑自己是由其他人所生，而事实上他的生母杭氏在周彦霑年

①　杨杰：《全宋文》第 75 册，卷 1646《故福昌县太君李氏墓志铭》，第 281 页。
②　苏颂：《全宋文》第 62 册，卷 1349《国子博士陆君墓志铭》，第 136 页。

幼时即已离开了周家。宋哲宗绍圣四年(1097),周彦霑中进士第后,才被告知这一事实,他因此发誓在找到亲生母亲之前,不会接受任何官职。在四处寻找生母的时候,周彦霑做了一个梦,梦中他被指向杭氏的坟墓。第二天,周彦霑奇迹般地发现了梦中所见的一切。经询问,一位村民证实,这座坟墓确实是两年前去世的杭氏之墓。周彦霑"即易棺衾护归,具礼改葬"。此外,他"税三年之服,哭苴哀伤逾逮事者"。①

　　周彦霑的事例与朱寿昌的例子有相似之处。得知生母被赶出家门后,朱寿昌长途跋涉寻找生母,让她与自己生活在一起,并悉心照料。这两个事例都突显了儿子寻找生母的决心,说明了 11 世纪后半叶对嫡母之外的母亲的态度和儿子对生母孝道义务的转变。胡氏实际上是独自将韩琦抚养长大,因此韩琦觉得有必要在为胡氏撰写的墓志铭中辩护,为何她应该在家族墓地里占有一席之地,但周彦霑和朱寿昌的时代已经变了。两人都积极地寻找自己的生母,尽管他们与生母之间并没有太多的日常接触或情感联系,但陆珪和周彦霑在把他们的生母埋葬在祖茔时似乎更少有疑虑。而这两件事都被记录在他们的墓志铭中则更加表明北宋士人越来越倾向于承认妾母或出母在家庭中的地位,并接受儿子有义务和意愿为她们服丧并纪念追怀。在赞扬陆珪、朱寿昌和周彦霑的孝行时,他们的墓志作者们把这些人的所作所为视为理所当然、值得彰显的行为。妾母、出母也是母亲,毋庸置疑。朱寿昌和周彦霑两人在母子分离数十年后,不辞辛劳地寻找母亲的异行,让两人更成了孝子的典范。

---

① 　　葛胜仲:《全宋文》第 143 册,卷 3077《奉议郎致仕周公墓志铭》,第 84 页。Bossler, *Courtesans, Concubines, and the Cult of Female Fidelity*, 114-115.

为妾母服丧的重要性日益增加这一事实也可在有关李定（1028—1087）的一场重大政治争论中可见一斑。由于很多人已在不同语境下研究了这个事例，我们在这里的讨论将集中在更宽泛的叙述上。①

熙宁三年（1070），李定遭弹劾未能为妾母仇氏守丧。这导致了神宗皇帝下令调查，以确定李定是否守丧，如果没有，他应该如何弥补这一过失。②

御史台言：在法，庶子为父后，如嫡母存，为所生母服缌三月，仍解官申心丧；若不为父后，为所生母持齐衰三年，正服而禫。今定所生仇氏亡日，定未尝请解官持心丧，止以父老乞还侍养。宜依礼制追服缌麻，而解官心丧三年。③

上述诏令的重要性首先在于它可用以证实，到了11世纪70年代，朝廷愿意让为官之子为其妾母服丧，尽管服丧的时间和服制取决于他作为子嗣的地位及其嫡母的身份地位。人子不这样做不仅会受到法律的惩罚，而且正逢党争之时，在政治上也更容易受到攻击。在宋神宗熙宁三年至宋哲宗元祐元年（1070—1086）年间，至少有十几道奏议谴责李定的行为，并基于李定未

81

---

① Ebrey, *The Inner Quarters*, 231；Bossler, *Courtesans*, *Concubines*, *and the Cult of Female Fidelity*, 121 – 127；Smith, "Shen-tsung's Reign and the New Policies of Wang An-shih," 365.

② 宋神宗：《全宋文》第113册，卷2443《令流内铨取问李定生母亡曾否执丧诏》，第135页；第113册，卷2445《答御史台言李定生母亡当不当追服事诏》，第158页。

③ 《宋史》卷125《礼志二十八》，第2929页。

能为妾母丁忧而要求将其免官。① 有奏议声称："仇氏死于定
家,定已三十七岁,无有不知(仇氏是其生母)之理。人皆以定为
不孝。"②李定后来被贬职,并卒于流放地。

　　李定之所以声名狼藉,与其在党争激烈时期与王安石关系
密切有关。从王安石的政敌们宣传朱寿昌事迹的方式也可以看
出孝道的政治化。③ 与李定忽视礼仪义务的行为不同的是,朱
寿昌则广受称赞,在他的父亲将朱寿昌的生母遗弃五十年后,朱
寿昌找到了自己的妾母,并照顾她及她全家。相比之下,李定的
罪过显得更加不可原谅。④ 史料记载,在李定遭弹劾后,忽略了
为妾母丁忧的蔡延庆,赶紧纠正了自己的错误。⑤

　　对孝子为妾母服丧的正面书写,以及对李定未能做到这一
点的政治化的谴责,与道学家在这个问题上的分歧同步进行,使
得任何明确的、被普遍接受的标准一时间都不太可能达成。司

---

　　① 见谢景温：《全宋文》第 65 册,卷 1424《乞根究仇氏是否李定生母奏》,第 318
页;范百禄：《全宋文》第 76 册,卷 1655《缴还李定告命词头奏》,第 41—42 页;范育：《全
宋文》第 76 册,卷 1658《论李定不服母丧并乞罢免台职奏》,第 81 页;张戬：《全宋文》第
76 册,卷 1663《劾韩绛李定奏》,第 173 页;薛昌朝：《全宋文》第 76 册,卷 1664《为李定不
为母追服事劾王安石疏》,第 197 页;苏轼：《全宋文》第 91 册,卷 1977《蔡延庆追服母
丧》,第 107 页;林旦：《全宋文》第 92 册,卷 2006《论李定不可复加擢用奏一、二、三》《劾
王安石蔽护李定奏》,第 289—291 页;王岩叟：《全宋文》第 102 册,卷 2222《乞治张诚一
李定不孝之罪奏》《再乞治张诚一李定不孝之罪奏》,第 3—5 页;宋神宗：《全宋文》第 113
册,卷 2443《令流内铨取问李定生母亡曾否执丧诏》,第 135 页;宋神宗：《全宋文》第 113
册,卷 2445《答御史台言李定生母亡当不当追服事诏》,第 158 页。
　　② 薛昌朝：《全宋文》第 76 册,卷 1664《为李定不为母追服事劾王安石疏》,第
197 页。
　　③ Bossler, *Courtesans, Concubines, and the Cult of Female Fidelity*,
124 - 128.
　　④ 至少在四部宋人笔记中,进一步传播了李定的声名狼藉。丁传靖《宋人轶事汇
编》卷 13,第 707—708 页。
　　⑤ 苏轼：《全宋文》第 91 册,卷 1977《蔡延庆追服母丧》,第 107 页。

马光和二程最关心的是维持妻妾之间的等级制度，而张载
(1020—1077)则主张，只有嫡母还健在的情况下，儿子为妾母服
丧时服制才需降低。[①] 从南宋朱熹的一句评论中可以看出，为
妾母服丧的问题长时间困扰着宋代精英人士。朱熹有一次回应
他的学生时，批评他按照"妾母"的低标准来为自己的生母服丧，
认为这是错误的；在朱熹看来，妾母也是母亲，他的学生应为生
母守丧三年。[②] 通过强调妾的母亲角色来重构丧葬仪式，朱熹
进一步巩固了妾在家庭中的地位。撇开他对妾母的支持立场不
谈，他的学生决定有必要就此事询问朱熹，而朱熹也觉得有必要
明确阐明自己的观点，这两个事实恰恰又表明宋代士大夫对妾
母的待遇一直有些担心和不确定。因此我们不妨假设，在实际
生活中人们的行为很可能处于这两种思想之间，有些儿子更注
重遵守家庭等级制度，而另一些人则更注重显示自己对生母的
孝道。

　　本章对北宋服丧实践和文学表现的探讨立足于一个基本事
实：由于政府对官员丁忧时间的限制性政策，大多数官员并未
得以任何特殊的方式丁忧守丧。北宋中前期的情况尤其如此。　82
在处理求仕与孝亲之间的矛盾时，北宋士人因此不得不对服丧
方式进行重大调整。因一心守丧而受到赞扬的人大多曾庐于墓
旁或表现出哀毁过礼。从这个意义上说，宋代对从礼服丧的理
解及其实践与前代有着强烈的连续性。然而，北宋同时又确实
出现了一些新的做法，使居丧者可以在更大的空间和人群面前

----

① Ebrey, *The Inner Quarters*, 228.

② Ebrey, *The Inner Quarters*, 228.

彰显自己的孝道。这一变化证明了悼亡在孝道表现中所占据的重要地位。在这一过程中，墓志铭作者通过他们的作品，积极宣传道德模范，致力于改革地方丧葬实践，逐步地把墓志铭写作转化成道德教育的公共平台。

第三章

何时何地：葬事与孝道

　　宋仁宗康定元年(1040),河北东光人刘居正(997—1040)在衡阳任官期间去世,一年前,他的妻子也在那里亡故。他们夫妇的独生子刘挚(1030—1098)当时只有十一岁,年龄还太小,无法处理父母的后事。幸运的是,刘居正的内弟一直与刘家住在一起,他的亲弟弟很快也从河北赶来帮忙料理丧事。在接下来的几个月里,刘居正和妻子的遗体被火化,骨灰被送到东光的一座佛寺中权厝。其间,刘挚没有随同父母的骨灰一起返回河北,而是前往郓州,与外祖一家人共同生活。①

　　值得注意的是,刘居正夫妇直到三十二年后才正式下葬,而且他们也没有葬在东光。宋神宗熙宁五年(1072),刘挚为父母下葬占卜,并将他们的骨灰连同祖父母、曾祖父母的遗骸一起,从东光运到了郓州的一处新墓地。刘挚当时仕途遭挫,正好给了他长途跋涉,筹划这一大规模葬礼的机会。宋仁宗嘉祐四年(1059)中进士第后,刘挚曾在多地任职,最初作为新法的支持者,也曾在都城担任重要职务。与王安石的分歧,很快导致刘挚

---

　　① 这一叙述是根据苏颂为刘居正撰写的神道碑,刘挚对父亲死亡和葬礼的叙述,以及《宋史·刘挚传》。苏颂:《全宋文》第62册,卷1344《秘书丞赠太师刘君神道碑》,第60—64页;刘挚:《全宋文》第77册,卷1678《家庙记》,第103—106页;《宋史》卷340《刘挚传》,第10849—10858页。

被贬官河北。① 对刘挚而言，在家乡附近任职为他提供了安葬父母的最佳时机。然而，刘挚的政敌却趁机给他贴上不孝之子的标签。流言蜚语很快传开，称刘居正的葬礼实际上是一次招魂仪式，他父母的骨灰早已不知去向。

　　刘挚当时并没有正式回应政敌的攻击。在接下来的二十年里，仕途上飞黄腾达为他提供了充分展示孝心的机会。刘挚多次为祖上三代获得封赠。位于郓州的家茔也随刘挚官阶的不断升高而升级。朝廷进一步示恩，允许刘挚在东光和郓州设立四座功德坟寺，用以维护刘家的墓地。② 刘挚有一段时间甚至被派往郓州附近任职，以便于他能定期到墓地祭扫。

　　通过对亡父不断地祭祀追思，刘挚继续塑造着自己的孝子形象。为了反驳政敌对自己丢失父母骨灰和不孝的指控，宋哲宗元祐六年（1091），刘挚在家庙建成后，撰写了长篇的记文，详细叙述了父亲死亡、火葬和权厝的情况。随后又请人创作了多篇墓志铭文，其中包括修建坟墓期间撰写的刘居正的行状和墓志铭，追忆悼念。最后，在宋哲宗绍圣三年（1096），苏颂应邀撰写了刘居正的神道碑，对刘居正的生平事迹作了细致的记述。除了对墓主褒奖有加，苏颂在神道碑中还称赞刘挚在处理父母葬事时坚忍不拔的精神，并把刘家的蒸蒸日上归功于刘挚的诚孝等。刘挚在完成所有上述与父母葬礼有关的活动两年后

---

　　① 对北宋党争的全方位研究，见 Levine，*Divided by a Common Language*，罗家祥《朋党之争与北宋政治》，沈松勤《北宋文人与党争》，Smith：*Taxing Heaven's Storehouse* and "Anatomies of Reform."

　　② 戴安德（Edward L. Davis）发现，"从宋朝开始，功德寺的使用就成为了表达孝道的必要方式，也是受中国超级精英们欢迎的优待"，见 E. L. Davis，*Society and the Supernatural in Song China*，172.

去世。

刘挚的经历揭示出葬礼作为一种重要的孝道表达形式及其带来的各种挑战。有两方面问题特别值得我们注意。首先是北宋精英家庭在生前及身后地域流动的规模。刘居正卒于湖南，骨灰起先被运至河北，但最后却葬于山东。在为刘居正撰写的神道碑中，苏颂解释道，此举是因为刘家祖茔遭受严重水害，已然毁坏，而占卜显示郓州为吉兆。尽管如此，问题依然存在。如果墓地已受水湿侵袭，为什么几十年中刘家或刘挚对此放任不管？是什么具体情况导致已故刘居正夫妇的权厝，而非立即下葬？考虑到后来刘挚被允准在东光和郓州分别建造了两座功德寺，刘家人应该是继续使用位于东光的家茔的。那刘挚当年为何不辞辛苦，选择了一处远离家乡的新墓地埋葬父祖三代？

刘居正葬事中值得注意的另一个现象是他死亡和入葬之间相隔长达三十多年的时间。刘挚少年丧父，四十多岁时才将父母入土为安。考虑到郓州新墓地之后的不断翻新和增建，以及11世纪80至90年代多方墓志铭的撰写，可以说，打理父母的葬事、修建郓州墓地、准备父母的纪念文字成为刘挚整个成年生活的一个重要支点。

本章将根据刘挚及其同侪的经历，着重探讨在行孝背景下北宋士人襄理父母葬事的实践。[①] 本章的前半部分着重揭示，官员们的仕途追求以及因此导致的生前身后的巨大地域流动，极大地影响了葬礼的时空维度和孝道表现话语的演变。

---

① 柳开的葬父经历与刘挚有诸多相似之处，见 C. E. Zhang, "How Long Did It Take to Plan a Funeral?"

虽然许多入仕之人设法及时将父母安葬在现有的家墓中，但
久不下葬和营建新茔的情况屡见不鲜。造成这一现象的原因
往往因家庭情况各异。亲人的死亡地点和运送遗体所需的时
间、现有家墓的空间不足和不利条件、卜筮吉凶的结果以及丧
葬所需的费用等，是长期延迟安葬和建立新墓地的最常见
原因。

　　广义地看，对人子来说，这些因素的交织使得恰当且及时地
安葬父母比儒家经典和礼书中的规定要复杂得多。人子们顺势
而为的各种努力因此又导致了孝子形象的巨大变化。这一过程
与前面讨论过的禄养理念的升华极其相似。与得禄孝亲一样，
北宋官员也因不辞辛劳让已故父母早日安息于地下，遵从父母
的特定安葬指示，以及尽心维护家墓而赢得孝子的名声。所有
这些努力也同得禄一样，都可以通过远程指挥且无须一朝一夕
完成。这种接受迟葬和另立新墓地的态度，为仕宦之人们提供
了便利，使他们能够兼顾求仕和家庭责任。

旧茔抑或新墓：死亡和入葬的地理考量

　　翻阅墓志铭和私人书信会发现，北宋士人及其家人面临的
最大挑战之一是如何处理亲人卒于远方的情况以及相应的安葬
问题。以王禹偁、余靖和郑獬三人撰写的墓志铭为例，很多宋人
的死亡地点与其最终安葬地点相距甚远，从中大体上可以看出
这个问题的严重程度：王禹偁撰写的 12 方墓志中有 10 方墓志
（83%），余靖撰写的 21 方墓志中有 15 方墓志（71%），郑獬撰写

的 17 方墓志中有 9 方墓志（53％），均明确涉及了这个问题。①
士人家庭的女性在地理上的流动性并不亚于男性。苏颂笔下的
七位女性中有五人，沈括笔下的十位女性中有三人，不是死在路
上，就是卒于丈夫或儿子的官舍。② 随后的丧葬计划往往需要
多个步骤完成，首先是将这一不幸的消息通知身处不同地方的
儿子和其他家庭成员，将死者的遗体运送到权厝之地或安葬之

① 王禹偁：《全宋文》第 8 册，卷 160—161《宣徽南院使镇州都部署郭公墓志铭》
《谏议大夫臧公墓志铭》《故侍御史累赠太子少师李公墓志铭》《故商州团练使翟公墓志
铭》《殿中丞赠太常少卿桑公神道碑》《右卫将军秦公墓志铭》《殿中丞赠户部员外郎孙府
君墓志铭》《累赠太子洗马王府君墓志铭》《著作佐郎赠国子博士鞠君墓碣铭》《故泉州录
事参军赠太子洗马陈君墓碣铭》《监察御史朱府君墓志铭》《建溪进士赠大理评事柳府君
墓碣铭》，第 155—186 页；余靖：《全宋文》第 27 册，卷 573—576《宋故狄令公墓志铭》《宋故
两浙提点刑狱尚书度支员外郎林公墓碣铭》《宋故屯田郎中黄府君碑》《故尚书虞部郎中
致仕李公墓碑》《故虞部郎中李公墓志铭》《宋赠大理寺丞朱君墓志铭》《宋故冯翊县太君
王夫人墓志铭》《宋故殿中丞黄公墓表》《宋故大理寺丞知梅州王君墓碣铭》《宋故殿直苏
府君墓志铭》《宋故南京留守判官赠都官郎中苏公墓志铭》《宋故殿中丞知梅州陈公墓
碣》《宋故礼宾副使知邵州卞府君墓志铭》《宋故赠度支员外郎张府君墓表》《故萧府君墓
志铭》《马处士墓表》《宋故大理寺丞前知白州孙公墓表》《宋故光禄丞梁君墓表》《宋故
国子博士通判太平州毛君墓铭》《荥阳毛君墓志铭》《宋故镇东军节度推官毛君墓志铭》
《宋故峡州军事推官赠太常博士魏公墓志铭》，第 116—160 页；郑獬：《全宋文》第 68 册，
卷 1480—1482《先公行实》《南康郡王墓志铭》《赠太尉勤惠张公墓志铭》《尚书比部员外
郎王君墓志铭》《礼宾使王君墓志铭》《右侍禁赠工部侍郎王公墓志铭》《户部侍郎致仕周
公墓志铭》《卫尉少卿刘公墓志铭》《尚书都官郎中吴君墓志铭》《户部员外郎直昭文馆知
桂州吴公墓志铭》《尚书都官郎中王公墓志铭》《殿中丞鲁君墓志铭》《殿中丞鲍君墓志
铭》《赠怀州防御使河内侯赵公墓志铭》《赠陈州观察使赵公墓志铭》《郡主赵氏墓志铭》
《宋夫人墓志铭》《傅夫人墓志铭》《霍国夫人康氏墓志铭》《崔夫人墓志铭》《李夫人墓志
铭》《朱夫人墓志铭》《职方郎中鲍公夫人陈氏墓志铭》《副率府副率邵君墓志铭》《赵县主
墓志铭》《慎夫人墓志铭》《崔进士志》《赠工部侍郎杨公墓表》，第 176—213 页。这个统
计中只包括指明死者死亡地点和埋葬地点的墓志铭。
② 苏颂：《全宋文》第 62 册，卷 1350《寿昌县君王氏墓志铭》，第 153 页，第 62 册，
卷 1352《长安郡太君高氏墓志铭》《万寿县令张君夫人苏氏墓志铭》《彭城县君钱氏墓志
铭》《寿昌太君陈氏墓志铭》《仁寿郡太君陈氏墓志铭》《福清陈氏墓志铭》，第 171—181
页；沈括：《全宋文》第 78 册，卷 1694《故长安县太君高氏墓志铭》，第 14—15 页，卷 1694
《席氏墓志铭》，第 17—18 页，卷 1696《长寿县君田氏墓志铭》，第 41—42 页。

所，卜筮安葬的时间和地点，准备好必要的丧葬资金，以及着手丧葬仪式。基于这些原因，北宋墓志铭对死者的儿子们尽心竭力不辞辛劳地履行上述责任多有赞美之词。

卒于遥远的异乡当然不是什么新现象。前代有关在行旅途中过世的记载屡见不鲜。由于坟墓在祖先崇拜中的意义越来越大，汉代甚至频繁出现"归葬"一词。大多数卒于都城或其他地方的官员都被葬在他们的家乡。① 汉代以后，"归葬"仍然是大多数官僚家庭的标准做法。著名学者陈寿（233—297）被免官，并受到同时代人的攻击，据称就是因为他按照母亲的意愿将她就地安葬，而没有把她归葬于祖茔。② 南北朝时期，祖茔更是具有象征意义。当整个家庭和乡间之人为了逃避北方游牧民族的入侵和长期战乱南下逃亡之时，实行"权厝"，寄托了把逝者的遗体最终归葬位于北方祖籍地的愿望。③

"归葬"一词继续频繁出现在唐代最显赫家族的相关记载中。然而，它的含义却发生了重大变化。虽然唐朝的世家大族继续使用他们的姓氏和郡望，但绝大多数人在中唐时已迁至都城地区，并在9世纪后切断了与祖籍的直接联系。因此，这一群体成员的安息之地不再是他们的故乡。相反，他们倾向于长眠于长安和洛阳沿线的家茔中。④

---

① 杨树达《汉代婚丧礼俗考》，第129—138页；Pu, "Ideas Concerning Death and Burial in Pre-Han and Han China," 25-62.

② 《晋书》卷82《陈寿传》，第2138页。

③ Crowell, "Northern Emigres and the Problems of Census Registration under the Eastern Jin and Southern Dynasties," and T. M. Davis, *Entombed Epigraphy and Commemorative Culture in Early Medieval China*.

④ Tackett, *The Destruction of the Medieval Chinese Aristocrac*；郑雅如《亲恩难报：唐代士人的孝道实践及其体制化》，第126—146页。

　　与唐朝相比，北宋统治阶级的家庭和地域背景更为多元化。频繁远宦使大量为官之人卒于远离乡里的任所及赴任途中。这一现象的直接后果是，如果继续维持"归葬"习俗，保证数代家庭成员长期使用维持同一祖茔，北宋士人需表现比前代人更强大的意愿和超常的能力。在这方面有许多成功的例子。兖州石家从唐末到北宋中期，八代人都葬于同一处墓地中。[①] 刘烨（965—1026）家在洛阳附近的墓地安葬了十代人。[②] 柳开（947—1000）和韩琦的多代家人分别安葬在大名和安阳的祖茔中。需要指出的是，石、刘、柳、韩四个家族都居住在离开封较近的地区，这使得祖茔的延续相对容易做到。

　　与"归葬"习俗并行不悖的是，北宋时期很多士人家庭更倾向于建立新的墓地。这一趋势在唐朝中后期即已见端倪。由于迁移、异地为官和社会向下流动等原因，唐代世家大族中不那么显赫的分支已经定居在远离都城的地区。[③] 宋朝的建立和科举制的扩大化，很快吸引大量精英人士因问学和求仕集中在都城及其周边地区。对他们中许多人来说，这是一次没有归路的旅程，具体表现之一是许多士人最终在都城地区营建了新墓，与葬在家乡的父祖永远分离。来自山西的王家在有人入仕后"始葬其亲于河南"。[④] 因为父亲为官，田况的父亲（1005—1063）在阳

87

---

　　① 石介：《全宋文》第 29 册，卷 621《上王状元书》，第 227—229 页，第 29 册，卷 624《上徐州扈谏议书》，第 261—262 页，第 30 册，卷 634《石氏墓志》，第 17—21 页；欧阳修：《全宋文》第 35 册，卷 755《徂徕石先生墓志铭》，第 368 页。

　　② 尹洙：《全宋文》第 28 册，卷 588《故龙图阁直学士朝散大夫尚书刑部郎中知河中军府兼管内河堤劝农使驻泊军马公事护军彭城郡开国伯食邑八百户食实封三百户赐紫金鱼袋刘公墓表》，第 59 页。

　　③ 吴松弟《中国移民史》，第 232—268 页。

　　④ 范纯仁：《全宋文》第 71 册，卷 1559《中散大夫王公墓志铭》，第 360 页。

翟开始营造墓地。到了他儿子那一代，田家在寿安县又建造了一处墓地，这两个地方均靠近都城。[①] 其他人从太原、河中府（均属山西），沧州、贝州（均属河北），乐陵、聊城（均属山东），果州（南充，属四川）迁移到都城地区。[②] 所有这些人都把入仕作为营建新家庭墓地的主要起因和动力。

　　频繁地修造新墓地也可见于士人书写中"祖茔"意义的变化。在孝道背景下，墓志铭常常称赞人子将父母葬在祖茔、先茔、旧茔、先陇等。所有这些术语给人的印象是某家族墓地已延续数代，而事实上，大多数墓地中只安葬着一到两代祖先。范雍（981—1046）的父亲是四川人，范雍十岁时，他的父亲在合肥任职期间过世。范雍后来把父亲葬在洛阳。到范雍本人去世下葬时，洛阳已经被认定为是范氏祖茔。[③] 孙永（？—1087）在都城去世后被葬在许昌附近的"祖茔"里，而此处墓地是由孙永父亲修建的，到孙永时不过才是第二代使用。[④] 杨景略（1040—1086）的祖父将亡父葬在洛阳，开启了杨家在洛阳立坟的先例。

----

① 　范纯仁：《全宋文》第 72 册，卷 1560《太子太保宣简田公神道碑铭》，第 3 页。

② 　尹洙：《全宋文》第 28 册，卷 588《故太中大夫尚书屯田郎中分司西京上柱国王公墓志铭》，第 63 页，第 28 册，卷 589《故乡贡进士谢君墓志铭》，第 75 页，第 28 册，卷 589《故供备库使银青光禄大夫检校尚书兼御史大夫知霸州军州兼管内劝农事上骑都尉南阳郡开国公食邑三千八百户张公墓志铭》，第 77 页，第 28 册，卷 589《故太常博士致仕何君墓志铭》，第 92 页，第 28 册，卷 589《故赠秘书丞左君墓志铭》，第 94 页，第 28 册，卷 590《故朝散大夫尚书兵部郎中知蕲州军州兼管内劝农事护军赐紫金鱼袋张公墓志铭》，第 100 页，第 28 册，卷 590《故朝散大夫尚书司封郎中充秘阁校理知均州军事兼管内劝农事上柱国李公墓志铭》，第 121 页，第 28 册，卷 590《故将仕郎守瀛州乐寿县尉任君墓志铭》，第 124 页。

③ 　范仲淹：《全宋文》第 19 册，卷 390《资政殿大学士礼部尚书赠太子太师谥忠献范公墓志铭》，第 57—61 页。

④ 　苏颂：《全宋文》第 62 册，卷 1343《资政殿学士通议大夫孙公神道碑铭》，第 41 页。

杨景略卒于扬州后，他的儿子们便把他的尸体运到洛阳，葬在
"祖茔"中。[1] 类似的情况不胜枚举，范纯仁称他家世代葬于河
南，其实范家的祖坟不过始于上一代范仲淹将其母安葬在那里
之时。[2]

　　北宋与之前代尤为不同的是，死者及其家人不仅愿意在都
城或其周边地区，而且愿意在远离都城地区的地方修建新墓地。
许多因素在这一过程中发挥了作用。一些官员十分眷恋他们曾
经去过的地方或曾经任职之地，以至于他们希望死后葬在那里。
蔡景繁曾经游览京口，爱上了那里的自然风光和风土人情，誓
言："吾老必归此。"于是儿子遵循他的遗愿，在蔡景繁过世后将
其葬于丹徒。[3] 滕宗谅（990—1047）称池州为"居者得其寿，藏
者得其朽"。他随后得出结论："是可隐志焉，是可宅先焉。"滕宗
谅后来把已故的父亲葬在那里。等到一年后，滕宗谅为亡母举
行葬礼时，新墓地已经完全成形。[4] 同样，因为李太"尝官于兖
而乐之"，去世后，儿子们后来把他葬在那里。[5] 陈习（1003—
1078）认为在他去过的所有地方中，襄阳的风景最为优美。因此
希望死后葬在那里。[6] 杨康国的父亲杨怀德（1012—1084）曾在
卫州为官，他特别提道："吾于卫也，甚乐其风土。瞑目后，其归

　　① 苏颂：《全宋文》第 62 册，卷 1346《龙图阁待制知扬州杨公墓志铭》，第 84—87
页。（杨景略的父亲是中散公，祖父是侍读公，洛阳祖茔乃侍读公营建。——译者注）
　　② 范纯仁：《全宋文》第 71 册，卷 1559《中散大夫王公墓志铭》，第 360 页。
　　③ 苏颂：《全宋文》第 62 册，卷 1346《承议郎集贤校理蔡公墓志铭》，第 90 页。
　　④ 滕宗谅本人卒于苏州，与母亲葬于同样的墓地。范仲淹：《全宋文》第 19 册，卷
388《滕公夫人刁氏墓志铭》，第 32—33 页，第 19 册，卷 390《天章阁待制滕君墓志铭》，第
67 页。
　　⑤ 晁补之：《全宋文》第 127 册，卷 2742《驾部员外郎李君墓志铭》，第 86—87 页。
　　⑥ 吕陶：《全宋文》第 74 册，卷 1612《朝散大夫致仕李公墓志铭》，第 87 页。

我此地。"杨怀德去世后，杨康国想起了父亲的遗愿，于是把父母都葬在那里。①

　　大运河沿线和长江中下游的主要政治和文化中心附近的地方，对来自南方偏远地区（如福建、江西和四川）的家庭极具吸引力。如第一章中讨论过的福建人李寅陪着儿子前往洪州，爱上了当地的自然风光和社会环境。进而，李家人决定在那里永久定居，拥有了田产并建立了家墓。王安石兄弟没有把父亲的遗体送回王家世代居住的临川，而是在江宁建立了新的墓地。原籍福建的黄莘，用最直截了当的方式对全家的迁移予以合理化：

　　自莘祖不克归闽而葬太湖。今莘又以仕来北方，川路阻远，不孝不敢以枢行。于是卜之地，得郓州须城望山。②

　　黄莘明确表示，由于仕宦需要，他家已经开辟了一处新墓地。由于他一直在华北地区为官，黄莘试图寻找一处更近的墓址，这样他父亲的遗体就不必忍受长途颠簸。实际上，黄莘透露出，让亡父承受这样的苦难是不孝之举。黄莘的论证其实有些言之未尽，将父亲的遗体从华北运回太湖地区不仅本身是个挑战，而且将父亲埋葬在那里也会给他自己带来长期的不便。对于受政府人事政策约束的官员来说，长途跋涉去祭扫并维护家墓是个重大挑战，把父母埋在任所近便之处可以减轻儿子的祭扫负担。

89　　以上提到的例子以及下文出现的更多相关材料，足以证明

---

①　刘挚：《全宋文》第 77 册，卷 1681《赠朝请郎杨君墓志铭》，第 160 页。
②　刘挚：《全宋文》第 77 册，卷 1681《潜山黄先生墓志铭》，第 164 页。

北宋精英家庭墓地空前频繁地进行着移动。① 事实上，北宋士人已普遍接受墓地移动的必要性或必然性。对范仲淹来说，他面对的现实是"子孙游宦，诚南北之人也"，因此，营建新墓地是意料之中的事情。② 欧阳修同样认为，在朝为官是儿子们没能把父母遗体运回家乡的关键原因，"此不足怪，人事就易尔。仕宦子孙多在北方，古贤亦皆如此"。欧阳修是在丁母忧，并打算把母亲葬在颍州而不是在江西老家时发表上述评论的。这也解释了他"不忍以先妣有归"的原因。对欧阳修及其同侪而言，"子孙以远，不得时省坟墓也。哀切哀切"。③ 通过提到这一做法由来已久，欧阳修使新墓地的建设成为像他这样的人合情合理的选择。正如下面一节所示，正是基于这种逻辑，一位父亲特别叮嘱自己的儿子在他死后不要把他归葬家乡。

营造新墓地：福建同安苏氏

本节介绍同安苏家的经历。苏家在北宋中期营建了两处新墓地，永久离开了福建，定居在长江流域。这个例子除了揭示出北宋精英们的迁徙模式外，还凸显了宋代士大夫们在处理父母

---

① 梁洪生对 371 个江西人的调查显示，北宋时有相当数量的官员及其家人没有回到江西，尤其是那些远在江西之外去世的人。但在南宋时，几乎所有江西人都回到了江西。梁洪生《宋代江西墓志及其丧期考》。韩桂华对 19 个案例的研究表明，大部分宋人死后两三年内被葬于祖茔。韩桂华《墓志铭中所见宋代官员归葬问题》。韩桂华的研究结果与本书的发现并不一致，本书有数量更多的样例。

② 范仲淹：《全宋文》第 19 册，卷 391《赠大理寺丞蔡君墓表》，第 79 页。

③ 欧阳修：《全宋文》第 33 册，卷 705《与孙威敏公书一》，第 219 页。

安葬问题时的一些具体考虑及其长期影响。

苏家最显赫的人物是苏颂（1020—1101）。① 据他的墓志铭记载，苏家于五代十国时定居同安。苏颂的曾祖父和祖父均以武职入仕。虽然缺乏详情，我们知道苏颂的祖父苏仲昌（？—1043）应举不第。直到宋真宗天禧三年（1019），苏颂的父亲苏绅（999—1046）才成为家中第一个中进士第的人。②

苏仲昌和苏绅大部分成年时间都在福建以外地区为官。苏绅的母亲刘氏（？—1027）卒于丈夫苏仲昌的任所之时，苏绅正在都城任职，之后在扬州丁母忧。苏仲昌后来再婚，卒于宋仁宗庆历三年（1043）的复州官任上。苏绅此时又值身在都城。他匆忙赶往复州，将父亲的遗体运回同安安葬。史料中没有提到苏绅母亲的灵柩是否在这次行旅中一并被归葬祖茔。但苏家这样做的可能性很大，因为苏绅在去福建的路上完全可以取道扬州。我们可以肯定的是，苏仲昌的葬礼没有经历任何拖延。父亲入葬后，苏绅没有在福建停留。相反，他很快离开福建，在扬州附近的江宁度过了剩余的丁忧时间。大约二十年前母亲去世时，

① 苏颂是 11 世纪 70 年代至 90 年代颇具影响力的政治人物。除了曾在都城担任过多个职位，苏颂还在十几个地方任过职，但却从未在福建任过职。根据现存材料记载，苏颂成年后可能从未拜访过自己的家乡。要了解苏颂的更多生平，见曾肇撰写的苏颂墓志铭，邹浩撰写的苏颂行状，《宋史》中苏颂及其父亲的传记，以及苏颂为叔父苏绎所写的墓志铭。曾肇：《全宋文》第 110 册，卷 2383《赠司空苏公墓志铭》，第 119—125页；邹浩：《全宋文》第 132 册，卷 2843《故观文殿大学士苏公行状》，第 1—17 页；《宋史》卷 340《苏颂传》，第 10859—10869 页；卷 294《苏绅传》，第 9808—9814 页；苏颂：《全宋文》第 62 册，卷 1352《叔父卫尉寺丞景陵府君墓志铭》，第 168—171 页；颜中其《苏颂年表》，第 1244—1280 页；白寿彝《中国通史》第七卷，第 1629—1645 页。

② 曾肇：《全宋文》第 110 册，卷 2383《赠司空苏公墓志铭》，第 119—125 页；苏象先《丞相魏公谭训》卷 2，第 1127—1131 页。

苏绅也是在扬州为母亲丁忧的。①

当苏绅忙于父母的葬礼时，他的弟弟苏绎（1006—1077）留在了复州。由于身体残疾，苏绎没能科举入仕，但却长期随父宦游。苏仲昌在复州去世后，已结婚生子的苏绎选择不回福建，而是在复州服丧，之后继续过着舒适的生活。② 苏绎在复州永久定居，意味着他并没有出现在父亲的葬礼上，也从未到父母的坟前祭奠。而且，他和兄长苏绅在余生再未见面。三十多年后，苏绎去世时，留下了葬在复州的指示，从此在苏绎的祖籍福建之外，苏家又开辟了一处新墓地。③

频繁的宦游、父母卒于异地，以及将他们的遗体运回福建的长途旅行，一定对苏绅产生了很大的影响，足以使他决定不让自己的儿子遭受同样的折磨。苏绅在襄理完父亲的葬事后告诉儿子苏颂："吾归葬失计，汝辈慎勿效。既不能免仕宦，随处葬我，乃延陵季子之志也。"④

苏绅知道并希望子孙们会继续求仕，这种情况几乎可以确定他们会远离家乡，他因此经过深思熟虑，做出了上述非常务实的决定。毕竟，他的弟弟苏绎已经选择了远离福建。而苏绅和

---

① 《苏颂年表》，第 1252 页。这种安排背后的合理原因是，苏家在江南地区拥有田产，苏绅住在那里比在同安更有家的感觉，因为他长大后极少在同安生活。当时宋人的普遍做法也支持了这种推测。北宋士大夫们为了日后致仕，经常在都城和家乡购置田产。在多篇文献中，苏轼提到在常州购置田产以为日后致仕之用。苏轼：《全宋文》第86 册，卷 1863《乞常州居住状》，第 130 页；第 88 册，卷 1901《与钱济明十二》，第 34 页；第88 册，卷 1921《与子由弟》，第 436 页。

② 苏颂：《全宋文》第 62 册，卷 1352《叔父卫尉寺丞景陵府君墓志铭》，第 168 页。

③ 苏颂：《全宋文》第 62 册，卷 1352《叔父卫尉寺丞景陵府君墓志铭》，第 168—171 页。

④ 苏象先《丞相魏公谭训》卷 3，第 1134 页。

苏绛长期远离同安，使两人都无法照管父母的坟墓，定期祭奠成
为现实。通过指示苏颂选择方便的地点安葬自己，苏绅想确保
他的后代可以更容易地祭拜他的坟墓。

91　　苏绅卒于宋仁宗庆历六年（1046）。在一首长诗中，苏颂回
忆起了他一生中的这段不幸遭遇：

> 星行赴帏堂，
> 雨泣护归椟。
> 先畴闽岭遥，
> 寓舍京口近。
> 葬营带郭田，
> 地得兼山艮。①

在这几句诗的自注中，苏颂进一步解释道：

予登科初补宿州观察推官，值先祖太尉薨背，先公持服寓金
陵。朝廷特就移予知江宁县，才满秩，先公在河阳下世。予星行
护丧南归，治命以泉山乡里道远不可归，令于昇、常间卜葬谋居。
既过京口，会故人钱起居子高作守，治馆相留。时有道人自真，
善山水学，从予行常、润数州，择得今青阳坟地，起乳山艮来，南
走京岘巽冈西北枝艮落，即今先公坟。术者皆言善地，遂安葬。

---

① 苏颂：《全宋诗》第 10 册，卷 523《累年告老恩旨未俞诏领祠宫遂还乡闲燕闲无
事追省平生因成感事述怀诗五言一百韵示儿孙辈使知遭遇终始之意以代家训故言多不
文》，第 6342 页。

自此谋居郡中,占丹阳为乡里。①

　　苏颂的自注清楚地表明,他一得知父亲过世的消息,就奏请丁忧,之后从任职所在地江宁出发,北上去接父亲的遗体。苏颂深知苏绅不想葬在福建,但心里却没有具体的目的地。尽管如此,苏颂却选择径直南下。这一行动表明,尽管父亲在河南去世,而其同僚士大夫们普遍认为都城是致仕和营建墓地的理想之地,苏颂却从未打算把苏家的新墓建在北方。

　　苏颂的墓地搜寻工作进展顺利。在郡守和一位能干的卜者的帮助下,他勘察了大片土地,很快决定就在润州附近建造新墓。当时很多士人家庭已经或正在润州附近开辟新墓地,在为这些非润州本地家庭的成员所写的墓志铭中,苏颂重申了导致他选择润州的观点:"丹徒土厚水深,宅圹于兹,吉莫大焉。"②卜者自真特别预言润州地区会越来越重要,苏颂在自真的帮助下定了决心。此外,自真还预言,鉴于苏家新兆域的地点,苏颂会在政府中步步高升。③

　　安葬完父亲后,苏颂带着多个家庭成员前往南京任职。这些人包括祖母(苏绅的继母)翁氏、母亲、姑姑和几个未婚的兄弟姐妹。④ 宋神宗元丰六年(1083),翁氏在都城去世,苏颂短暂丁

---

　　① 苏颂:《全宋诗》第 10 册,卷 523《累年告老恩旨未俞诏领祠宫遂还乡闲燕闲无事追省平生因成感事述怀诗五言一百韵示儿孙辈使知遭遇终始之意以代家训故言多不文》,第 6342 页。

　　② 这些志趣相投的家庭来自江西、四川和福建。几个例子,见苏颂:《全宋文》第 62 册,卷 1352《长安郡太君高氏墓志铭》,第 171 页;第 62 册,卷 1352,第 179 页。

　　③ 苏象先《丞相魏公谭训》卷 3,第 1134 页。

　　④ 苏象先《丞相魏公谭训》卷 6,第 1159 页。

忧，将祖母遗体运回润州安葬。这意味着，苏仲昌的第二任妻子翁氏与安葬在福建的丈夫从此天各一方。①

　　次年（1084），苏颂的母亲陈氏在京城去世，为归葬母亲，苏颂再一次回到了润州。在返回都城任职前，苏颂像他的父亲一样选择在扬州，而非润州守丧。在多次提出致仕请求后，76 岁的苏颂最终于宋哲宗绍圣二年（1095）致仕回到润州。六年后苏颂去世，葬在他自己亲手选定修建的家墓里。

死亡和入葬的时间维度

　　作为大型建筑项目，丧葬给人子和其他家庭成员带来了沉重的情感压力、身体高度透支和经济上的大笔开支。按照礼书规定，准备各种丧葬所需材料、卜筮合适的墓址、确定安葬的地点和日期、建造坟墓、安排墓志铭写作等等需要数月甚至几年时间。② 许多官员，例如第一章中提到的曾巩，在运送父母遗体途中去世，更是增加了葬礼计划所需的时间。根据一个人的死亡地点、卜筮结果、死者儿子在父母过世时的年龄和官阶，以及家庭的经济状况等多种因素，北宋士人家庭安葬所需时间差异极大。

　　在我考察过的两千方墓志铭中，办理最迅速的两个丧事是

① 苏象先《丞相魏公谭训》卷 6，第 1152 页。
② 司马光《司马氏书仪》卷 5—10。

在死者过世后 20 天和 39 天完成的。[①] 最慢的则用了超过六十年时间。[②] 在这个跨度很大的时间范围内，相当大比例的死者是在死后数月至三年内下葬的。[③] 举几个例子，尽管都城与四川眉州之间相隔万水千山，在他们的父母过世后，苏轼（1037—1101）和苏辙（1039—1112）分别用了七个月和八个月的时间将父母安葬。尽管重新考虑了母亲的葬址，欧阳修还是设法在母亲去世后的两年内让亡母安息。孙抃（996—1064）特意告诉儿子，他希望葬在开封，而不是家乡四川，于是他卒后十九个月便入土为安。张亢（999—1061）的五个儿子在他死后的四个月内就把他葬入了祖茔。[④]

　　抛开上述相对及时的安葬，北宋墓志铭中充斥着久不克葬的记载。在余靖撰写的记载了具体死亡和丧葬日期的十方墓志铭中，入葬的时间跨度从十一个月到三十二年不等。十名死者中只有四人（40％）在去世后两年内下葬。三人（30％）在两至三年间下葬，另外三人（30％）在死后数年或数十年后才得以入土

93

---

① 毕仲游：《全宋文》第 111 册，卷 2405《延安郡太君张氏墓志铭》，第 168 页；尹洙：《全宋文》第 28 册，卷 588《故推诚保德功臣金紫光禄大夫守太子少傅致仕上柱国天水郡开国公食邑四千二百户食实封一千户赵公墓志铭》，第 68 页。在汉代，大部分人去世后几个月内（从 7 天到 433 天不等）便会下葬。杨树达《汉代婚丧礼俗考》，第 87—97 页。

② 尹洙：《全宋文》第 28 册，卷 590《故朝奉郎尚书司门员外郎通判河南府西京留守司兼畿内劝农事上轻车都尉赠绯鱼袋卢公墓志铭》，第 110 页；苏颂：《全宋文》第 62 册，卷 1343《皇城使李公神道碑铭》，第 49—53 页。

③ 梁洪生对 371 个宋代江西人的墓志铭研究表明，超过一半（56％）的死者在一年内下葬，但也有相当多葬礼用了一到三年（37％），大约 25％的人用了两年以上。梁洪生《宋代江西墓志及其生卒年考》。

④ 韩琦：《全宋文》第 40 册，卷 857《故客省使眉州防御史赠随州观察史张公墓志铭》，第 92—93 页。

为安。① 在晁补之（1053—1110）撰写的四十八方墓志铭中，有十二位死者（25%）在卒后至少五年之后才被安葬，时间最长的是三十三年。② 从并州高家三代人的经历中，我们可以特别清楚地看到久不下葬的严重程度。并州人高审钊（935—989）于宋太宗端拱二年（989）在卫州去世，其时，他的妻子过世不久，大概也卒于卫州。"君之丧也，家不堪多难（也就是说，高审钊的妻子刚刚去世，家里负担不起她和高审钊的葬礼），是以殡于卫。"高审钊去世十八年后，独子高怀諲还没来得及安排父母的葬礼，便在宋真宗景德四年（1007）卒于任所，享年三十九岁。和高审钊一样，高怀諲也只有一个儿子高若讷（997—1055），高怀諲去世时，高若讷只有十一岁。直到宋仁宗庆历三年（1043），即高审钊

---

① 余靖：《全宋文》第 27 册，卷 573《宋故狄令公墓铭》《宋故两浙提点刑狱尚书度支员外郎林公墓碣铭》《宋故屯田郎中黄府君碑》《故尚书虞部郎中致仕李公墓碑》《故虞部郎中李公墓志铭》《宋赠大理寺丞朱君墓志铭》《宋故冯翊县太君王夫人墓志铭》《宋故殿中丞黄公墓表》《宋故大理寺丞知梅州王君墓碣铭》《宋故殿直苏府君墓志铭》《宋故南京留守判官赠都官郎中苏公墓志铭》，第 116—140 页。

② 晁补之：《全宋文》第 127 册，卷 2742—2746《资政殿学士李公墓志铭》《右朝议大夫致仕晁公墓志铭》《朝奉大夫提举京东路驿马兼保甲事杨公墓志铭》《朝请大夫致仕陈君墓志铭》《朝散大夫提举河北籴便粮草高公墓志铭太常少卿分司西京石君墓志铭》《文安郡君陈氏墓志铭》《安康郡君庞氏墓志铭》《钱唐县君叶氏墓志铭》《驾部员外郎李君墓志铭》《晁夫人墓志铭》《穆氏墓志铭》《进士李公裕墓志铭》《通直郎权通判环州钱君墓志铭》《朝奉大夫常君墓志铭》《通直郎充德清军使兼知澶州清丰县事魏君墓志铭》《四防县尉刘君墓志铭》《奉议郎高君墓志铭》《右朝议大夫梁公墓志铭》《知涉县阎君墓志铭》《李氏墓志铭》《李氏墓志铭》《黄君墓志铭》《黄君墓志铭》《夔州录事防军江君墓志铭》《罗氏墓志铭》《阚氏墓志铭》《齐氏墓碣》《贵溪县丞马君墓志铭》《王君墓志铭》《彭城刘君墓志铭》《尚书司封员外郎胡公墓志铭》《苏门居士胡君墓志铭》《朝请大夫致仕晁公墓志铭》《朝奉郎致仕陈君墓志铭》《朝请郎王君墓志铭》《仙源县君赵氏墓志铭》《寿昌县君晁氏墓志铭》《刑部侍郎杜公墓志铭》《奉议郎致仕崔君墓志铭》《雄州防御推官晁君墓志铭》《殿中侍御史赵君墓志铭》《永宁县君李氏墓志铭》《进士杜君墓志铭》《进士阎君墓志铭》《夫人阎氏墓志铭》《右通直郎杨君墓志铭》《进士清河张君墓志铭》《单父主簿单君墓志铭》，第 71—155 页。

卒后五十四年、高怀諲去世三十五年后，高若讷才在开封为多位父祖辈举行了葬礼。①

高家的经历表明，在高审钊之死和高怀諲离世之间的十八年里，高怀諲没有计划或无力安排父母的葬礼。高怀諲失去双亲时才二十岁，他不可能携带着父母的遗体在卫州和并州之间进行长途跋涉。高怀諲在仕途上节节高升和葬礼所需的高昂费用进一步推迟了安葬计划。高怀諲去世时，撇下了十一岁的儿子，高怀諲的葬礼及其父母的葬礼，因此又再次被搁置。以任何标准衡量，高若讷肩上的安葬任务都是极为沉重的。在决定在开封新开辟墓地后，高若讷要为寻找理想的墓址诉诸卜筮，从不同的地方将父亲和祖父母的遗体收集在一起，并准备好所有安葬必需的材料。他选择最终在宋仁宗庆历三年（1043）把父祖入葬最大的原因可能是他的母亲近期刚刚去世，这使得高若讷有足够的动力把数位亲人一起入葬。从另一个角度来看，母亲的长寿可能导致了其他人葬礼的推迟。

这个故事还有另一个转折。至和二年（1055）高若讷去世时，似乎他当年选择的墓地已经太小，无法容纳更多的坟墓。因此，他的儿子们找到了一处规模更大的地方来安葬他。他们还把高若讷的父母和祖父母的遗体搬到了同一处墓地。与老一辈两代人的延迟安葬形成鲜明对比的是，和母亲一样，高若讷去世后仅仅数月就入土为安了。②

94

---

① 宋祁：《全宋文》第 25 册，卷 528《故崇仪使高府君墓志铭》《故右侍禁赠左屯卫将军高府君墓志铭》，第 140 页。
② 宋祁：《全宋文》第 25 册，卷 528《故崇仪使高府君墓志铭》《故右侍禁赠左屯卫将军高府君墓志铭》，第 140—142 页；第 25 册，卷 529《高观文墓志铭》，第 144—147 页。

当家人花费数年甚至数十年时间埋葬亲人时，他们把逝者的遗体放在哪里？北宋墓志铭中经常提到遗体"权窆""权厝"在佛寺中。① 事实上，由于寺庙里存放了太多的尸体，以至于陈留（属河南）的一位官员陈向上奏请求用公款掩埋八万多具无人认领的尸体。② 陈向的奏议不仅证明了"权厝"这一做法的普遍性，而且也证实了佛寺的存在可能在一定程度上促成了葬礼的长期拖延。许多家庭最终未能让死者安息在家茔中，而是让地方政府或寺庙来承担责任。由于这个原因，地方官员和地方精英经常因安葬无人认领的尸体而受人赞扬。③

宋代精英们坦言，对于推迟让父母的遗体入土为安，他们深感内疚和焦虑。学者石介（1005—1045）在一次大规模的葬礼中安葬了七十多名家庭成员，在为这一活动撰写的记述中，石介写道：

呜呼！诸侯五月、大夫三月、士逾月而葬，谓之礼经。是故《春秋》讥缓葬。石氏之葬，可谓缓矣。先人三十年营之，迄于今年之八月，志未就而先人没。当将终之时，制泪忍死，执介手以命于介。且曰："汝不能成若翁之志，吾不瞑矣！"④

---

① 在宋朝，佛寺和地方官建造了公共墓地，以替代火葬或抛尸野外。金中枢《宋代几种社会福利制度：居养院、安济坊、漏泽园》；von Eschenbach, "Public Graveyards of the Song Dynasty."

② 沈括：《全宋文》第 78 册，卷 1696《故朝散大夫知楚州陈君墓志铭》，第 50 页。

③ 沈括：《全宋文》第 78 册，卷 1696《故朝散大夫知楚州陈君墓志铭》，第 50 页；《宋史》卷 314《范纯仁传》，第 10289 页；范祖禹：《全宋文》第 98 册，卷 2248《义冢铭》，第 302 页；宋神宗：《全宋文》第 115 册，卷 2485《给地葬畿内寄菆之丧诏》，第 210 页。

④ 石介：《全宋文》第 29 册，卷 621《上王状元书》，第 228 页。

　　石介继续写道，父亲去世后，他又花了十七个月才筹到足够的安葬费，在此期间，他"未尝敢一饭甘、一寝安、一衣暖、一饮乐。坐不敢正席，行不敢正履，终日战战栗栗，若怀冰炭，若负芒刺"。石介的文字清楚地表明，他与父亲都深切地意识到他们违反了礼典。石介对父亲临终遗愿以及他在葬礼完成前无法安心的描绘旨在证明父子二人自认不孝的强烈程度。

　　鉴于久不克葬、终不克葬的普遍存在，这一现象引起当世大儒的强烈批评也就不足为奇了。司马光说：

　　于是丧亲者往往久而不葬。……先王制礼，葬期远不过七月。今世著令，自王公以下皆三月而葬。又礼，未葬不变服，食粥，居倚庐，哀亲之未有所归也。既葬，然后渐有变除。①

　　司马光在这篇文章中指出，无论是儒家经典还是国家政策，都要求在人死后的几个月内立即下葬。这一点之所以尤其重要，是因为葬礼与丧服紧密相关。只有父母入土为安，儿子们才能脱下丧服。在现实中，司马发现了很大的差异：

　　今之人背礼违法，未葬而除丧，从宦四方，食稻衣锦，饮酒作乐，其心安乎？人之贵贱、贫富、寿夭系于天，贤愚系于人，固无关预于葬。就使皆如葬师之言，为人子者方当哀穷之际，何忍不顾其亲之暴露，乃欲自营福利耶！②

---

　　①　司马光：《全宋文》第 56 册，卷 1219《葬论》，第 157—158 页。
　　②　司马光：《全宋文》第 56 册，卷 1219《葬论》，第 157—158 页。

除了对古代安葬习俗的怀旧情绪外，司马光认为推迟安葬是一个严重的问题，也是一种极其不孝的行为。司马光的同时代人也赞同他的批评。吕陶就责备死者的后人们"慢于送往"，导致出现司马光观察到的"暴棺累岁，不得即葬"现象。① 程颐谈到了更严重的罪行，一些家庭推迟安葬太久，以至于"高曾不辨"。② 尽管如此，推迟安葬仍然是一种常见的做法。宋哲宗元祐六年（1091）颁布的一份诏令，命令御史台对那些父母去世十年后仍然没有下葬的官员进行弹劾或暂停晋升。朝廷此举有力地表明，忽视妥善安葬父母已成了一个多么普遍存在的问题。③

导致久不克葬的因素

在前文引用的同一篇文章中，司马光列举了导致推迟安葬的几个因素：

问之，曰："岁月未利也。"又曰："未有吉地也。"又曰："游宦远方未得归也。"又曰："贫未能办葬具也。"至有终身累世而不葬，遂弃失尸柩，不知其处者。呜呼，可不令人深叹愍哉！人所贵于身后有子孙者，为能藏其形骸也。其所为乃如是，曷若无子孙死于道路，犹有仁者见而瘗之耶？④

---

① 吕陶：《全宋文》第 74 册，卷 1613《尚书屯田郎中致仕常公墓志铭》，第 103 页。
② 程颐：《全宋文》第 80 册，卷 1756《葬说》，第 319—320 页。
③ 宋哲宗：《全宋文》第 150 册，卷 3240《令御史台弹奏无故十年不葬父母臣僚诏》，第 287 页。
④ 司马光：《全宋文》第 56 册，卷 1219《葬论》，第 157—158 页。

　　除了责备人子们拖延或忽略父母的葬礼外，司马光提到了四个原因，两个与卜筮有关，一个与求仕有关，另一个是因经济困难，司马光的同时代人反复使用这些理由来为推迟父母的葬礼或未能及时安葬辩解。类似的因素也经常出现在墓志铭中。然而，司马光的语气和墓志铭作者的语气有很大不同，司马光谴责这种拖延是无耻的、不可原谅的，而墓志铭作者们则通常如实记录这类事件，在解释久不克葬时少有提及或指责后代的不孝行为。卜筮与推迟安葬的关系将另行讨论。本节集中讨论墓志铭作者们最常引用的三个导致推迟安葬的原因。

"贫不克葬"

　　第一个被经常列为久不下葬的因素是经济方面。由于缺乏有关具体家庭的全面信息，对安葬成本的分析往往有些困难。现存的有关分家、土地占有数量、花在教育和娱乐上的费用、书籍和古董收藏的文献表明，精英家庭的经济水平差异很大。宋墓在规模和结构上也存在类似的差异。[1] 这种差别在一定程度上是国家积极监管的结果，旨在维护社会等级制度，并遏制奢侈行为。[2] 当

---

　　① 北宋墓通常采用简单的墓室形式，专为安葬一人而设计。墓葬物品多为日常用品，主要包括陶器和漆器。孝道故事和花鸟图案是主要内容，买地券也是如此。Asim, "Status Symbol and Insurance Policy"；邓菲《关于宋金墓葬中孝行图的思考》；Hansen：*Negotiating Daily Life in Traditional China* and "Why Bury Contracts in Tombs"；Kuhn, "Decoding Tombs of the Song Elite"；Laing, "Auspicious Motifs in Ninth-to Thirteenth-Century Chinese Tombs"；Lin, "Underground Wooden Architecture in Brick"；朱晓丽《川南宋墓石刻图式分析及数字拓片研究》。关于宋墓的详细研究，见宿白《白沙宋墓》。对一些北宋主要人物的墓葬的重点研究，见陕西省考古研究院《吕氏家族墓地》；Stahl, "Su Shi's Orthodox Burial."

　　② 早在宋太宗太平兴国七年（982），北宋政府就发布了第一个关于俭葬的诏令。《宋大诏令集》卷182《使民惇本从俭诏》，第659页。亦见《宋史》卷125《礼志二十八》，第2917—2919页。

97　时的儒家代表人物和政治人物中也不乏提倡简葬之人。① 然
而，对于精英家庭和平民家庭来说，与安葬有关的事务仍然花费
高昂。② 现有的记录不允许我们精确地考订出每个葬礼的确切费
用，但有一些方法可以说明它们所涉及的财务问题。③ 程民生估
计，在宋代，一具棺材的价格可能在 1 到 100 贯钱之间。墓地、
墓室修建和送葬队伍可能额外花费百贯。占卜和宗教服务的费
用、墓志铭作者的润笔费以及墓葬品的费用差别也很大。因此，
一次丧葬所费可能轻易达到数百贯钱。④ 在考虑丧葬成本时，
程民生算了一笔账，北宋一个"中等人户"的家产是一千贯到数
千贯钱。⑤ 这意味着正常家庭通常会在葬礼上花费相当大一部
分净资产。

---

① 关于俭葬的概述史，见徐吉军《中国丧葬史》，第 420—424 页，第 440—450 页。
关于宋朝俭葬言辞和实践的介绍，见 Kuhn, "Decoding Tombs of the Song Elite," and
Tsao, *Differences Preserved*. 许多北宋人物对俭葬的规划留下了具体说明。见《宋史》
卷 310《杜衍传》，第 10192 页；司马光：《全宋文》第 56 册，卷 1219《葬论》，第 157—158
页；程颐：《全宋文》第 80 册，卷 1750《为家君上神宗皇帝论薄葬书》，第 213—215 页；范
祖禹：《全宋文》第 98 册，卷 2128《论丧服俭葬疏》，第 37—39 页；葛胜仲：《全宋文》第
143 册，卷 3075《朝奉郎累赠少师特谥清孝葛公行状》，第 52 页；许翰：《全宋文》第 145
册，卷 3135《赠朝散郎孙君墓志铭》，第 6—7 页。
② 详细讨论丧礼宴、丧礼巨额开销和在丧事中使用僧侣，见 Ebrey,
Confucianism and Family Rituals in Imperial China, especially the chapter on
"Combating Heterodoxy and Vulgarity in Weddings and Funerals." 关于僧道参与婚丧
活动的信息，见 E. L. Davis, *Society and the Supernatural in Song China*, and
Morgan, "Inscribed Stones." 明器、墓葬艺术和建筑特色的使用会增加丧礼成本，见
Hong: Theater for the Dead; "Mechanism of Life for the Netherworld"; and "Changing
Roles of the Tomb Portrait"; Lin, "Underground Wooden Architecture in Brick."
③ 关于唐代葬礼花费的描述见 Tackett, *The Destruction of the Medieval
Chinese Aristocracy*, 17‐25.
④ 程民生《宋代物价研究》，第 359—364 页，第 454—465 页。
⑤ 程民生《宋代物价研究》，第 572—573 页。

　　上面的计算没有包括另外三项支出：行旅费用、葬礼宴会和大规模家庭葬礼。① 第三个因素需要特别加以注意。北宋时期，似乎每个家庭都有儿童夭折和男女英年早逝的遭遇。在正常情况下，这些人很少单独举行葬礼。出于成本和礼仪上的考虑，晚辈家庭成员及无后的男女的葬礼通常要等到与一个或多个长辈的葬礼同时举行。例如，韩琦家在庆历五年（1045）、嘉祐七年（1062）和宋神宗熙宁四年（1071）举行了三次大型安葬活动，分别埋葬了韩家分属四代的十三位、十二位和九位成员。② 一陈姓男子一次安葬了二十多个分属于三代人的家庭成员。③ 在丁母忧和准备安葬父母的同时，鞠可久奔赴多个地方，将已故的祖父、叔父和兄长等五人的灵柩收集起来运回。在安葬父母的同时埋葬了他们五个人。④ 11 世纪 40 年代，石介埋葬了家中五代人多达七十多口。⑤ 据石介估计，即使葬礼在当地举行，不需要购买更多的墓地用地，大约仍需要 500 贯钱。⑥

　　丧葬的高昂费用解释了"贫无以葬""贫不克葬"何以成为常见说辞。例如，吕陶所写的三十三方墓志铭中，有十方墓志明确

　　① 例如，蔡襄在福建为官时曾告诫人们丧礼宴会花费极高。Ebrey, *Confucianism and Family Rituals*，70 - 71.

　　② 韩琦：《全宋文》第 40 册，卷 856《志石盖记》，第 70 页；第 40 册，卷 858《故安康郡太君陈氏墓志铭》《故仁寿县君张氏墓志铭》《故寿安县君王氏墓志铭》《故东平县君吕氏墓志铭》《故秘书省校书郎韩恬墓志铭》《侄孙亶奴墓志》，第 100—106 页。

　　③ 陈师道：《全宋文》第 124 册，卷 2670《先君行状》，第 8 页。

　　④ 王禹偁：《全宋文》第 8 册，卷 161《著作佐郎赠国子博士鞠君墓碣铭》，第 176—177 页。

　　⑤ 欧阳修：《全宋文》第 35 册，卷 755《徂徕石先生墓志铭》，第 367—369 页；《宋史》卷 432《石介传》，第 12833—12836 页。

　　⑥ 石介：《全宋文》第 29 册，卷 625《谢益州转运明学士启》，第 270—271 页。

提到贫穷是推迟安葬的原因。[①] 费琦卒于渝州附近的一艘船上，家人把他的尸体权厝在合州的一座寺庙里长达十四年，因为"归者无族属可依靠，无田可耕，无室可处"。[②] 据说，王大临多年来一直把在州学教书的收入全部存起来，用来安葬祖父母和父母的灵柩。[③]

应该指出，死者儿子和家庭并不总是依靠他们自己的经济实力来完成葬礼。从北宋初年，朝廷就表现出愿意补贴官员的丧葬费的意向。政府的资助通常采取赠送金帛、银两，有时甚至是赠送墓地的方式。[④] 可以理解的是，最大数额高达数千百贯钱的赙金自然是赐予最高级别的官员。[⑤] 但皇家的慷慨确实

---

① 吕陶：《全宋文》第 74 册，卷 1611《枢密刘公墓志铭》，第 69 页；第 74 册，卷 1612《朝散大夫致仕陈公墓志铭》，第 85 页；第 74 册，卷 1613《朝请郎潼川府路提点刑狱杜公墓志铭》《尚书屯田郎中致仕常公墓志铭》《朝散郎费君墓志铭》，第 100—105 页；第 74 册，卷 1614《秭归县令李君墓志铭》《李太博墓志铭》《光禄寺丞致仕何君墓志铭》《奉议郎何君墓志铭》《故光禄寺丞致仕张君墓志铭》《著作佐郎致仕宋府君墓志铭》《长乐冯先生墓志铭》，第 108—118 页；第 74 册，卷 1615《李夫人墓志铭》，第 128 页。

② 吕陶：《全宋文》第 74 册，卷 1613《朝散郎费君墓志铭》，第 104—105 页。

③ 司马光：《全宋文》第 56 册，卷 1227《郓州处士王君墓志铭》，第 292 页。

④ 《宋史》卷 124《礼志二十七》，第 2902—2912 页。

⑤ 《宋史》中收录一份详细规定的摘要，具体说明宋神宗熙宁元年（1068）以前高级官员的葬礼费用。《宋史》卷 124《礼志二十七》，第 2909—2910 页；Hansen, *Negotiating Daily Life in Traditional China*, 164-165. 墓志中的样例，见胡宿：《全宋文》第 22 册，卷 466《太傅致仕邓国公张公行状》，第 217 页；第 22 册，卷 467《宋故左龙武卫大将军李公墓志铭》，第 221 页；第 22 册，卷 468《宋故宣徽北院使奉国军节度使明州管内观察处置等使金紫光禄大夫检校太保使持节明州诸军事明州刺史兼御史大夫判并州河东路经略安抚使兼并代泽潞麟府岚石兵马都部署上柱国荥阳郡开国公食邑二千五百户食实封三百户赠太尉文肃郑公墓志铭》《宋故奉直郎守侍御史王公墓志铭》，第 223—233 页；第 22 册，卷 469《宋故朝散大夫尚书工部郎中充天章阁待制兼集贤殿修撰知越州兼管内堤堰桥道劝农使兼提点银场公事充两浙东路屯驻泊兵马钤辖温台明越衢婺处州等诸州军并都同巡检兵甲贼盗公事护国军清河县开国男食邑三百户赐紫金鱼袋赠工部侍郎张公墓志铭》《宋翰林侍读学士朝请大夫尚书右丞提举万寿观公事（转下页）

也考虑到了死者家庭的经济压力。早在咸平六年（1003），真宗皇帝就颁布诏令规定，应依例对坐事配流广南亡殁官员的家属给予一定的安葬补助。① 宋仁宗景祐三年（1036），尚书工部郎中刘随去世，皇帝知道刘家很穷，就赐给了其家 120 贯钱。② 官员王田代表胡旦的儿孙上奏，称他们生活困苦，胡旦亡故三十多年，一直无力下葬。随后，皇帝下诏赐 200 贯钱助葬，并派遣官员协助胡旦的葬礼事宜。③ 程颐的父亲去世，文彦博也代表程颐上奏朝廷请求赙恤后事。④

　　除了来自体制上的支持，朋友和熟人们也会及时伸出援手。作为汉代以来丧葬文化的重要组成部分，"赙赠"一直是中国历史上的普遍习俗。⑤ 许多宋人因其赙赠慷慨大方而受人赞扬，尤其是当葬礼涉及多名死者时。石介死后，他的好友韩琦、富弼

（接上页）勾当三班院上柱国陇西郡开国公食邑二千五百户食实封六百户赐紫金鱼袋礼部尚书谥恪李公墓志铭》，第 241—248 页；苏颂：《全宋文》第 62 册，卷 1340《朝请大夫太子少傅致仕赠太子太保孙公行状》，第 9 页；第 62 册，卷 1341《翰林侍讲学士正奉大夫尚书兵部侍郎兼秘书监上柱国江陵郡开国侯食邑一千三百户食实封二百户赠太子太师谥文庄杨公神道碑铭》，第 15 页；第 62 册，卷 1341《龙图阁直学士修国史宋公神道碑》，第 21 页；第 62 册，卷 1344《二乐陵郡公石公神道碑铭》，第 56 页；第 62 册，卷 1352《仁寿郡太君陈氏墓志铭》，第 178 页；李清臣：《全宋文》第 79 册，卷 1718《吴正宪公充墓志铭》，第 55 页；第 79 册，卷 1718《孙学士洙墓志铭》，第 59 页；第 79 册，卷 1718《韩太保惟忠墓表》《王文恭公珪神道碑》，第 62—63 页。

　　① 宋真宗：《全宋文》第 11 册，卷 220《命官流窜没广南者给缗钱归葬诏》，第 80 页。

　　② 宋庠：《全宋文》第 21 册，卷 433《宋故朝请大夫尚书工部郎中充天章阁待制上轻车都尉赐紫金鱼裴彭城刘府君墓志铭》，第 43 页。

　　③ 苏颂：《全宋文》第 62 册，卷 1346《太常少卿致仕王公墓志铭》，第 91—94 页。

　　④ 文彦博：《全宋文》第 30 册，卷 651《奏程珦葬事》，第 305 页。

　　⑤ 杨树达《汉代婚丧礼俗考》，第 150—151 页。《大唐开元礼》卷 138《凶礼》，13a—b；卷 142《凶礼》，13a—b。

为石家妻儿购置了土地,使他们不致饥寒交迫。① 据悉,苏轼的父亲去世时,韩琦赠银三百两,欧阳修赠银二百两。② 著名的《吕氏乡约》规定,丧葬礼的赙金应为数贯到数十贯钱。③ 赙金是死亡仪式中非常重要的一部分,以至于司马光在《司马氏书仪》中也收录了相关内容。④

北宋墓志铭中的另一个标准言辞是,在国家和士人因慷慨解囊受到赞扬的同时,儿孙们也因拒绝外界帮助,自己处理丧事而被树立为孝道典型。例如,唐介十三岁时父亲卒于官任上,"家故贫,州人赙之者,泣谢不受"。⑤ 袁思正的母亲在其任职所在地去世,"思正贫,至不能举丧。高邮之大夫皆争出力葬之。葬已而皆谢弗取,船载丧以归,葬于无锡之某原"。⑥ 张弃母亲过世,"或率钱数十万为助者,公曰:'吾以士葬亲,于礼无歉者,恶用赙为?'乃谢不受"。⑦ 无独有偶,杜敏求去世后,当地人同情其家经济困窘,主动提出帮助安葬。他的寡妻儿子们哭着说:"先君子以礼义自持,终身未尝一毫取于人,今不幸至大故,虽贫甚,宁寒饿以死,敢纳人之遗,以累其清白耶?"⑧杜敏求的儿子们坚持认为父亲是诚实正直的人,从不接受别人馈赠的礼物,他

---

① 欧阳修:《全宋文》第 35 册,卷 755《徂徕石先生墓志铭》,第 369 页。
② 范镇:《全宋文》第 40 册,卷 868《又乞致仕疏》,第 236—237 页。
③ 程民生《宋代物价研究》,第 465—466 页。
④ 司马光《司马氏书仪》卷 7《葬仪三·赙赠》,第 85 页。
⑤ 刘挚:《全宋文》第 77 册,卷 1678《唐质肃神道碑》,第 121 页。
⑥ 沈括:《全宋文》第 78 册,卷 1694《席氏墓志铭》,第 17—18 页。
⑦ 尹洙:《全宋文》第 28 册,卷 590《故朝散大夫尚书兵部郎中知蕲州军州兼管内劝农事护军赐紫金鱼袋张公墓志铭》,第 101 页。
⑧ 吕陶:《全宋文》第 74 册,卷 1613《朝请郎潼川府路提点刑狱杜公墓志铭》,第 100 页。

们愿意继承父亲杰出的美德,因其出色表现,杜氏之子被描绘成非常孝顺的人。

死者儿子克服经济上的困难,一心安葬已故父母的这种形象,在整个北宋时期一直很流行。通过强调死者儿子们在没有外界帮助的情况下,倾力安葬父母,并不遗余力地节省丧葬费用,北宋墓志铭作者们为他们的朋友同僚开脱了安葬父母迁延不决的问题,并同时拔高了死者儿子的孝心。

等待一并安葬父母

第二个导致久不下葬的因素是,儿孙们希望同时安葬父母和其他长辈成员。例如,宋仁宗明道二年(1033),李垂(965—1033)在武当任职期间去世。庆历五年(1045)八月,李垂的妻子卒于儿子在宁州的官舍。同年九月,李氏夫妇的两个儿子护送母亲的灵柩,另一个儿子护送李垂的灵柩,从两个方向汇聚,将这对夫妇安葬在邓州。① 皇祐五年(1053),朱氏在丈夫曾潘(1010—1066)任职的吴江去世,她的遗体被转移到杭州权厝。然而,直到十三年后曾潘在光州去世,他们的儿子才卜筮吉凶准备葬礼。这对夫妇的尸体随后被运到郑州合葬。② 李兟卒于宋哲宗元祐八年(1093),但直到宋徽宗大观四年(1110)他的妻子去世,他们的安葬工作才开始,实际上直到政和四年(1114)才完

---

① 尹洙:《全宋文》第28册,卷590《故朝散大夫尚书司封郎中充秘阁校理知均州军事兼管内劝农事上柱国李公墓志铭》,第121—122页。(彭城君既殁,其九月,仲昌、叔旦护其丧自北豳来归南阳,伯昂自武当奉公之丧,以其年十二月庚申,合葬于邓州穰县礼义乡子保里。——译者注)

② 强至:《全宋文》第67册,卷1455《尚书虞部郎中曾府君夫人广陵县君朱氏墓志铭》,第171—172页。

成安葬。① 无独有偶，掌禹锡先后四娶，妻子均先于他过世。掌禹锡去世后，家人立即为他及其过世的妻子们举行了盛大的葬礼。虽然这次葬礼的速度被人们特别赞扬，但这仍然意味着他妻子们的葬礼被故意拖延了很久。②

　　前文的例子有两个相似之处。首先，儿子们推迟了父母一方的葬礼，以等待父母双方过世后同时下葬。其次，由于仕宦及随侍等原因，父母经常在不同的地方去世，并被埋葬在第三个地方，这就需要耗费时间来进行大量的准备工作，通常是通过私人信件交流通报进展。其他一些更具体的考虑也增加了事情的难度。有时候，当父母一方先去世时，其家庭成员可能还没有决定他们是继续使用祖茔还是营建一处新的墓地。在另一些情况下，儿子在不同的地方为官，或者父母在离家很远的地方去世，这使得葬礼不能立即举行。等待双亲均谢世之后举行合葬，因此成为更实际的选择。鉴于父母合葬通常比举行两个单独的葬礼花费更低，这必然也是决策过程中的考虑因素。此外，等待父母同时下葬是双亲能够同穴安葬的最好保证，同时避免了儿子和双亲担心他们最终是否会被各自埋在相距几百里地之外的地方。

　　久不下葬的另一种情况源于人子等待为父母获得封赠，以展示他们禄养的成就，并期望按照为高级官员的父母制定的标准安葬父母。据说左家就为此等待了十九年。③ 出于类似的原

---

① 李昭圮：《全宋文》第 121 册，卷 2615《成州使君李公墓志铭》，第 240—242 页。
② 苏颂：《全宋文》第 62 册，卷 1347《工部侍郎致仕掌公墓志铭》，第 103 页。
③ 尹洙：《全宋文》第 28 册，卷 589《故赠秘书丞左君墓志铭》，第 94 页。

因，另一位人子将父母的葬礼推迟了七年。[1]　具有讽刺意味的是，这种等待往往伴随着更多家庭成员故去，以及越来越大的葬礼规模的压力。结果就是，那些最终没能为父母获得梦寐以求封赠的儿子们，在为拖延安葬辩解时，会发现自己处于尴尬的境地。在一封写给欧阳修的长信中，陈舜俞（1026—1076）用感人的笔触请求欧阳修为他的亡父撰写墓志铭，他说，因为想在父亲的葬礼时为他赢得封赠，陈舜俞已经足足等了十三年。[2]　大概因为没有得到欧阳修的回复，两年后陈舜俞再次致信欧阳修，询问他愿不愿意为自己的父亲写墓志铭。这样，他就可以"赎十五年不葬之罪"。[3]

父母去世时人子尚幼

推迟安葬的第三个原因是死者去世时儿子年纪尚幼或死者绝嗣。这类情况上文已经提及多次。此处再以三人的经历为证。例子之一是卒于熙宁八年（1075）的刘谏（1042—1075）。刘谏去世时年仅 34 岁，撇下三个年幼的儿子。直到三十年后，长子刘时对诸弟提议："父不幸夭，母不在。自曾祖、祖与亲未葬，今益窭，恐坠大事以死，为先人羞。今殡室之有，犹及事，及事，死不恨，奈何？"兄弟们随后卜筮吉穴，并在两年内建造了七座坟墓安葬父祖。[4]

---

①　吕陶：《全宋文》第 74 册，卷 1614《李太博墓志铭》，第 110 页。（李彤卒后七年才下葬，是因为"贫不克葬"，并非等待朝廷封赠。——译者注）
②　陈舜俞：《全宋文》第 70 册，卷 1535《上欧阳内翰书》，第 334—335 页。
③　陈舜俞：《全宋文》第 70 册，卷 1535《上欧阳参政侍郎书》，第 337—338 页。
④　晁补之：《全宋文》第 127 册，卷 2744《彭城刘君墓志铭》，第 118 页。

　　刘谏的例子表明,刘谏去世时,他的遗孀和年幼的儿子们最初无力将其安葬。儿子们渐渐成年之后,由于母亲身体健康,安然步入晚年,也没有急于准备他的葬礼。刘谏的墓志作者晁补之并没有细说刘谏安葬推迟的原因。鉴于父亲的葬礼迁延已久,等待把父母合葬很可能是他的儿子们计划的一部分。晁补之巧妙地绕过这一事实,把重点放在刘谏的儿子身上,称赞他们表现出非凡的孝心,不惜耗尽家财来埋葬七位祖先。刘家的经历与前文讨论过的高家有很多相似之处。这两个事例都表明,未安葬的祖先越多,死亡与安葬之间的时间间隔越长,安葬任务就越艰巨。而父母早逝与年幼的儿子无疑给本已费用昂贵而复杂的安葬计划增加了巨大的不确定性。

　　在墓志铭中,作者们常常强调失去父母对孩童和年轻人的灾难性影响,借以强调年轻人的孝心。在为任据父亲撰写的墓志铭中,尹洙(1001—1047)大篇幅引用了任据的信,以强调任据的献身精神:

　　据不幸,始生而丧先人,养于母氏。既有知,然后审先人之未葬。顾弱且贫,力不足以襄事,危乎其不得葬也。天假其生,得吏郡县,月有廪入,以遂其初志。将以某年某月日葬于汝州郏城之某乡某原,愿置方石,以铭某讳氏。①

　　尹洙撰写的墓志铭显示,任据安葬父亲时,他的父亲已经去世四十多年了。但尹洙丝毫没有责怪任据成年后忽视了将父亲

---

　　① 尹洙:《全宋文》第 28 册,卷 590《故将仕郎守瀛州乐寿县尉任君墓志铭》,第123—124 页。

入土为安，而是对任据的毅力和孝心表示赞赏："予闵掾艰穷奋励，以克有立。"尹洙说，他之所以同意为任据的父亲写墓志铭，是因为任据在父亲去世时尚且年幼，但仍"粗能道其先之行实"，这说明任据没有忘记安葬父亲，这是他有孝心的又一证据。[①]

在同一方墓志铭中，尹洙特别提到了当时流行的久不下葬的问题：

> 近代拘阴阳之说，有再世未葬者，不其酷哉！亦有力不足者，如君没四纪而始葬，其嗣非不为，盖不能也，殆与前所讥者异矣。[②]

102

尹洙承认，长时间延迟安葬的做法源于多种因素。但任据与那些无视孝道责任或为卜筮等表面原因制约的人不同。任据没能更早地为父亲办丧事，是因为他实在无力为之。父亲去世时，他年纪尚小，在任据承担起这一重大责任之前，他已经历了许多磨难，但始终没有忘记父亲。在尹洙看来，任据在获得官职之后终于履行了自己的职责，这是他孝顺的明证。

尹洙为任据拖延筹划父亲葬礼的辩解并不鲜见。司马光虽然也像尹洙一样哀叹过人子忽视安葬父母，但他也写过墓志铭，颂扬那些因为年幼不能处理丧葬事务的儿子。在一个可以通过三方墓志铭重建的详细事例中，司马光书写了吴幾

①　尹洙：《全宋文》第 28 册，卷 590《故将仕郎守瀛州乐寿县尉任君墓志铭》，第123—124 页。

②　尹洙：《全宋文》第 28 册，卷 590《故将仕郎守瀛州乐寿县尉任君墓志铭》，第123—124 页。

复的孝道。①

　　宋仁宗天圣九年(1031),吴幾复的父亲吴元亨(991—1031)去世。他的灵柩权厝在洛阳。三年后,吴幾复的哥哥吴颢(?—1033)亡故,他的棺材也同样被权厝,但却是在汝州的一座寺庙里。又过了两年,吴幾复的母亲聂氏去世后被暂时埋葬在某地。直到嘉祐五年(1060),吴幾复即将到四川任职时,才将已故的父母和哥哥葬在梁县。尽管吴幾复在父亲死后三十年、母亲去世二十五年后才让他们安息,司马光仍然颂扬吴幾复为孝子。和尹洙引用刘据的事迹一样,司马光引述吴幾复说过的话"常恐不克续承祭祀",来证明他从未忘却父母和他们的葬事。事实上,"念先君、先夫人之久未葬,痛切不少忘于心"已经成为一种无法承受的情感和心理负担。吴幾复提到,他根本无法带着这个挂念前往偏远的蜀地赴任,同时暗示他害怕自己卒于长途宦游中。如果真的如此,将极大加剧吴幾复后人举行葬礼的困难,很可能在几年后不得不举行一场大规模的、多代人同时安葬的葬礼。②

　　司马光在颂扬吴幾复的孝道时,有意忽略了这样一个事实,即因为吴幾复一直忙于求仕,没有早点安葬父母——而这一点本是司马光特别不赞成的。最终,对作为墓志作者的司马光和尹洙来说,他们最重要的目的是着力褒赞身为人子者最终成功地让已故的父母入土为安。司马光对吴幾复的赞誉,由于吴幾复为这一事情付出了额外的努力,显得更加合理。在筹划安葬

103

---

　　① 司马光:《全宋文》第 56 册,卷 1226《宋故渠州邻水县令赠太常博士吴君墓志铭》《宋故进士吴君墓志铭》《宋故侍御史吴君夫人彭城县君刘氏墓志铭》,第 273—276 页。
　　② 司马光:《全宋文》第 56 册,卷 1226《宋故进士吴君墓志铭》,第 274—275 页。

父母的同时,吴幾复努力寻找权厝在开封广济寺的祖母刘氏的遗骸。搜寻工作持续了数年,因为他发现,在都城有两座广济寺,而每个寺庙都有大量无人看管的棺材。在刘氏去世几十年后,几乎没人能告诉吴幾复她的遗体下落。最后,一位同样姓吴的老僧帮助了吴幾复,他碰巧记得吴幾复的父亲把刘氏的棺材放在了哪里。当吴幾复把祖母下葬时,她已经谢世四十二年了。有一点令人不解的是,刘氏最终被安葬在洛阳附近,而吴幾复的父母和哥哥则葬在汝州。①

　　司马光并未对吴幾复父母和祖母被长期推迟安葬以及母子最终葬在两处表示反对。他非但没有批评吴幾复的父亲吴元亨把母亲的棺材长期搁置,没有及时将她安葬,反而颂扬吴幾复的孝心。司马光写道,如果不是吴幾复的诚心与坚持,刘氏的棺材就永远找不到了。最终这种如意的结果应该归功于谁呢? 司马光推想,一定是吴元亨的精神指引着吴幾复,帮助他找到正确的寺院和老僧。司马光由此总结道:"乃知诚孝可以动鬼神,信矣。"②

与丧葬有关的两种杰出孝行

　　正如之前讨论所示,北宋精英人士普遍认为,除了诚心为已

---

　　①　司马光:《全宋文》第56册,卷1226《宋故侍御史吴君夫人彭城县君刘氏墓志铭》,第275—276页。

　　②　司马光:《全宋文》第56册,卷1226《宋故侍御史吴君夫人彭城县君刘氏墓志铭》,第275—276页。

故父母服丧外，把父母按礼制入土为安是他们无可推卸的责任。但父母及子女英年早逝且过世地点远离家茔，以及父母去世时人子身在遥远的异乡为官等现实，把安葬过程极大地复杂化，并使长期推迟安葬和营建新墓地成为司空见惯的现象。在他们撰写的墓志铭中，北宋作者们长篇累牍地描述了与安葬有关的活动，积极赞扬士大夫同僚们不畏艰辛，致力于父母的丧葬事宜。在他们构建孝子形象的过程中，墓志作者们特别宣扬了北宋士人的两种新的尝试：一种是人子遵从父母的遗愿来安排他们的丧事；另一种是葬礼结束后人子对家墓的关心和持之以恒的照料。

北宋墓志铭中丰富的资料表明，精英人士，偶尔也有女性，在谋划自己的后事中扮演着重要角色。① 这种信息经常出现在赞扬身为人子者尽其所能满足父母意愿的情况下，尽管满足这些要求会使他们处理丧事的工作大大复杂化。例如，墓志铭经常提到很多死者生前坚持要葬在祖茔里，尽管他们的孩子因此要长途奔波。② 元奉宗晚年对儿子们说，他死后，要将他与已故

---

① 在宋代之前有过先例。例如，颜之推（531—590）对自己后事留下具体说明，包括他想放入墓中和不想放入墓中的东西。Dien, "Instructions for the Grave."

② 杨亿：《全宋文》第 15 册，卷 300《宋故翰林侍读学士朝奉大夫右谏议大夫骑都尉赐紫金鱼袋荣阳潘公墓志铭》，第 59 页；胡宿：《全宋文》第 22 册，卷 468《宋故宣徽北院使奉国军节度使明州管内观察处置等使金紫光禄大夫检校太保使持节明州诸军事明州刺史兼御史大夫判并州河东路经略安抚使兼并代泽潞麟府岚石兵马都部署上柱国荣阳郡开国公食邑二千五百户食实封三百户赠太尉文肃郑公墓志铭》，第 224 页；第 22 册，卷 468《宋故奉直郎守侍御史王公墓志铭》，第 232—236 页；宋祁：《全宋文》第 25 册，卷 529《高观文墓志铭》，第 147 页；第 25 册，卷 529《故吴兴居士吴君墓志铭》，第 149—150 页；余靖：《全宋文》第 27 册《宋故南京留守判官赠都官郎中苏公墓志铭》，卷 574，第 139 页。

的父兄们葬在同一处墓地里，这样"魂如有知，得侍亲于地下"。① 吴子玉给儿子们留下了明确的指示："治命归骨附于先陇，诸子奉遗意。"②田氏跟随儿子四处宦游，一日，她告诉儿子："吾宁归扫丘墓，安邻里乡党以死。"尽管现实情况不允许她回到家乡，田氏最终卒于儿子在都城的住宅中，但她去世后，儿子满足了她的愿望，把她归葬于家乡。③

很多父母同样表达了死后被埋葬在远离祖茔的地方的愿望。他们的后代也因满足这一要求而被贴上孝子的标签。因为遵从孙抃的遗训，在开封新开辟了一处墓地，孙抃的后人得到墓志铭作者的赞誉。④ 章得象的母亲张氏（978—1048）祖籍福建，曾随他到过许多地方。临终前，她特别叮嘱儿子不必把她归葬福建。章得象最终在许州修建了一处新的墓穴，在这里安葬了他的母亲和两个妻子。⑤ 四川人石昌言（995—1057）将妻子葬在了都城地区，并要求儿子，他死后也如此安葬。⑥ 祖籍四川的孙抃留下了类似的遗言：他想葬在生活工作过的开封。卒后十九个月，他终于得偿所愿。⑦

因为尊重了父母的意愿，儿子们被视为尽孝的典型。需要

---

① 范仲淹：《全宋文》第 19 册《都官员外郎元公墓志铭》，卷 388，第 35 页。

② 宋祁：《全宋文》第 25 册，卷 529《故吴兴居士吴君墓志铭》，第 149—150 页。

③ 沈括：《全宋文》第 78 册，卷 1696《长寿县君田氏墓志铭》，第 42 页。

④ 苏颂：《全宋文》第 62 册，卷 1345《太子少傅致仕赠太子太保孙公墓志铭》，第 76 页。

⑤ 宋祁：《全宋文》第 25 册，卷 528《文宪章公墓志铭》，第 129 页；卷 529《故赠太师章公夫人追封邓国太夫人张氏墓志铭》，第 159 页。

⑥ 范镇：《全宋文》第 40 册，卷 872《石工部扬休墓志铭》，第 297—298 页。

⑦ 苏颂：《全宋文》第 62 册，卷 1345《太子少傅致仕赠太子太保孙公墓志铭》，第 76 页。

指出的是，这样的决定往往具有重大影响，特别是导致父母和子女以及夫妻亡故时天各一方的情况。章得象的母亲在嘱咐儿子自己死后不必将她葬在祖茔时，很清楚这将造成儿子与父亲和其他祖先永久分离，她也将与丈夫永远天各一方。与元奉宗坚持在死后与家人仍然可以邻穴而居相反，章得象的母亲对这个问题有不同的理解。她说："魂气无不之也，奚必同穴而谓之归耶?"①章得象的母亲断言，无论是生前还是身后，与家人保持联系自然极其重要，然而，问题的关键不是其成员之间时时同处一个屋檐之中或死后葬在同一墓地，家庭成员之间最重要的联系应是精神和情感上的。对她来说，即使她和她的儿子最终不会和其他章家人葬在一起，在精神上，他们仍会彼此亲近。

　　作为一种新的孝道话语，仕宦之子们按照父母的意愿建造新的墓地这一模式，与禄养理念的出现相辅相成。远离家乡的新墓地，与有关禄养的言辞一样，免除了仕宦的儿子们将已故父母的遗体运回遥远的家乡，以及长途跋涉完成丧礼的责任。这些行为本已因为求仕的需要变得不切实际。与此紧密相关的一个问题是，我们应该在多大程度上相信，父母实际上同意甚至坚持在死后被葬于远离家乡的新墓地？正如随后的讨论所示，在某些情况下，这个愿望其实是被强加于父母的。有一些家庭，如上文所述的同安苏氏，显然是出于实际考虑才开始营建新的墓地。而在另一些家庭中，父母和儿子经过商议才达成了相互理解。

---

　　①　宋祁：《全宋文》第 25 册，卷 529《故赠太师章公夫人追封邓国太夫人张氏墓志铭》，第 159 页。

北宋墓志铭除了赞扬儿子遵从父母关于他们最后安息地的指示外，还颂扬了孝子们在处理父母葬礼时转移或修复已受损的祖先的坟墓。尽管技术的进步使墓穴变得更坚固、更防水，但在北宋时期，人们经常提到墓穴受损，其中以水害最为常见。[①]关注坟墓维护的人子因此被大加称道。这种维护包括整理和定期修葺坟墓。然而，最重大的工程是"迁坟"，它涉及将部分或全部祖先的坟墓迁移到不同的地点，其中包括在当地另择吉地和长途搬迁两种。

儒家经典强调安土重迁的意识，对迁坟持相当的保留态度。直到唐代中期，迁坟才最早出现在官方政策中。《大唐开元礼》中有三章专门论述了改葬，包括就地或长途改葬。[②] 但直到宋代，这种耗时费钱的努力才被广泛地作为孝道行为出现在时人的记录中。如前文所述，许多人子因迁坟和修复重建受损的祖墓而受到表扬。[③] 在一个记载特别详细的事例中，我们从晁次膺（1046—1113）的墓志铭中了解到河南晁家的遭遇。

晁次膺的祖父晁宗简死后葬在开封。多年来，晁次膺的父亲晁仲参一直计划着卜筮一处新的墓地，并把遭水灾损坏的晁宗简的棺材重新安葬。不幸的是，晁仲参在计划实施前去世，并被葬在了任城。晁次膺牢记父亲的心愿，并在家庙祈祷父祖的

---

①　Ebrey, *Confucianism and Family Rituals*, 89 - 92.

②　《大唐开元礼》卷 141、145、149。

③　一些例子，见苏舜钦：《全宋文》第 41 册，卷 880《处士崔君墓志》，第 119 页；刘攽：《全宋文》第 69 册，卷 1506《吴公墓志铭》，第 231 页；李昭玘：《全宋文》第 121 册，卷 2615《晁次膺墓志铭》，第 244—246 页；第 121 册，卷 2616《吴正臣墓志铭》，第 253 页；第 121 册，卷 2616《张纯臣墓志铭》，第 258 页；第 121 册，卷 2616《赵知录墓志铭》，第 263—264 页。

106

保佑。在得到先人的认可后，他步行四百里，把祖父母的棺材运到父亲身边安葬。晁次膺的墓志铭作者李昭玘(？—1126)提到了一位身份不明之人质疑晁次膺的计划：

> 或曰："古不修墓，今迁之，何也？"公曰："孝子之葬其亲，不忍土侵肤，不幸棺椁腐败，委诸水中，亦何心哉！使圣人复生，必从吾请矣。去下湿，宅高原，子孙累累相依，岁时洒扫合食，正吾祖之志也，又何罪？"①

　　晁次膺面对的反对意见，既反映了二次下葬和迁坟等现象的普遍性，也揭示了人们对这种行为的矛盾心理。持反对意见的人强调古人不修墓，更不用说挖掘祖先的遗骸，长途搬运。对此，晁次膺的反驳依据三点理由：首先，祖父母的坟墓已遭到了严重破坏。而新坟茔建在高地之上，减轻了家人对未来类似情况的担忧；其次，通过移动祖父母的遗体，他把两代人葬于同一坟域，使他们父子相依；第三，这一举动将使未来的祭祀变得更容易进行。晁次膺觉得自己的行为有理有据，他说，即使圣人复活，他们也会赞成他的这一举动。

　　晁次膺的这番话，让我们体会到人们对妥善安葬和照顾家墓意义的观念正在发生变化。这里有两件事特别值得一提。首先，晁次膺被描绘成遵循父亲的愿望去修复祖父母的坟墓。其次，更能说明问题的是晁次膺此举在他的墓志铭中所占的篇幅。尽管遭到其他人的反对，晁次膺墓志铭的作者李昭玘显然支持

---

① 李昭玘：《全宋文》第121册，卷2615《晁次膺墓志铭》，第244—246页。

晁次膺，称赞晁次膺为实现父亲的愿望而倾力而为。

一个非常相似的事例涉及赵家。赵祐(1001—1045)过世后葬于河北。其子赵滋(? —1087)曾预想要把家墓移到新安，但他未来得及实施计划就过世了。赵滋临死前对儿子们留下遗言，敦促他们完成此事，这样"吾无罪"。儿子们按照他的意愿，把两代祖先的遗骸带到了新安，并在宋徽宗大观三年(1109)安葬。[①]

晁氏和赵氏用了两代人的努力才得以完成改葬，充分说明了葬事在精英人士孝道表现中的重要作用。这两件事都涉及人子们出于水害损坏墓地的考虑搬迁墓地，但在他们完成工程之前不幸过世，孙辈继续父辈的努力，这充分地表现了他们的奉献精神。同样重要的是，这两个事例都突显出士人家庭的地域流动规模。

晁氏和赵氏改葬父祖的工程都涉及长途搬迁。于是问题出现了：考虑到迁葬的规模和费用，他们为什么不将此事限制在当地？赵家选择新安的公开理由是卜筮吉兆的结果，正如我们下文讨论所示，卜筮吉穴确实是被严肃对待的问题。然而，稍加追究我们会发现一些不便明言的因素同样起了很大作用。赵祐的妻子、李滋的母亲李氏的墓志铭称，赵祐死后，他的两个弟弟便寻求分家，欺负李氏孤儿寡母。[②] 据此看来，赵滋的儿子们后来决定把父祖的坟墓迁到外地的一个合理解释是，他们想借此

107

---

① 李昭玘：《全宋文》第 121 册，卷 2616《赵知录墓志铭》，第 263—264 页。更多类似事例，见晁补之：《全宋文》第 127 册，卷 2746《殿中侍御史赵君墓志铭》，第 142—145 页；第 127 册，卷 2746《进士清河张君墓志铭》，第 153 页。

② 晁补之：《全宋文》第 127，卷 2746《永宁县君李氏墓志铭》，第 145—146 页。（李氏是赵祐之妻，此处英文版理解史料有误，中译本已作修订。——译者注）

远离他们的叔祖父们。其实，有可能在赵祐生前，他和兄弟们关系即已不睦。赵滋有关他父母棺椁受损，因此需要迁坟的说法，都可能是为了躲避叔父们的托词。此外，赵家大规模的迁坟再葬活动是在赵祐妻子死后进行的。最合理的解释是，尽管赵滋的儿子们与叔祖父们有矛盾，他们还是选择等到祖母过世再着手这项大型建设工程。

墓志铭作者在赞扬赵滋之子们的孝道时，同时暗示赵滋的兄弟们不孝。他们不仅对父母的墓穴遭到破坏不闻不问，而且还欺负利用年幼的侄子们。赵家的例子让我们不禁要问，兄弟之间的纠纷，尤其是涉及财产问题时，是如何影响孝道及其表现的？不幸的是，虽然宋朝精英人士对地方臣民之间的财产纠纷持批评态度，却很少提及自己家庭内部类似的事情。[①] 他们的作品确实暗示了这种不和谐的存在。宋仁宗宝元二年，朱长文在写给弟弟的信中提到，他们的父亲去世之时，家庭正面临极度贫穷。"两叔父愍之，稍分先祖之旧业。"朱长文在信中一方面称赞叔父们出手缓解了侄子们经济上的燃眉之急。但同时又暗示，由于父亲求仕，两个叔父负责打理家庭的产业，最终使他们的父亲生计困难。[②] 如果把上述事例与某些"套话"放在一起，更能说明问题。北宋墓志铭常常颂扬士人不关心金钱或财产方面的问题，在分家时坚持给予其兄弟子侄最好或更大份额的家庭财产，和热心帮助陷入经济困难的族人。这些冠冕堂皇的说辞让我们不禁怀疑，在家庭财产的分配和孝道的履行上，各个家

① 　地方家庭中的一些司法纠纷，见《名公书判清明集》。
② 　朱长文：《全宋文》第 93 册，卷 2024《与诸弟书》，第 147 页。

庭的实际情况要复杂得多。①

108

与丧葬有关的三种不孝行为

疏于照看家茔

上文提到，北宋士大夫中的范仲淹、欧阳修等人都承认，因为仕宦之人无法前去祖茔定期举行祭祀，在祖茔以外开辟新的墓地已成为不可回避的现实。② 这个做法的后果之一是，后人对祖辈和更久远祖先的坟墓一无所知，甚至无法辨认。③ 个人经历当然多种多样。然而，北宋时出现了一个值得注意的模式：正如禄养的言辞把养亲之责转移到妇女和不仕之子身上一样，长期宦游之人越来越多地依赖他人来维护家茔和完成四时祭祀。

宋人的文章中大量涉及他们因为求仕而忽视祖茔的事实。皇祐二年（1050），欧阳修在写给族弟的信中说："某为太君年老多病，未能一归乡里，亲拜坟墓。"④皇祐五年（1053），母亲在吉

---

① 这种参考文献的样例，见《宋史》卷295《谢绛传》，第9847页；卷314《范仲淹传》，第10276页；卷314《范纯仁传》，第10293页；卷329《李定传》，第10603页；卷334《陶弼传》，第10736页；余靖：《全宋文》第27册，卷574《宋故冯翊县太君王夫人墓志铭》，第132页。

② 这并不奇怪，范仲淹在家乡苏州建立的义庄的主要关注点之一便是与葬礼和仪式有关。Twitchett, "The Fan Clan's Charitable Estate."

③ 韩琦：《全宋文》第40册，卷853《录附鼓城府君墓志石本序》，第28—30页；卷860《祭告四代祖鼓城府君文》，第128—131页；吕陶：《全宋文》第74册，卷1614《周居士墓志铭》，第120—121页。

④ 欧阳修：《全宋文》第34册，卷714《与十四弟书一》，第1页。

州下葬后，欧阳修曾进呈七份奏札，要求在家乡附近的地方任职。[①] 他提出这一要求的主要理由是"父母坟茔，远在江外，未有得力子弟照管"。[②] 在母亲下葬七年后，欧阳修再次上书，特意要求在吉州附近任职，以完成对父母墓穴的整修。"至于种植松柏，置田招客，盖造屋宇，刻裹碑碣之类，事难仓卒，冀于一二年间勉力可就。"[③]最终，欧阳修在母亲下葬之后的二十年间再未回乡祭扫。宋神宗熙宁三年（1070），值朝廷赐予他父母更多封号的机会，欧阳修创作了著名的《泷冈阡表》用以记录世代谱系，力赞父母的各种美德。值得提到的是，这块墓表是欧阳修在族人的帮助下，立在父母墓地的。他本人并不在场。[④]

欧阳修的经历绝非独一无二。北宋士人科举任官的后果之一是长期远离家乡，无法在父祖坟前祭扫。举例来说，曾巩在仕宦之后似乎只参与过两次在家茔举行的祭祀活动。而这两次返乡都是因为他的家乡南丰在他赴任离任的路上。[⑤] 李淑（1002—1059）因长期不在家，曾为扫墓向朝廷请假。[⑥] 宋英宗治平四年（1067）安葬完父亲后，苏轼虽然写了大量关于思乡的作品，并多次奏请在近乡之地任职，但却一次也没能回到故乡眉州。苏轼曾在数封信中指示并感谢族人、僧侣甚至当地官员帮

① 欧阳修：《全宋文》第 32 册，卷 674《乞洪州札子》《乞洪州第二札子》《乞洪州第三状》《乞洪州第四札子》《乞洪州第五札子》《乞洪州第六状》《乞洪州第七状》，第 3—16 页。

② 欧阳修：《全宋文》第 32 册，卷 674《乞洪州第五札子》，第 13 页。

③ 欧阳修：《全宋文》第 32 册，卷 674《乞洪州第六状》，第 14 页。

④ 欧阳修：《全宋文》第 35 册，卷 749《泷冈阡表》，第 273—277 页。

⑤ 曾巩：《全宋文》第 58 册，卷 1272《皇妣昌福县太君吴氏焚告文》《戊午十月展墓文》，第 307 页。

⑥ 李淑：《全宋文》第 28 册，卷 597《乞假祭扫父坟奏》，第 238 页。

助照顾他家的墓地。① 在苏轼寄回家的钱物中，就有专为维修 [109]
墓穴的费用。② 他和弟弟苏辙相约终老眉州的愿望更是无法实
现。他们的同时代人苏颂对此感同身受。在有关家茔的照料方
面，苏颂的想法甚至比绝大多数北宋士人更加"超前"。他清楚
地意识到，因为有官职在身，无法经常亲近父母的坟茔，最终真
正照料苏家墓地的其实是家里的坟客，为此，他要求后代将坟客
当作家人来对待。③ 官员很少去父母坟前祭扫这一事实可以从
另外一个事例说明，张士逊(964—1049)因为设法每隔一年就回
老家扫墓一次，备受赞扬。④ 11 世纪 70 年代，官员陈升之判扬
州期间，被允准每年两次拜祭位于镇江的家墓。⑤ 这种特权因
被视为皇恩浩荡的非凡姿态而受到人们的广泛赞誉，不过，这则
轶事从另一方面揭示了陈升之可能忽视家墓的程度。他的官署
距离家茔只有 25 里远，如果没有朝廷给予的特殊待遇，他很可
能不会如此"频繁"地参与家祭。

　　北宋士人饱受因常年远离家乡，无法定时祭扫家墓的情感
折磨。晁补之就是绝佳的例子。晁补之回忆道，父亲死后，他花
了九年时间才让父亲入土为安。安葬后仅仅三天，他就离家赴
任；又过了十一年，他才能回来祭扫坟墓。⑥ 如果说晁补之只是

---

　　① 苏轼：《全宋文》第 88 册，卷 1902《与眉守黎希声二、三》，第 45 页；第 88 册，卷
1920《与子安兄二、三、四、五、六》，第 426—427 页；第 88 册，卷 1921《与子由弟八》，第
436 页；第 89 册，卷 1930《与史院主徐大师》，第 154 页。

　　② 苏轼：《全宋文》第 88 册，卷 1921《与乡人》，第 449 页；第 89 册，卷 1929《与堂
兄四》，第 150 页；第 89 册，卷 1930《与僧法泰书》，第 165 页。

　　③ 苏象先《丞相魏公谭训》卷 3，第 1136 页。

　　④ 胡宿：《全宋文》第 22 册，卷 466《太傅致仕邓国公张公行状》，第 217 页。

　　⑤ 丁传靖《宋人轶事汇编》卷 10，第 497—498 页。

　　⑥ 晁补之：《全宋文》第 127 册，卷 2747《罢齐州先茔焚黄告祭文》，第 170 页。

间接承认自己不孝，那么刘安上（1069—1128）则干脆得多。在几篇谒墓文中，刘安上记录了六位长辈的死亡以及他缺席他们的丧事的事实。刘安上承认，由于在朝廷为官，他有七年没有到埋葬祖父和父亲的家墓祭扫。当他最终做到这一点时，那只是因为他的母亲去世，葬礼的计划已经就绪。因为痴迷于谋求功名利禄，刘安上给自己贴上了不孝子的标签。① 欧阳修、苏轼、苏颂都会理解这种痛苦和羞愧，并感同身受。

　　有些后代由于长期未能回乡祭拜或修缮祖茔，而找不到墓地的位置。相反，那些费时费力专注搜寻并成功找到祖茔的人因此被称为纯孝。11世纪中叶，周原（1026—1076）向弥留之际的父亲周维翰承诺，他会找到祖茔，完成父亲的遗愿。根据周原的墓志铭记载，周原是钱塘人，他的曾祖父曾为官，于五代十国末年去世，曾祖父过世时，祖父周仁礼还很年轻。由于迁徙，周家人在宋初就已对墓地的位置一无所知。而周仁礼的遗愿就是让儿子周维翰重新确认自家的墓址。周仁礼提供给周维翰的唯一线索是，墓地位于一个叫黄山（与名山黄山并非同一座山）的地方。而周维翰在毫无线索的情况下，又把这项几乎不可能完成的任务交给了儿子周原。周原随后花了数年时间在钱塘地区到处找寻。在一位九十岁老人的帮助下，他终于实现了父亲的愿望。②

　　这个故事的主旨当然是赞美周家三代人的孝心。但周家数

　　① 刘安上：《全宋文》第138册，卷2968《祭亡兄左史文》《祭张宗博文》《祭张宗博夫人文》《代祖母祭八叔父文》《祭十七嫂方氏文》《祭十八嫂朱氏文》《赠正议朝议大夫燎黄》《谒先祖长史墓》《谒先考正议墓》《谒十四叔墓》《谒十七叔墓》，第11—17页。
　　② 吕陶：《全宋文》第74册，卷1614《周居士墓志铭》，第120—121页。

110

代人所经历的挫折恰恰表明，完全与祖茔失去联系远非闻所未闻。在早逝和频繁改变家庭墓址司空见惯的情况下，保持与祖茔的联系对后代来说无疑是巨大的挑战。

火葬

除了忽视家墓之外，另一种流行的做法火葬，在北宋持续引发很大的争议。中国火葬的历史与佛教的兴起和地价上涨、冥府习俗的变化、明器的使用减少，以及其他有关尸体、鬼魂和坟墓的民间信仰的流行有很大关系。[①] 从这个意义上讲，采用火葬既是一种权宜之计，也是虔诚信佛的行为。到了宋朝，这一习俗虽遭到国家和学者知识分子的反对，却已广泛流行，无法取缔。北宋最早禁止火葬的诏令是宋太祖建隆三年（962）颁布的，诏令声称："近代以来，遵用夷法，率多火葬，甚愆典礼，自今宜禁之。"[②]类似的规定在之后的历朝皆有重复强调。[③] 朝廷的立场从其他方面也可见一斑。例如，北宋地方官员就常常因为纠正包括火葬在内的粗鄙丧葬习俗而受到赞扬。[④]

"新儒家反对火葬原因有三：出于对佛教的反对，基于坚信遵守古代礼仪可以'化民'，以及对祖先崇拜重要性的深切共

---

① 　张邦炜、张敏《两宋火葬何以蔚然成风》。徐吉军认为，经济状况不同的家庭选择火葬的原因各异，富人选择火葬是因为他们信仰佛教，而穷人选择火葬则是因为他们无力购买墓地和支付丧葬费。徐吉军《中国丧葬史》，第425—440页。

② 　宋太祖：《全宋文》第1册，卷2《禁火葬诏》，第27页。

③ 　刘挚：《全宋文》第77册，卷1680《侍御史黄君墓志铭》，第150页；李昭玘：《全宋文》第121册，卷2606《潞州戒焚死榜》，第95—96页。

④ 　吕陶：《全宋文》第74册，卷1611《枢密刘公墓志铭》，第67页；毕仲游：《全宋文》第110册，卷2389《乞理会河东土俗埋葬札子》，第225—226页。

鸣"。① 在一篇题为《禁焚死》的长篇奏议中，贾同证实了官宦之家常用火葬，并认为这比不孝子丢弃父母的遗体让动物啃食更为严重。② 宋祁更生动地描述了火葬及其可怕的后果："衣冠委于烟埃，骨肉炽于薪炭。神灵凶惧，何痛如之！……今兹不制其防，臣恐孝谊之风由兹微矣。臣愿朝家明著律令，风谕天下，绝其委巷之礼，以全为子之恩。"③

贾同理解人子们"设不幸道远而贫，未能负而归"，因此无法找到一种合适的方法来处理父母的遗骸的困境。他因此提出，退而求其次，人子们可以在把父母的遗骸送回家墓之前，"买地而葬之，庐而守之，俟其久也，负骨而归"，"不亦可乎？"④接下来的讨论表明，有些家庭确实采纳了贾同的建议，结果是原本只是权厝的安排，往往最终却变成了永久埋葬。

北宋思想家认为火葬造成的问题远不止如此。程颐有句名言："其火葬者，出不得已，后不可迁就同葬矣。"⑤从某种意义来说，程颐承认一些家庭因迫不得已采取了火葬手段并非完全不可理解，但不愿在火葬和把父母入土为安之间做出任何妥协，因此坚决反对把火葬后的骨灰放进祖茔。

新儒家反对火葬，将其视作"残忍、亵渎遗骸、野蛮、夷教和不孝之举"的立场却并没有导致其衰落。⑥ 司马光曾感慨道：

① Ebrey，"Cremation in Sung China," 408–409.
② 贾同：《全宋文》第 14 册，卷 279《禁焚死》，第 99—100 页。
③ 宋祁：《全宋文》第 23 册，卷 488《孝治篇》，第 206—208 页。
④ 贾同：《全宋文》第 14 册，卷 279《禁焚死》，第 99—100 页。
⑤ 程颐：《全宋文》第 80 册，卷 1756《葬说》，第 319—320 页。
⑥ Ebrey，"Cremation in Sung China," 421–425.

"近世官远方而殁者，子孙多焚其柩，以烬归葬，相习为常。"[1]司马光和其他人一样，不仅承认将死者遗体运回家困难重重，而且明确指出为官职在身和长途跋涉是人们决定将尸体火葬的主要原因。我们从司马光的语气中体会到了沉重的无助感：如此多的家庭和人子选择火葬作为权宜，以至于人们已习以为常，不再反对这种做法。以刘挚的父亲为例——如果我们相信刘挚父亲的骨灰确实被保存了下来——刘居正被火化的事实并没有妨碍苏颂称赞刘挚为父亲办了一场体面的葬礼，并称刘挚是孝子。

尽管火葬似乎在丧葬中很流行，但死者家属和墓志铭作者很少提及具体事例。如果不是因为朋党政治和刘挚为火葬父亲辩护，我们可能也不会知道刘居正被火葬的事实。因此，当火葬问题出现在宋代墓志铭中时，往往是在歌颂死者的儿子拒绝将父母火化的背景下。例如，司马光只是为了证明苏梦臣的孝行才提到了火葬。当有人建议将父亲火化时，苏梦臣说："为人子孙，忍行此，岂人心也哉？"根据司马光的叙述，苏梦臣最终千里迢迢将父亲的遗体带回家乡安葬。[2]

卜筮

除了火葬和忽视家墓之外，与丧葬有关的孝行书写中第三个有争议的做法是卜筮。[3] 尽管学者们不断提出严厉的批评，但安葬时卜筮吉时和吉穴不仅是宋人的普遍做法，而且是导致

112

---

① 司马光：《全宋文》第 56 册，卷 1225《苏骐骥墓碣铭序》，第 270 页。

② 司马光：《全宋文》第 56 册，卷 1225《苏骐骥墓碣铭序》，第 270 页。

③ 郑雅如指出，在唐代，由于卜筮不吉，安葬或合葬被推迟。郑雅如《亲恩难报：唐代士人的孝道实践及其体制化》，第 149—152 页，第 168—175 页。

久而不葬的主要原因之一。此外，士人精英们在这一问题上的言行存在着巨大差异：他们一方面倾向于批判卜葬，另一方面，在丧事安排上却表里不一。有趣的是，双方的论据都是基于孝道的原则。

古人相信，祖先安息会裨益后代。到了唐朝，卜筮已成为死亡仪式中不可分割的一部分。[①] 学者们最近的研究表明，风水文化盛行于宋代社会各阶层，表现在风水师人数众多、那些专门鉴定吉穴之人的"专业化"、风水重要文本的出版，以及精英人士与风水学家之间的密切关系。[②] 很多风水学家甚至跟随精英的运动轨迹，并根据精英家庭中男女的品位和社会经验调整他们的风水预言。[③]

卜筮的流行引起了当时学者们的批评，他们从历史沿革、经典论述和伦理等角度支持自己的立场。[④] 在所有系统描写卜筮的北宋人物中，柳开是首个深入论述卜筮与孝道关系的人。柳开首先指出了当时的普遍做法："曰：'我父母葬须善地，要子孙富贵也。'已贵富者，即曰：'我世世其不阙，葬父母是地穴当得也。'"柳开说："噫！是父母生死间，要皆利子孙也。是孝为父母葬乎？是葬父母要己利乎也？"柳开除了将当时人的做法贴上不

---

① 见《大唐开元礼》卷 138. 14a—16a，卷 142. 14a—17a，卷 146. 10b—13a；Choo,"Shall We Profane the Service of the Dead?"

② 刘祥光《宋代日常生活中的卜算与鬼怪》；Liao Hsien-huei："Experiencing the 'Lesser Arts'"；"Exploring Weal and Woe"；and "Geomancy and Burial"；徐吉军《中国丧葬史》，第 453—457 页。

③ Liao Hsien-huei, "Exploring Weal and Woe."

④ 需要注意的是，包括朱熹在内的一些新儒家们发现了风水的价值。Ebrey："Sung Neo-Confucian Views on Geomancy" and "The Response of the Sung State to Popular Funeral Practices."

孝的标签之外，还对卜筮的功效提出疑问。如果说卜筮这么有用，柳开问道："又不见葬师家子上于人也？"①

北宋中期的思想家，如司马光、张载、程颐等人，也采取了类似的立场。他们的长篇大论证明了时人的普遍担心：大多数人子和家庭成员的行为不是为了祖先的安宁，而是把卜筮作为其他不便明言之事的借口。② 元丰七年（1084），在那篇著名的《葬论》中，司马光写道：

今人葬不厚于古，而拘于阴阳禁忌，则甚焉。古者虽卜宅、卜日，盖先谋人事之便，然后质诸蓍龟，庶无后艰耳，无常地与常日也。今之葬书，乃相山川冈畎之形势，考岁月日时之支干，以为子孙贵贱、贫富、寿夭、贤愚皆系焉，非此地、非此时，不可葬也。举世惑而信之，于是丧亲者往往久而不葬。③

柳开和司马光都认为，家墓与家中后人命运息息相关是无稽之谈。司马光尤其认为，人们听命于占卜者的刻板态度非常离谱。他根据自己的亲身经历进一步阐明了自己的观点。他的祖辈和父辈都采取简葬，这意味着在谋划葬礼时没有雇用卜者。尽管司马家人从未受过卜者的指引，这个家庭仍然很兴旺。④司马光接着说："今著兹论，庶俾后之子孙葬必以时。欲知葬具之不必厚，视吾祖；欲知葬书之不足信，视吾家。"对司马来说，其

① 柳开：《全宋文》第 6 册，卷 128《宋故昭义军节度推官试大理评事柳君墓志铭》，第 409—411 页。
② Ebrey, "Sung Neo-Confucian Views on Geomancy."
③ 司马光：《全宋文》第 56 册，卷 1219《葬论》，第 157 页。
④ 司马光：《全宋文》第 56 册，卷 1219《葬论》，第 158 页。

家一直繁盛,其中许多人长寿、宦业有成,这对司马来说是其祖先灵魂安息的强大证据,反过来又解释了其家的好运。从这个意义上说,人们真的不应该被严格的卜筮原则所束缚。事实上,司马光"尝奏乞禁天下葬书,当时执政莫以为意"。①

　　司马光并没有试图说服他的读者,他们都应该废除卜筮和占卜书籍。相反,《葬论》坚持孝子的首要考虑不应是遵循阴阳原理,不应被占卜之说和卜者们所操纵。相反,其首要任务应该是循礼且及时安葬父母,而不是把葬礼看作是自己获得财富、名声和长寿的机会。在这方面,程颐与司马光观点如出一辙。在《葬说》中,程颐写道:

114

　　　卜其宅兆,卜其地之美恶也,非阴阳家所谓祸福者也。地之美者,则其神灵安,其子孙盛。若培壅其根而枝叶茂,理固然矣。地之恶者则反是。然则曷谓地之美者? 土色之光润,草木之茂盛,乃其验也。父祖子孙同气,彼安则此安,彼危则此危,亦其理也。而拘忌者惑以择地之方位,决日之吉凶,不亦泥乎? 甚者不以奉先为计,而专以利后为虑,尤非孝子安厝之用心也。②

　　柳开、司马光、程颐都认为子孙子们误解了卜筮的原则,为了私欲而雇用卜者以求吉兆,并不是真正的孝道。在这三个人中,司马光对卜筮的批评最为激烈,就他而言,葬礼完全可以不用卜筮。然而,柳开和程颐都承认卜筮的用处:孝子的首要任务应该是让父母的精神得到安息。程颐更进一步支持卜筮来寻

---

① 司马光:《全宋文》第 56 册,卷 1219《葬论》,第 158 页。
② 程颐:《全宋文》第 80 册,卷 1756《葬说》,第 319—320 页。

找合适的安息地，毕竟，"夫葬者藏也，一藏之后，不可复改。必求其永安。故孝子慈孙，尤所慎重。欲地之安者，在乎水之利。水既利，则终无虞矣"。①

在另一篇文章中，程颐进一步强调了水患和虫害两件事是造成棺椁损坏的主要原因。他认为柏木（刷漆）质地最坚固，可防止水患、虫害两者的损害。除了深埋和使用巨石以防止水害外，程颐还建议死者儿子们消除他所说的在修建墓地时"五患"：祖茔应建在远离主要道路、城郭和沟渠的地方；死者儿子们还需要确保家墓所在的土地不会被权贵之家攘夺，也不会变成农田。②

115

北宋中后期士人继续详细阐述合适葬礼的意义、卜筮的意图，以及选择正确墓址的重要性。在写给丁刚巽的一封长信中，许景衡重申：（1）安葬的首要目的是确保逝者安息；（2）应避开多砂石和潮湿的地方；（3）事死如事生；（4）占卜的目的是消除家庭内的所有不确定感；（5）不应将费用视为就近寻找墓址的主要原因。③ 许景衡尤其同意程颐在选择墓址时的各种潜在担忧：

> 然地之美者，不过土肉深厚，无砂石，无水泉。不近沟浍陂泽，故无卑湿之虞；不近道路市井，故无意外之患。地之恶者，不过土肉浅薄，有砂石，有水泉。近沟浍陂泽，故不能无卑湿之虞；

---

① 程颐：《全宋文》第 80 册，卷 1756《葬法决疑》，第 322 页。

② 程颐：《全宋文》第 80 册，卷 1756《葬说》，第 319—320 页；第 80 册，卷 1757《葬法决疑》，第 332—333 页。

③ 许景衡：《全宋文》第 144 册，卷 3094《与丁刚巽书》，第 30—32 页。

近道路市井，故不能无意外之患。故凡人子之葬其亲，慎之重
之，不敢臆决。而圣人亦教之，以为必卜焉然后葬也。故地之美
者，葬之则死者安；地之恶者，葬之则死者不安。死者安矣，生者
其有不安者乎？死者不安矣，生者其独能安乎？此非祸福之说，
而理有如此者。①

在继续谈论土肉深厚浅薄及其与逝者灵魂的关系时，许景
衡倡导卜筮的必要性。他和柳开、程颐一样，坚持认为卜筮的首
要原因是为了让祖先的灵魂得到安息，而不是为了生者的利益。
但许景衡承认甚至强调了先人灵魂安宁与后人境遇之间的密切
关联。这一主张使卜筮吉穴变得更加重要。

北宋思想家对卜筮的论述，特别是他们对卜筮的保留和反
对态度，似乎并没有直接影响卜筮的实践方式和对卜筮功效的
认同。② 就连司马光也承认，即使在司马家族内，在没有葬师确
认的情况下，他的族人也无法完全安心，他的堂兄最终屈从于压
力，收买葬师首肯了他预先划定的地段，此事进一步印证了大众
对卜筮功效的强烈信仰。③ 在柳开的例子中，尽管柳开坚决反
对盲目跟从风水师的话，但他确实听从了当地葬师的建议，甘心
等待了八年，在葬师首肯的年份为已故家人举行了一场大规模
的葬礼。④

116

---

①　许景衡：《全宋文》第 144 册，卷 3094《与丁刚巽书》，第 30 页。
②　在少数情况下，宋代精英人士特意告诉后人不要依靠卜筮来确定他们的墓地。
例如，一位穆姓之人告诉儿子："毋徇俗，毋背礼，毋拘阴阳，毋尚奢溢。"穆浃：《全宋文》
第 154 册，卷 3319《穆氏茔舍记》，第 277 页。
③　司马光：《全宋文》第 56 册，卷 1219《葬论》，第 158 页。
④　C. E. Zhang, "How Long Did It Take to Plan a Funeral?"

　　与学术话语的批评基调不同，北宋墓志铭作者们通常若无其事地提及卜筮，毫不吝啬地赞扬儿子们利用风水来确保在吉时吉地安葬父母。更具体地说，卜筮常常被用作人子们建造新墓地的理由。例如，因为其儿子得到的吉卜，王利（955—1026）被葬在远离祖茔的地方。① 因为旧墓地卜筮不吉，刘才邵（11 世纪 80 年代—12 世纪 50 年代）将父母的棺椁迁到一处新址。他父亲生前就很熟悉这个地方，也曾属意死后安息于此地。因为服从了父亲的意愿，刘才邵被称为孝子。② 因卜筮不祥，辛有终（999—1066）把父亲葬在阳翟，而不是祖父的安葬地许州。③ 在一个记录尤为详细的事例中，我们得知，熙宁九年（1076），郭源明（1022—1076）在为官期间过世。他的儿子们把他的灵柩运回原籍郓州后，权厝在当地寺院中。直到元丰七年（1084），郭源明的母亲、比丈夫多活了三十多年的李氏去世，兄弟们才开始筹划父母的葬礼。一家人原本打算将李氏与丈夫合葬，但视冢者坚持提出新的墓址，因为"旧茔地污下而土疏恶"，郭源明的儿子们最终决定在旧茔地北面十里的地方开辟新墓地，将祖父母和父亲的遗骸迁葬到那里。"习士礼与通葬范者皆曰宜称，遂掩圹焉。"④

　　当旧墓址空间耗尽或家庭新的分支需要立墓时，选择在当地重新开辟新的墓地是司空见惯之事。郭家的不寻常之处在

---

　　① 尹洙：《全宋文》第 28 册，卷 588《故太中大夫尚书屯田郎中分司西京上柱国王公墓志铭》，第 63 页。

　　② 刘才邵：《全宋文》第 176 册，卷 3848《改葬先考朝奉祭文》《改葬先妣祭文》，第 85—86 页。

　　③ 苏颂：《全宋文》第 62 册，卷 1348《职方郎中辛公墓志铭》，第 111—113 页。

　　④ 苏颂：《全宋文》第 62 册，卷 1349《职方员外郎郭君墓志铭》，第 131 页。

于,郭源明的儿子们起先并未计划新的墓地,但在得知占卜师的建议后欣然听从了他的想法。除了这一动议导致的额外的费用,这个事例揭示了丧葬和孝道表达中的另一个重大挑战,即如果葬师断言旧墓地地势低洼,土质薄恶,这种情况是否已持续一段时间? 如果事实如此,为什么这家人和两个风水师花了三十多年才发现这个问题? 如果将来在新墓地发现同样的情况,他们又将如何? 郭源明的墓志铭并没有为这些问题提供任何线索。然而,郭家的遭遇确实有助于解释为什么这么多家庭根据风水师的建议营建了新墓地。

117　　郭氏只是在当地开辟了一处新墓地,下面讨论的李家则付出了更大的努力。李况(1029—1090)家的祖茔本来位于海陵,但他后来意识到:"城郭褊隘,岁久,居者益众。濒海舄卤埤薄,而葬者又少冈陵吉壤。"在周游各地,了解了许多不同地方的地理情况后,李况愈发觉得海陵的条件不够理想,因此最终决定在京口开辟新的墓地。虽然李况明确表示要致仕后居于京口并在死后葬于此地,但还没来得及制定具体计划就去世了。李况的儿子了解父亲的心思,并实现了李况的遗愿。①

　　据李况墓志铭的作者苏颂介绍,李况的儿子特别要求苏颂把这一段话写进李况的墓志铭中。苏颂的详细叙述中没有提到占卜,当然很有可能李况和他的儿子已经咨询过风水师。更为重要的是,正是李况自己对基本风水原理的理解,其中很多原理程颐等人都曾提到过,让他相信,继续把海陵的地势卑湿之地作为家墓,实为下选。同样重要的是,在放弃家墓时,李况并没有

----

① 苏颂:《全宋文》第62册,卷1351《朝请郎致仕李君墓志铭》,第166—167页。

提及祖茔的安危，也没有打算将祖先的遗骸转移到新的墓址。作为墓志铭作者的苏颂也并不觉得李家行事不妥。毕竟，正如前文讨论所表明的那样，苏颂本人也曾听从风水师的建议，在真州营建了一处新的家墓，永远地与他的祖籍同安和远祖们分离。

本章重点讨论了安葬计划的复杂性及其对人子的各种挑战。北宋士人理所当然地认为，让父母入土为安是重要的孝道。在现实生活中，各种各样的因素，包括家庭的经济状况、每对夫妇儿子的人数、夫妇的死亡时间和地点、他们的家乡以及祖茔的位置，使不同家庭的经历变得多样化。相似之处确实存在。久而不葬和家茔的频繁变动迁移实际上使许多官员成为不孝之子。时人对这些做法提出了严厉的批评，尽管他们承认这种现象是文官制度不可避免的结果。一种自相矛盾的现象是，那些能够及时将父母入土为安之人很少在墓志铭中被大加表扬。相反，倒是那些据说是克服了极端的困难，表现出非凡毅力的人了，被公认为孝顺的典范。类似的趋势亦见于追思父母的孝道活动中，这是下一章讨论的重点。

第四章

追思忆往：作为孝道表达
形式的墓志书写

宋仁宗嘉祐六年(1061)，赵氏在儿子安某的官舍中去世。在计划安葬的过程中，安某准备好母亲的行状，把它寄给了强至(1022—1076)，并提出了以下要求："不孝不能致封号之荣于父母之存，今死且葬，若妇仪母规又将泯而不克纪，是重不孝之恨于已穷。君忍不铭吾母耶?"①

　　北宋墓志铭和书信来往中保存了数以千计类似的记录。士人们在准备安葬父母时常常求助于朋友同僚以期彰显父母的名节美德。安某的原信没有保存下来。然而，强至为赵氏所作墓志铭中保存的信件片段，却揭示了墓志铭作为一种纪念文化和孝道表达形式的重要性。对安某来说，找一位名人给母亲写墓志铭是一个孝子应该，也是必须做的事情，尤其是在他没有为母亲赢得任何封赠的情况下。安某于是准备好母亲的行状，求助于好友。强至当然理解安某对他的期望，尽职尽责地把赵氏描绘成一位异常贤惠的女人。此外，强至的作品还赞扬了安某作为孝子渴望母亲不朽的愿望。赵氏墓志铭的一个重要组成部分是有关安某的请求和强至与安某两人关系的叙述。鉴于他对安某品格的钦佩，强至写道："某又何可辞?"②

---

① 强至：《全宋文》第 67 册，卷 1455《安府君妻赵夫人墓志铭》，第 174—175 页。
② 强至：《全宋文》第 67 册，卷 1455《安府君妻赵夫人墓志铭》，第 175 页。

本章以数百方墓志铭、个人书信和专门讨论墓志铭写作的文章为依据，探讨北宋时期墓志铭书写作为一种重要孝行的确立。这一变化可以从三个方面来观察。首先，北宋墓志除了作为墓主传记，常常用很大篇幅讨论墓志铭的功能和人子为父母获得墓志铭的责任。其次，这些文本会例行公事地详细描述成功为父母求得墓志铭的儿子（通常是仕宦之子）在想方设法打动墓志作者时表现出的非凡的孝道情怀。这种叙述的结果之一是，在以追思缅怀父母为目的的文本中，作者凸显了家庭中仕宦之子的作用，并因此把他塑造成了孝子的楷模。第三，墓志铭作者在其作品中通常会提及他们与死者和求铭者之间的关系。通过明确这种关系，他们把自己塑造成杰出孝道表现的积极倡导者，并将墓志铭转化为表达孝道的理想的、重要的工具。

除了强调墓志铭在北宋精英孝道观念中的重要地位外，本章的另一个目的是阐明使墓志铭书写过程复杂化的诸多因素。作者的拖延和敷衍以及死者家属的过分的和不合理的要求是造成双方长期扯皮和互动不愉快的原因。由于缺乏社会关系或与有名望的作家的交往，许多士人最终未能为父母获得墓志铭。生活中的其他不确定因素，如政治上的失意和英年早逝，也给本已艰巨的任务增添了更多的困难。所有这些事件的发生，对及时完成丧葬礼，以及对孝子的刻画和自我认同都产生了严重的影响。

墓志铭书写简介

墓志铭（一般英译为"epiptaph""funerary inscription"或

"funerary biography"）在中国有着悠久的历史。成熟标准的墓志铭形式，指的是一块方形的石碑，上面刻有墓主的传记。墓志铭主要内容包括死者的姓名、死亡和埋葬日期、祖上信息和传记资料、杰出的美德和才能，以及押韵的挽词。完工后的刻石用同样材料制成的盖子加以保护。入葬时，这对雕刻好的石板通常被放置在死者棺椁附近。①

　　一方墓志铭需要多个步骤才能完成。这一过程从死者家属或密友准备死者的行状开始。接下来要做的是挑选墓志铭作者，这一角色通常是由拥有文学名望的亲友同僚担任。墓志完成后，死者家属可以选择使用作者的书法作品，也可以委托另一位书法家誊抄墓志铭。然后，地方工匠们将墓志铭刻于石板之上。这个过程的每一步都需要死者家属出资。可以不夸张地说，墓志铭准备所需的成本和时间造成的预算问题，也是久不下葬的重要原因之一。②

　　广义地说，墓志铭在中国历史上之所以兴盛，是因为它们满足了个人和家庭的各种宗教、社会和文化需求。作为陪葬品，墓志铭首先标明了坟墓的位置，并帮助记录死者的身份。墓志铭

120

---

① 这一节是对伊沛霞、姚平、张聪主编的 *Chinese Funerary Biographies*（中译本《追怀生命：中国历史上的墓志铭》，上海古籍出版社，2021 年。——译者注）长篇导论的一个简短总结。有关墓志铭书写的研究成果，见 T. M. Davis, *Entombed Epigraphy and Commemorative Culture in Early Medieval China*；赵超《古代墓志通论》。

② Ditter，"The Commerce of Commemoration." 程民生对宋代物价的大量研究中，包括对文人书法家各种酬金的简单概括。程民生《宋代物价研究》，第 359—364 页。我们了解到的有关撰写墓志的润笔，往往涉及的是一些不同寻常的事例。例如，欧阳修为王曾（978—1038）撰写墓碑，得到金酒盘盏十副，两把金箸，见丁传靖《宋人轶事汇编》卷 8，第 384 页。刘攽（1019—1068）为程丞相撰写神道碑，收到 500 两白银润笔，见《全宋文》第 69 册，卷 1505《故朝散大夫给事中集贤院学士权判南京留司御史台刘公行状》，第 221 页。

还保护死者在阴间免受邪恶神怪的伤害，并帮助确立安放死者身体遗骸和灵魂的墓地的所有权。此外，对死者的美德和成就的叙述，是为了安慰和取悦死者，以及向冥府通报墓地拥有者的地位。对于生者来说，墓志铭是有效的纪念死者和保护家庭宗族历史的工具。在准备墓志铭的过程中，血亲们通过深入了解祖先的言行，倍加珍惜有关祖先的记忆。此外，墓志铭中有关祖先美德的家谱记载和叙述，有助于加强族人的凝聚力和身份认同。

现存最早的墓志铭可以追溯到汉代，尽管当时更主要的纪念形式是竖立在地上的墓碑。① 魏晋时期，朝廷关于禁止奢华的葬礼和纪念活动的政策，导致了各种碑铭的繁荣。到 5 世纪后半叶，墓志不仅提供了详细的家谱和传记信息——包括墓主的名字、祖先、联姻情况、妻子和孩子、族人和亲属以及男性任官的记录——而且还突出了死者的道德品质和主要成就。②

墓志铭书写在唐宋时期愈加繁荣，并达到了鼎盛。③ 8 世纪末至 9 世纪初和 11 世纪上半期这两个阶段在墓志铭书写历史上尤为重要。与现存的前代的几百方墓志铭相比，唐宋时期保

---

① 有关汉代墓志的讨论，见 Ebrey, "Later Han Stone Inscriptions," 333 - 336；Brown, *The Politics of Mourning in Early China*.

② 赵超《魏晋南北朝石刻》。有关将墓志铭作为历史资料的研究，见陆扬《从墓志的史料分析走向墓志的史学分析：以〈新出魏晋南北朝墓志疏证〉为中心》。

③ 关于唐宋墓志铭书写的讨论，见 Bossler, *Powerful Relations*，导论；黄宽重《宋史研究的重要史料：以大陆地区出土宋人墓志资料为例》《墓志数据的史料价值与限制：以两件宋代墓志资料为例》；刘静贞《北宋前期墓志书写初探》；Schottenhammer, "Characteristics of Song Epitaphs"；Shields, *One Who Knows Me*；Tackett, *The Destruction of the Medieval Chinese Aristocracy*；仝相卿《北宋墓志碑铭撰写研究》；王德毅《宋人墓志铭的史料价值》；M. Xu, "Ancestors, Spouses, and Descendants"；Yao: "Women in Portraits" and "Women's Epitaphs in Tang China."

存下来的墓志铭有数千方；从唐朝中后期开始，墓志铭的尺寸和体积都有了大幅增长。有唐一代，两京地区是世家大族成员墓地最集中的地区。到了宋代，墓志铭无论从墓主还是作者的地域分布都呈多样化。而且，越来越多并非显赫出身的男女死后都拥有了一方墓志铭。① 晚唐和宋代的散文名家几乎都尝试过写作墓志铭。②

　　晚唐宋代墓志书写的最大变化也许与墓志铭的功用有关：虽然作为一种主要的悼亡文化形式，墓志铭继续在丧葬仪式中占据重要地位，但参与墓志铭的生产和消费对生者来说越来越具有更大、更具体的意义。对于死者的儿子和家庭以及墓志铭作者来说，墓志在某种程度上成了一个公共平台，用以显现家庭地位，以及推动社会和文化理想。唐宋墓志铭的篇幅越来越长，越来越具有传记性，但对远祖祖先的关注逐步减少，这表明谱系在决定社会地位方面的重要性正在下降。取而代之的是后代及其成就在墓志铭中的分量。精英人士通常因他们在科举、学术、政务以及社会和文化活动方面取得的各种成就而受到赞扬。理想的妇女则被描述为工于相夫教子、孝敬公婆，并治家礼佛。到了 11 世纪中叶，典型的墓志铭通常包括墓主人儿女的婚姻，他或她的孙辈，儿孙入学、科举中第情况和仕宦记录的完整信

121

---

　　① 对于那些没有官阶的人，买地券被用作墓志铭。Asim，"Status Symbol and Insurance Policy."

　　② 唐宋时期一些最著名的文学家，如韩愈、欧阳修、王安石、黄庭坚，都是极为多产且非常受欢迎的墓志铭作者。有关韩愈与欧阳修墓志铭写作的比较，见 Egan，*The Literary Works of Ou-yang Hsiu*，49 - 63；祝尚书《传史迁之风神，能出神而入化：论欧阳修碑志文的文学成就》。

息。①　这些变化使取得功名和成功入仕的儿子在父母的墓志铭中占据了重要的位置。

帝制时期留存下成千上万方墓志铭。仅《全宋文》就收录了约四千五百方，其中两千多方出自北宋。这些墓志是本章最重要的材料。

作为孝道表达形式的墓志铭写作

北宋墓志铭在内容和功能上的一个重要变化是其注重孝道表现。对死者及其后代来说，这意味着在墓志中详细描述墓主及子女在养亲、居丧和葬礼方面的努力（前面几章的重点）。另一个值得注意的变化是对墓志铭与孝道关系的大量讨论。在完成于宋仁宗景祐四年（1037）的墓志铭中，范仲淹写道：

> 葬者，藏也，欲人不得而见之也。君子之思也远，故复卜于山，坎于泉，又刻名与行，从而秘之。意百代之下，治乱之变，观其铭，思其人，而不敢废其墓。斯孝子之心，取诸《大过》。②

在范仲淹看来，如果没有墓志铭来标记死者的身份和成就，几十年或几百年后的人们就无法赏识墓主的事迹，也没有理由完好无损地保留墓主的遗骸。这样的想法怎能不在后人心中产

---

①　从这个意义上说，墓志铭采用了私人史学的特点。Franke, "Some Aspects on Chinese Private Historiography in the Thirteenth and Fourteenth Centuries."

②　范仲淹：《全宋文》第 19 册，卷 388《滕公夫人刁氏墓志铭》，第 32 页。

生恐惧和焦虑之情？因此，孝子的责任不仅是给父母得体的葬礼，而且还要确保他们的遗骸天长日久之后仍然能够被辨认出来，以免遭到破坏。

范仲淹并不是唯一一个提倡将墓志铭书写作为孝道表现的北宋学人。刘攽（1023—1089）更是直截了当地说："孝子之事，莫重于葬，葬而垂名后世者，莫重于志铭。"①刘攽特别把葬仪作为重要的孝道置于养亲之上。通过将安葬和墓志铭书写的重要性并置，刘攽同时认可了墓志铭书写与安葬本身一样都是人子重要的义务。

北宋士人在他们的求铭信中也表达了同样的情感："不铭无以慰其孤之思。"②在写信给范仲淹，请求为父亲胡则（963—1039）撰写墓志铭时，胡楷通过把墓志铭写作作为一种追思方式，将之与古典礼制联系起来，强调了为父亲准备墓志铭是人子尽孝的义务。胡楷在呼应了范仲淹有关文字的耐久性和石刻的坚固性的说法之后，写道："《礼经》谓称扬先祖之美，以明著于后世，此孝子孝孙之心也。然而言之不文，行而不远，处丧之言，乌乎能文？"③范仲淹、胡楷的信念得到了其他人的广泛认同。对柳子先来说，墓志铭的永久性不仅保证了母亲继续享有她应得的荣誉，而且给他这个失去母亲的可怜孩子带来了内心的平和。为此，墓志铭作者刘弇歌颂作为"片石"的墓志铭帮助孝子实现了他的心愿。④

122

---

① 刘攽：《全宋文》第69册，卷1507《故将仕郎郡守太子中允致仕赐绯鱼袋蔡君墓志铭》，第235页。

② 吕陶：《全宋文》第74册，卷1614《周居士墓志铭》，第121页。

③ 范仲淹：《全宋文》第19册，卷389《兵部侍郎致仕胡公墓志铭》，第39页。

④ 刘弇：《全宋文》第118册，卷2554《上柳子先学士求铭文书》，第322—323页。

苏舜钦进一步阐述了墓志铭书写的双重功能是既要表现儿子的孝心，也要纪念死者。宋仁宗宝元二年(1039)，在为父亲撰写的墓志铭中，苏舜钦写道："古人述先，或以为孝，况斯言不敢诬，传可后信。"苏舜钦明确表示，他为父亲写墓志铭有两个目的。首先，他想让读者相信他的叙述是可靠的。其次，通过讲述父亲的生平，他履行了自古以来孝子们的义务。苏舜钦接着说："虽不足阐扬我先公之辉光，庶尽人子之志焉尔。"①对苏舜钦而言，如果由于他缺乏文学才华，父亲的言行没能保存下来，是一回事；但如果他甚至不试着把父亲的事迹公之于众，以期不朽，那将是大不敬。

苏舜钦的一些士大夫同僚甚至更坚决地认为，墓志铭是儿子向父母表达孝心的最后机会。陈确在为母亲向沈遘求铭的信中称自己为不孝之子："确不孝，不得究母之养，恨即死，念无以尽其心。幸得铭母之懿，以藏诸幽，使后世有闻，确之望也。敢以请。"②

北宋墓志铭的作者们，包括本章开头提到过的强至，公开承认他们对死者儿子孝道情感毫无保留的崇敬之情。在胡则的墓志铭中，范仲淹大量引用胡楷的信，并特别指出，他之所以同意撰写胡则的墓志铭，是因为他被胡楷的孝心所感动："孔子见齐衰者必作，重其孝于亲也，敢不唯命？"③通过提及孔子对孝子的尊崇程度，范仲淹暗示他别无选择，只能像强至对待安某那样，尊重胡楷的心愿。这样做的结果之一便是，范仲淹为胡则所写的墓志铭，

① 苏舜钦：《全宋文》第 41 册，卷 880《先公墓志铭》，第 112 页。
② 沈遘：《全宋文》第 74 册，卷 1628《方夫人墓志铭》，第 350 页。
③ 范仲淹：《全宋文》第 19 册，卷 389《兵部侍郎致仕胡公墓志铭》，第 39 页。原文见于孔子的《论语》9.10。

实际上也成了对胡楷孝道的褒奖，永远刻在他父亲的墓志铭上。同样，范仲淹的文字成为他推动墓志铭作为孝道表现形式的证据。墓志铭写作这一方面的意义本章下面还会进一步探讨。

人子为父母求铭

北宋墓志传记不仅经常提到墓志铭书写与孝道表现之间的密切关系，同样的文本还着力呈现两点：第一，在守丧期的人子为父母求铭时伤心欲绝，表现出极大的孝心；第二，墓志铭作者们渴望帮助保存有关死者的记忆，同时提升墓主之子的孝子声誉。因此，为父母求志成功的儿子在其父母的墓志铭中占有重要地位。

在深入研究墓志铭的获得过程和这一过程所带来的挑战之前，让我们先对北宋墓志铭的作者群有一个大概认识。这种考察的必要性在于，许多不遗余力为父母获得墓志铭的北宋士人本身就是成果丰硕的墓志铭作者，因此完全有可能完成他们自己父母的墓志铭。然而，大多数人并没有这样做。《全宋文》总共收录了北宋三百七十余位作家的两千一百余方墓志铭。[1] 其中只有十四位作者（占墓志铭作者总数的 3.8%），为父母撰写了墓志铭。[2]

---

[1] 当然，许多墓志铭未能保存下来。例如，李中师据说是非常受欢迎的墓志铭作家，"孝子之得铭先墓者，获公书石，始以为慰幸"，但李中师的文集、奏议皆已失传。强至：《全宋文》第 67 册，卷 1455《龙图阁直学士朝散大夫给事中充同群牧使兼知审官东院权发遣开封府事上柱国陇西郡开国侯食邑一千二百户食实封四百户赐紫金鱼袋李公行状》，第 167 页。

[2] 在这 14 个人中，有 6 人为他们的父亲写过墓志铭，8 人为他们的母亲写过墓志铭。

北宋士大夫为什么不愿意亲自撰文，用当时最流行的纪念文学形式来追怀他们的父母呢？综合本书前面有关章节及下面

124　的讨论，造成这种现象的因素有下面几个。其一，有些人在父母去世时，年纪过小，无力实践这种孝道方式。其二，父母过世伊始，人子应该专注于守丧，所以可能会因为情绪失控或身体羸弱而无法写作。其三，作为纪念文学，墓志铭的主要功能是颂扬死者的杰出美德，这项任务最好留给别人，以免死者之子有自吹自擂之嫌。另一个重要的考虑是，墓志铭作者越有名，墓志铭就越有可能得以保存并流传开来。最后，鉴于墓志铭通常包括有关死者后代及其成就的详细信息，很多士人会宁愿由亲朋来为父母作铭，同时通过他人之口彰显自己的孝行。①

总的来说，北宋墓志铭作者大多来自死者或死者儿子社交网络的三个重叠群体：私人密友、以前或现在的同事，以及亲戚。② 王禹偁在他撰写的十二方墓志铭中，都提到与死者或死者的儿子有过交往。他因此坦承，他觉得有义务帮助死者垂诸后世。③ 同样，杨亿撰写的十一方墓志铭中有八方墓志铭、胡宿

---

① 在《亲密的记忆》(Intimate Memory)一书中，黄卫总(Martin Huang)展现了明朝士人纪念双亲和其他家庭成员的不同方式。相关研究还有 Carlitz, "Mourning, Personality, Display"; W. Lu, "Personal Writings on Female Relatives in the Qing Collected Works."

② 关于祭文写作在唐代社会文化精英中地位的深入研究，见 Shields, *One Who Knows Me*.

③ 王禹偁：《全宋文》第 8 册，卷 160《宣徽南院使镇州都部署郭公墓志铭》《谏议大夫臧公墓志铭》《故侍御史累赠太子少师李公墓志铭》《故商州团练使翟公墓志铭》《殿中丞赠太常少卿桑公神道碑》《右卫将军秦公墓志铭》《殿中丞赠户部员外郎孙府君墓志铭》《累赠太子洗马王府君墓志铭》《著作佐郎赠国子博士鞠君墓碣铭》《故泉州录事参军赠太子洗马陈君墓碣铭》《监察御史朱府君墓志铭》《建溪处士赠大理评事柳府君墓碣铭》，第 155—186 页。

撰写的十三方墓志铭中有八方墓志铭都表明，墓志作者本人认识死者或死者的儿子们。① 苏颂的情况大致相同。在所作的大量墓志铭中，苏颂列举了自己和家人与死者的密切关系，其中包括父亲的朋友和同事、苏颂自己的朋友和同事，以及苏氏族人和

---

① 杨亿：《全宋文》第 15 册，卷 299—302《故宋陕州芮城令清河张君墓志铭》《宋故主客员外郎直集贤院高平范公墓志铭》《宋故推诚保德翊戴功臣邓州管内观察使金紫光禄大夫检校司空兼御史大夫上柱国长城郡开国公食邑二千四百户食实封四百户赠户部尚书钱公墓志铭》《宋故翰林侍读学士朝奉大夫右谏议大夫骑都尉赐紫金鱼袋荥阳潘公墓志铭》《宋故推忠协谋佐理功臣光禄大夫尚书右仆射兼门下侍郎同中书门下平章事监修国史上柱国陇西郡开国公食邑三千八百户食实封一千二百户赠太尉中书令谥曰文靖李公墓志铭》《宋故大中大夫行给事中上柱国临汾郡开国侯食邑一千二百户赐紫金鱼袋平阳柴公墓志铭》《宋故推诚翊戴同德功臣山南东道节度管内观察处置桥道等使特进检校太尉同中书门下平章事使持节襄州诸军事行襄州刺史判许州军州事上柱国陇西郡开国公食邑一万四百户食实封三千二百户赠中书令谥曰忠武李公墓志铭》《宋故椎忠协谋佐理功臣金紫光禄大夫行尚书吏部侍郎同中书门下平章事监修国史上柱国太原郡开国公食邑二千户食实封四百户赠太傅中书令谥曰文简毕公墓志铭》《大宋赠侍中追封夔王墓志铭》《大宋故光禄大夫检校太保左卫上将军兼御史大夫上柱国信国公食邑一千户食实封二百户追封周王谥悼献墓志铭》，第 46—87 页；胡宿：《全宋文》第 22 册，卷 467—470《太傅致仕邓国公张公行状》《李太夫人行状》《皇侄孙右监门率府率世护墓记》《宋故左龙武卫大将军李公墓志铭》《宋故宣徽北院使奉国军节度使明州管内观察处置等使金紫光禄大夫检校太保持节明州诸军事明州刺史兼御史大夫判并州河东路经略安抚使兼并代泽潞麟府岚石兵马都部署上柱国荥阳郡开国公食邑二千五百户食实封三百户赠太尉文肃郑公墓志铭》《宋故奉直郎守侍御史王公墓志铭》《故尚书都官员外郎丁公墓志铭》《故朝散大夫太常少卿致仕李公墓志铭》《宋故朝散大夫尚书工部郎中充天章阁待制兼集贤殿修撰知越州兼管内堤堰桥道劝农使提点银场公事充两浙东路屯驻驻泊兵马钤辖温台明越衢婺处州等诸州军并都内巡检兵甲贼盗公事护国军清河县开国男食邑三百户赐紫金鱼袋赠工部侍郎张公墓志铭》《宋翰林侍读学士朝请大夫尚书右丞提举万寿观公事勾当三班院上柱国陇西郡开国公食邑二千五百户食实封六百户赐紫金鱼袋礼部尚书谥恪李公墓志铭》《右监门卫率府率世坚墓志铭》《虞曹郎中妻故陈留县君郑氏墓志铭》《宋故朝散大夫尚书礼部侍郎致仕上柱国乐安县开国侯食邑一千三百户赐紫金鱼袋赠吏部侍郎蒋公神道碑》《故秘书王公表》《故右街副僧录普印大师赐紫昕公塔铭》，第 211—256 页。

姻亲。① 当苏颂被要求撰写杨景略的墓志铭时，他特别强调了
苏家和杨家"四世通旧"。因此，他很乐意把"平日之所亲见闻
者，姑直书其事，以成孝嗣之志"。② 在他为宋敏求（1019—
1079）所写的墓志铭中，苏颂同样提到他和死者"三纪交游，趣舍
不异，仕宦出处亦略相等。懿文美行，尤详其始末"。因此，苏颂
承认自己是宋敏求墓志铭的"天然"人选。③

　　苏颂在强调他与宋敏求之间密切关系的同时，也高度评价
宋敏求之子竭尽心力为父求铭。在宋敏求的墓志铭中，苏颂用
生动的语言讲述了宋敏求的儿子们带着宋敏求的行状，"泣血"
来到他的住处，向他求写墓志铭的情况。宋的儿子们认为，由于
苏颂认识宋敏求的时间比任何人都长，而且两人可称密友，"宜

---

　　① 苏颂：《全宋文》第 62 册，卷 1340—1352《朝请大夫太子少傅致仕赠太子太保孙
公行状》《翰林侍讲学士正奉大夫尚书兵部侍郎兼秘书监上柱国江陵郡开国侯食邑一千
三百户食实封二百户赠太子太师谥文庄韩公神道碑铭》《龙图阁直学士修国史宋公神道
碑》《太子少保元章简公神道碑》《钱起居神道碑》《资政殿学士通议大夫孙公神道碑铭》
《皇城使李公神道碑铭》《二乐陵郡公石公神道碑铭》《秘书丞赠太师刘君神道碑》《陇干
姚将军神道碑铭》《职方郎中沈君墓表》《朝议大夫致仕石君墓碣铭》《太子少傅致仕赠太
子太保孙公墓志铭》《龙图阁直学士知成都府李公墓志铭》《太常博士张君墓志铭》《职方
员外郎知泰州蔡君墓志铭》《工部侍郎致仕掌公墓志铭》《光禄卿葛公墓志铭》《殿中丞华
君墓志铭》《寿州霍丘县主簿宋君墓志铭》《龙图阁待制知扬州杨公墓志铭》《承议郎集贤
校理蔡公墓志铭》《太常少卿致仕王公墓志铭》《职方郎中辛公墓志铭》《朝散大夫累赠户
部侍郎赵公墓志铭》《颍州万寿县令张君墓志铭》《仪鸾使银青光禄大夫任君墓志铭》《朝
奉郎太常博士张君墓志铭》《屯田郎中知博州梁君墓志铭》《中书舍人孔公墓志铭》《职方
员外郎郭公墓志铭》《国子博士陆君墓志铭》《太中大夫陈公墓志铭》《朝奉大夫提点广西
刑狱公事胡公墓志铭》《太常少卿李君墓志铭》《西上阁门使王公墓志铭》《赠右屯卫大将
军赵公墓志铭》《寿昌县君王氏墓志铭》《龙图阁直学士致仕李公墓志铭》《少府监致仕王
君墓志铭》《朝请郎辛君墓志铭》《朝请郎致仕李君墓志铭》《叔父卫尉寺丞景陵府君墓志
铭》《长安郡太君高氏墓志铭》《万寿县令张君夫人苏氏墓志铭》《彭城县君钱氏墓志铭》
《寿昌太君陈氏墓志铭》《仁寿郡太君陈氏墓志铭》《福清陈氏墓志铭》，第 2—181 页。
　　② 苏颂：《全宋文》第 62 册，卷 1346《龙图阁待制知扬州杨公墓志铭》，第 87 页。
　　③ 苏颂：《全宋文》第 62 册，卷 1341《龙图阁直学士修国史宋公神道碑》，第 25 页。

得公文,以载于石,二者盖先志也"。① 通过透露宋敏求的儿子
们接近他的方式,苏颂表示,他同意撰写宋敏求的墓志铭,固然
是为了纪念他的朋友,但同时也为了颂扬宋敏求的儿子们所表
达出的真挚的丧亲之痛。本章下面的讨论会进一步证明,这种
对孝子的描写和关注成为北宋墓志铭的标准组成部分。

作为实现孝心工具的书信

北宋墓志铭中有很大一部分是通过私人通信和长途投递求
得的。在他们请求墓志铭的信中,死者的儿子们通常表现出非
凡的孝心,希望以此说服他们首选的墓志铭作者答应其请求。
在为彭悦撰写的墓志铭中,杨亿称他和彭悦"有桑梓之旧,连瓜
葛之姻","其孤泣血奉书,乞文表墓"。杨亿说,因为"感故人之
畴昔,嘉孝子之勤拳",他同意了彭悦之子的请求。② 范仲淹在
为种世衡(985—1045)撰写的墓志铭中也描述了类似的经历。
范仲淹指出,他不仅与种世衡相熟,而且种世衡的儿子"泣血请
铭于余",以免父亲的非凡事迹被后世遗忘。范仲淹写到,出于
这些考虑,他只好勉为其难。③ 类似的例子还有很多。胡戢临
终前写信给晁补之,将父母墓志铭的写作托付给他。在信中,胡

---

① 苏颂:《全宋文》第 62 册,卷 1341《龙图阁直学士修国史宋公神道碑》,第 25 页。
更多类似事例,见范仲淹:《全宋文》第 19 册,卷 390《东染院使种君墓志铭》,第 61 页;郑
獬:《全宋文》第 68 册,卷 1480《尚书比部员外郎王公墓志铭》,第 182 页;第 68 册,卷
1480《礼宾使王君墓志铭》,第 183 页。孙永的墓志铭作品也很受欢迎,"碑志不得公笔,
子孙以为不足"。苏颂:《全宋文》第 62 册,卷 1344《资政殿学士通议大夫孙公神道碑
铭》,第 47 页。

② 杨亿:《全宋文》第 15 册,卷 299《故陇西彭君墓碣铭》,第 36 页。

③ 范仲淹:《全宋文》第 19 册,卷 390《东染院使种君墓志铭》,第 61 页。

戡写道："戡不孝，亲未葬而死，恐儿辈不能，弃骨原野。尚冀从
九京之游，则愿以二铭累矣。"因此，胡戡寻求晁补之的帮助，使
他父母得以不朽。① 在为吕弼康继母吴氏撰写的墓志铭中，毛
滂（1050—1120）用吕弼康自己的话来说明吕弼康的孝道："母生
弼康，八岁而死，后母遇之如母。翁他日远游学，见益阔疏，母常
提携，视寒暖渴饥，至于成人。知问学咸母素教也，今弃其孤殁，
大惧泯懿，实得一言，可信于后。"②就像其他墓志铭作者一样，
毛滂在吕弼康继母的墓志铭中称，他深为敬佩吴氏的美德，更重
要的是，他想赞扬吕弼康把继母当成自己的亲生母亲的孝行。

在上述提到的所有事例中，墓志铭作者在墓志铭中都引用
了死者儿子的信，将提出墓志铭撰写请求的情况、死者儿子所作
的说服他的努力，以及他对死者儿子情感诉求的回应置于语境
中。这让我们不禁要问，墓志作者会在多大程度上修改来自死
者之子的信件，来满足他在墓志铭中叙述的需要？幸运的是，一
些求铭的信函以及据此而作的墓志铭得以保存下来，为我们提
供了切实的证据来考察死者儿子们为说服他们选定的墓志作者
126 而做出的巨大努力。宋神宗元丰七年（1084）晁补之致信黄
庭坚：

补之不孝，熙宁中，先君捐馆舍于京师，于时家在吴，贫不能
以时葬。罪逆偷活，奄奄至今，惭魂愧影。将以今年冬十月，归
窆巨野之鱼山。重惟先君怀道守志，与世龃龉，未五十而殁，不

_____

① 晁补之：《全宋文》第 127 册，卷 2744《苏门居士胡君墓志铭》，第 122 页。
② 毛滂：《全宋文》第 132 册，卷 2860《吴氏埋铭》，第 316 页。

有信于今，必有信于后，故涕泣有请于左右，冀鲁直哀之。①

晁补之的父亲晁君成卒于宋神宗熙宁八年（1075），但直到宋神宗元丰七年（1084）才得以下葬。为了准备这次葬礼，晁补之求助于密友黄庭坚。黄庭坚不仅是文学巨匠，也是一位高产的墓志铭作家。② 对晁补之来说，黄庭坚是最理想的墓志铭作者人选。黄庭坚不仅与晁补之的叔叔相熟，而且"补之不肖，鲁直辱知之深"。从任何角度考虑，晁补之都没有理由怀疑黄庭坚会拒绝他的要求。但晁补之还是用最正式的方式表达了他的要求。在信中，晁补之写道："谓足以发幽隐、慰先君于地下者，莫如鲁直也。故忘罪逆，冒昧自致，鲁直亦矜其意，慨然许之，幸甚幸甚。"③晁补之"涕泣"着写完了这封信，并附上了杜纯为晁父撰写的行状。

晁补之的信大约六百字，是现存最长的北宋求铭的信之一。这封信有两层目的，都是为了履行晁补之的孝道。首先，晁补之称，他的父亲英年早逝，没有机会在文坛仕途上站稳脚跟，发挥自己的才能。晁补之因此下定决心弘扬父亲的文才懿行，使"必有信于后"，以此向黄庭坚传达作为孝子的他的用意。其次，晁补之写这封长信，是因为他不太满意杜纯为父亲准备的行状。因此，他在信中提供了自己对父亲的了解，"以备遗逸"，其中的几段情节意在展现晁君成是一个慷慨、孝顺、廉洁的人，尤其突出的是他的诗人才华。

---

① 晁补之：《全宋文》第 126，卷 2718《与鲁直求撰先君墓志书》，第 41—42 页。

② 赵君成墓志的完整英译可见 C. E. Zhang, "Preserving a Father's Memory."

③ 晁补之：《全宋文》第 126 册，卷 2718《与鲁直求撰先君墓志书》，第 41—42 页。

黄庭坚不仅同意撰写晁君成的墓志铭，而且他还将晁补之长信的一半内容，稍作修改，纳入了晁君成的墓志铭中。① 晁补之在父亲墓志中所占篇幅并不止于此，黄庭坚接着对好友称赞有加。具体来说，黄庭坚特别强调："补之又好学，用意不朽事，其文章有秦汉间风味，于是可望以名世。君成之后，殆其兴乎？"通过强调晁补之在确保父亲墓志铭撰写方面所扮演的角色，以及他成为知名作家的潜力，黄庭坚暗示晁补之正在实现父亲未竟的愿望。黄庭坚因此以这种方式把晁补之刻画成孝子和把晁家发扬光大的后代。

黄庭坚为晁君成写的墓志铭，没有提及晁补之在父亲去世后久不安葬的问题。然而，人子们经常使用这个令人有些尴尬的事实作为说服墓志作者的工具。有趣的是，在这个过程中，这种严重的不孝行为在墓志书写中往往最终变成了一种孝道表达。李新（1062—？）在写给宇文某的信中写了以下内容：

> 某先子死有岁月，贫不克葬。某衰且病，一旦殒沟壑，则先君节义不扬于世，兹世所谓不肖子。不肖子与无子等，宁无子焉，有子而不肖，则将焉用之？元祐初，某丞南郑，闻先君卧疾，亟身归宁不待报，步走十日至陵，问省床下。先君命某来前曰："良苦，吾气惙惙待尽，日夜固已望汝之归也。无咨它事，第与我求文行高于世者，其言足信于天下，俾后人不疑，志书吾实于石柱，表之墓阳，则吾有子矣。"某有弟四人……相与求文行高于世者十年矣，今得之吏部云。知其贫，必弗肯重辞。②

---

① 黄庭坚：《全宋文》第 108 册，卷 2335《晁君成墓志铭》，第 70—71 页。
② 李新：《全宋文》第 134 册，卷 2885《与宇文吏部干墓志书》，第 13 页。

在这封信中，李新一方面自称不孝之子，另一方面又煞费苦心地表明自己从未忘记过自己的孝道义务。尤其引人注目的是，李新及其父亲对墓志铭写作的重视，以及死者儿子为落实父亲墓志铭而做的努力。从这方面看，李新和晁补之的考虑有类似之处。两人都谴责自己疏忽了父母的葬礼。两人都谦卑地恳求黄庭坚和宇文氏同意为他们的父亲撰写墓志铭。李新比晁补之甚至更进一步，一方面断言不孝子和死者无子嗣之间没有任何区别，另一方面又着意提及他在未经朝廷允准的情况下就回家丁忧，意在表明他绝不是不孝之子。

通过详细描述父亲的遗愿并展示他对实现这个愿望的坚持不懈，李新有效地将完成父子二人心愿的重担转移到了宇文吏部身上。换句话说，事已至此，只有宇文氏握有把李新描述为孝子的生杀大权。晁补之也把同样的希望寄托于黄庭坚。这两个例子的唯一区别是，在晁补之的事例中，毫无疑问，黄庭坚会同意晁补之的要求，而李新对此事的把握则小得多。我们不知道他这一请求的最终结果。如果宇文吏部接受了这一要求，我们几乎可以肯定，他会在墓志铭中引用李新信中感人肺腑的语言，尤其是李新为了守丧而违反政府政策的行为，以及他为实现父亲临终遗愿而不屈不挠的努力。

人子长途跋涉为父母求铭

除了通过书信寻求墓志铭外，许多死者的儿子远道而来，亲自向他们选定的作者请求撰写墓志铭。在之后成文的墓志中，这样的努力被墓志作者用心地渲染成一种非凡的孝道姿态。苏颂在两方墓志铭中详细叙述了他同意为墓主作铭的情况。在第一个事例中，苏颂写道，墓主之子石景雯两次从福建到润州，恳求苏颂答应他的请求。苏颂在完成的墓志铭中因此特别提到，他因"嘉孝嗣往复之勤"而同意了石景雯的请求。① 在孙永的神道碑中，苏颂讲述了孙永的儿子从很远的地方前来，拿着孙永的履历功状，哭泣着解释道，自己"已毕祥除"，是时候考虑父亲的碑铭之事。他已经为他父亲找到了墓志铭作者，希望苏颂同意撰写父亲的神道碑，立于墓旁，"使得终事，死无憾矣"。② 另一位孙姓人子孙钺身着丧服，千里迢迢来到京城请求许翰（？—1133）为其父撰写墓志铭。许翰写道："固辞，请益哀，是恶可以不变也欤？ 乃受而铭之。"③

在上述三个事例中，墓志作者们无一例外地强调了死者儿子们为父母获取墓志所做的艰苦努力。受死者儿子们的执着和决心所感，墓志作者们别无选择，只能同意他们的要求。在《胡君墓志铭》中，王安石用很大篇幅为我们描述了胡舜元颂扬父亲的决心：

129

> 王某之治鄞三月，其故人胡舜元凶服立于门。揖入，问吊故，则丧其父五月，留而馆，意独怪其来之早也。居数月，语吾弟曰："吾释父之殡，跋山浮江，从子之兄于海旁，愿有谒也久矣，不敢以言。吾亲之生，我学于四方，不得所欲以养。今已不幸卒也，得子之兄志而铭之，藏之墓中，可以显于今世以传于后，虽吾

---

① 苏颂：《全宋文》第 62 册，卷 1345《朝议大夫致仕石君墓碣铭》，第 72 页。

② 苏颂：《全宋文》第 62 册，卷 1343《资政殿学士通议大夫孙公神道碑铭》，第 41—42 页。

③ 许翰：《全宋文》第 145 册，卷 3135《孙使君墓志铭》，第 10 页。

小人与荣焉，无悔焉。不知子之兄可不可？"吾弟以告，予叹曰：
"审如是，可以为孝。君子固成人之孝，而吾与之又旧，其何顾而
辞？"即取吾所素知者为之志而铭之。①

　　王安石接着在墓志铭中记录了胡某及其家人的最基本情
况。然而，与上述叙述相比，这篇墓志铭的简短程度不成比例。
除了死者的籍贯、死亡日期、儿子数量，以及他送胡舜元求学的
事实外，我们对死者几乎一无所知。相反，反倒是胡舜元求墓志
铭的表现占据了墓志文本的大多数篇幅。

　　王安石明确表示，他一开始并不把胡舜元视为孝子。事实
上，他最初对胡舜元的来访感到困扰。毕竟，服丧的儿子应该待
在家里，专心居丧并准备父亲的葬礼。然而，在得知胡舜元的意
图后，王安石转而被胡的行为所感动。对王安石来说，胡舜元的
所作所为无疑是卓越的孝行。首先，从安徽到浙江东北部的长
途跋涉，在最顺利的情况下，要花费几十天。之后，胡舜元在客
栈住了几个月，等着去拜访王安石。胡舜元的执着最终打动了
王安石。此外，王安石解释说，帮助孝子实现其追思父母的愿望
本来就是君子的义务。从这个意义上说，王安石的作品更多的
是对胡舜元孝道的褒奖，而并未着眼于对胡舜元父亲一生的颂
扬。从另一个角度看，胡舜元不仅成功地为父亲求得了一方墓
志铭，而且他寻找墓志铭的经历也使他在死者的所有儿子中脱
颖而出。事实上，在胡舜元父亲的七个儿子中，王安石的墓志铭
中只提到了胡舜元的名字。

――――――――――――――

　　①　王安石：《全宋文》第 65 册，卷 1416《胡君墓志铭》，第 186—187 页。

追忆中的张力：人子与墓志作者

到目前为止，我们的讨论集中在死者儿子们使用墓志铭来表达孝道的各种方式，以及墓志铭作者们在拔高求铭之人方面所起的作用。但墓志铭的书写过程往往比上文呈现的要复杂曲折得多。我最近对范仲淹墓志铭书写的研究，揭示了士人政治如何影响了这位中国历史上最杰出人物之一的形象与记忆。范仲淹的传记作者和范仲淹的儿子们在他的政治遗产问题上的分歧及干预，使这一过程更加复杂化。① 对大多数北宋士大夫家庭而言，政治在墓志铭的书写过程中并没有占据突出的位置。本节因此集中讨论死者儿子和墓志铭作者所面临的几个普遍的、比较"世俗"的挑战。

人子面临的困境之一：面对百般拖延的墓志铭作者

大多数北宋墓志铭并没有为我们提供一个明确的时间轴来衡量为父母求得墓志铭所需的时间。考虑到大多数求铭的情况都涉及信件往来或长途旅行，这一过程可能轻易需要几个月甚至几年时间。例如，庆历四年（1044），曾巩从江西写信给在京城的欧阳修，要求他为自己已故的祖父写墓志铭。欧阳修直到庆历五年（1045）秋天才把写好的墓志铭交给曾巩。庆历六年

---

① C. E. Zhang, "Bureaucratic Politics and Commemorative Biography."北宋中后期，当党争困扰朝廷政治时，墓志铭书写的政治色彩更加浓厚。因此，无论是墓志作家还是士人家庭都变得更加谨小慎微，很多人因此在没有墓志铭的情况下就入土为安了。刘成国《北宋党争与碑志写作》。

(1046)，曾巩回信表示感谢。① 这意味着该墓志铭仅写作过程就至少花费了几个月的时间。许多作者在回答求铭信件时反应迟缓，引起了人子极大的焦虑。无论是杰出的文学之士还是普通作家，都会出现拖延情况。举例为证，陈舜俞向欧阳修去信求取父亲的墓志铭之后很长时间音信皆无，无奈之下，陈于两年后再次致信，提醒欧阳修此事。② 在信的开头陈舜俞回忆了两人上次会面和欧阳修应允写铭的情况："先生哀其诚，而报曰可。" 131
陈舜俞接着说，如果欧阳修不履行诺言，后果将是灾难性的：

> 则虽连山为坟，销金为椁，执绋千人，备物百瓮，不足谓之葬，愧乎人间而无以报于地下，终亦不苟葬耳。先生其卒与之乎，某获负土垄上，使先人之善永于陵谷，小子无愧于乡人，赎十五年不葬之罪，生死骨肉，论报无有已也。③

从这封信中我们得知，陈舜俞在父亲去世十三年内并未筹划父亲的安葬事宜，而等待欧阳修的答复又耗费了两年时间。然而，陈舜俞却愿意再等待一段时间，因为他相信欧阳修的墓志铭不仅能让已故的父亲不朽，而且能让他"无愧"自己的族人和乡亲。在陈舜俞看来，在把父亲的葬礼拖延了这么久之后，请欧阳修撰写墓志铭成了唯一不让他感到不孝或显得不孝的方法。

---

① 曾巩：《全宋文》第 57 册，卷 1245《上欧阳舍人书》，第 231 页，第 57 册，卷 1246《寄欧阳舍人书》，第 246 页。

② 陈舜俞：《全宋文》第 70 册，卷 1535《上欧阳内翰书》《上欧阳参政侍郎书二》，第 334—335 页，第 337—338 页。

③ 陈舜俞：《全宋文》第 70 册，卷 1535《上欧阳参政侍郎书二》，第 337—338 页。

　　还有许多人发现自己"陷入"了类似的困境。在写给一位傅侍郎的信中，毛滂讲述了前往京城向傅侍郎求写父母墓志铭的故事。毛滂说，从那时起算起，七年过去了，其间他多次寄信催告，但一直没有收到傅侍郎的回音。或许毛滂在早些时候曾表现得谦逊温和，但他的态度在现存的信中已经发生了变化，他特别提到了关于唐代学者韩愈（768—824）的轶事，韩愈为不知名的官员写过墓志铭，仅仅是因为死者的"妻俾奴抱婴儿从退之乞铭，遂得铭"。毛滂暗示，傅侍郎不信守诺言，在为人方面远逊韩愈，可能是个势利小人。最重要的是，傅侍郎的不守诺言，会让毛滂背负"不孝之名"。[1]

　　为墓志铭等待漫长的七年，无疑很是过分，丧家的不耐烦也算合情合理。毛滂猜测，傅侍郎多年的拖延是因为自己默默无闻，所以才遭慢待，这一解释看似合理，然而现实是，即使是名望贵重之人也同样遭受过作者拖延的痛苦。欧阳修族人的墓志铭被同僚一再延误，曾使他非常恼火，即使如此，他也不过指示死者的儿子委婉地提醒墓志铭作者。[2] 与此同时，作为作者的欧阳修不紧不慢，花了两年多的时间才完成了范仲淹的神道碑，而他迟迟未能完稿，大大考验了范仲淹儿子们的耐心。[3]

人子的困境之二：墓志铭作家拒绝撰文

132　　考虑到欧阳修和范仲淹在政界、文人社会和文学界的地位，他们自己和家人尚且要容忍墓志铭作者们的拖沓，那么，墓志铭

---

① 毛滂：《全宋文》第 132 册，卷 2856《上傅侍郎求志文书》，第 235—236 页。
② 欧阳修：《全宋文》第 34 册，卷 714《与十三侄奉职书》，第 5 页。
③ C. E. Zhang, "Bureaucratic Politics and Commemorative Biography."

撰写者在与背景更普通的人打交道时拖拖拉拉，也就不足为奇了。从死者儿子行孝的角度来看，更糟糕的情况是墓志铭作者的婉拒。

在私人书信中，不少北宋墓志铭作者解释了他们不愿意或不能同意某些求铭者的要求的原因。蔡襄说他正在服丧，所以不方便为他人撰写墓志铭。[①] 年老多病是李昭玘提供的不再写墓志铭的理由。[②] 在几乎所有其他文学体裁中，苏轼都是一位多产的作家，但他只写过十二方墓志铭。在不止一封信中，苏轼解释道，由于之前写铭造成的复杂情况，他已决定不再撰写墓志铭，希望求铭者理解，不要把他的拒绝视为针对他们个人的行为。[③]

无论是婉拒还是直白地拒绝，都让我们感受到死者儿子所面临的挑战。有些人继续"纠缠"，就像毛滂对傅侍郎那样，可能最终也未能得偿所愿，而另一些人则因为他们的坚持修成正果。在得知杨畏（1044—1112）已经不再给人写墓志铭后，尹某自己完成了母亲的墓志铭，然后把铭文父给杨畏。尹某的愿望很简单，他只是要求杨畏在墓志铭的末尾加上几行字，这样他就可以理直气壮地把杨畏的名字刻在石碑上。令人意外的是，杨畏并没有被这个要求冒犯到，而是欣然答应了这一请求。值得注意

---

① 蔡襄：《全宋文》第 47 册，卷 1010《答户曹叶君书》，第 42 页。（蔡襄听闻叶户曹有"阃中之忧"，但因为服丧不能前往吊唁，他已经为叶户曹"先丈"撰写过墓志。——译者注）

② 李昭玘：《全宋文》第 121 册，卷 2607《答刘秀才求先博士墓志书》，第 106—107 页。

③ 苏轼：《全宋文》第 87 册，卷 1894《答范蜀公书五》，第 368—369 页，第 88 册，卷 1903《答李方叔八、九、十》，第 69—70 页；第 88 册，卷 1907《与张君子三》，第 164—165 页。

的是，杨畏的文字根本没有提到尹某的母亲。相反，杨畏评论道："尹君为人谨且信，其事母孝既力矣，来者当自信，则余之言不足以当重轻。"[①]虽然只有寥寥数行字，尹某应该已心满意足：他可以在母亲的墓志铭中使用杨畏的名字，并为杨畏认可他是孝子而感到自豪。

杨畏的同侪大多没有那么随和。在所有的宋代作家中，司马光可能是最直言不讳拒绝写墓志铭的人。宋神宗元丰七年（1084），在写给赵抃之子赵岏的信中，司马光提到他已经十多年没有写过墓志铭了。这些年来，他拒绝了几十个家庭的墓志铭撰写请求。当孙令提出这一要求时：

> 光时复书，叙不可为之故颇详。是后又辞王乐道、曾子固等数家，皆以此书呈之。去年富公初薨，光往吊酹。其孤朝奉在草土中，号哭自掷，必欲使光作墓志。又遣人来，垂谕至于三四。光亦以所以语孙令者告之，竟辞不为。今若独为先公为之，则是有所轻重厚薄。足下试以尊意度之，谓光敢为之乎？不敢为乎？此则不待光辞之毕，足下必尽察之矣。[②]

司马光之所以能够在频繁的墓志铭撰写请求前毫不动摇，是因为他相信，如果一个人的名声不足以打动天下所有人，或者

---

① 杨畏：《全宋文》第 104 册，卷 2269《宋故尚书虞部员外郎尹公夫人福昌县君陈氏墓志铭跋》，第 51 页。

② 司马光：《全宋文》第 56 册，卷 1214《答两浙提举赵宣德书》，第 61 页。尽管文笔夸张，司马光说的却是事实。据张舜民记载，司马光四十岁以后，就不再写墓志铭了。但有两个例外。司马迁为吕献可、刘恕等人撰写过墓志铭。张舜民：《全宋文》第 83 册，卷 1815《书秘书丞墓碣后》，第 302 页。

他的作品不足以传世，即使是为此人写下墓志铭，后人也一定会弃如敝屣。在另一封信中，司马评论如下：

> 彼孝子孝孙，欲论撰其祖考之美，垂之无穷。而愚陋如光者，亦敢膺受以为己任，是羞污人之祖考，而没其德善功烈也，罪孰大焉？遂止不为。自是至今六七年，所辞拒者且数十家……不可悉数，京洛之间尽知之。①

司马明确表示，令他忧心忡忡的是孝子和墓志铭作者为拔高墓主的德行过于认真而徒劳的努力。司马光认为，既然赵岘的父亲"清节直道，著于海内，皎如列星，决不沉没"，即使没有墓志铭，他肯定也会被载入国史，永垂不朽：

> 岂待光鄙陋之文，然后彰彰乎？方今群公，文章高出于众，议论为人所信者，何可悉数。足下不求于彼，顾遣使者，自衢至洛，走数千里，专以相委，荷雅意期待如此之重，乃敢仰违尊命。②

司马光的信足以证明他确实无意再写墓志铭。这封信也使我们能够理解死者儿子在获得墓志铭方面所处的困境。尽管通过各种艰苦的努力，包括长途跋涉、公开表达悲痛之情和坚持不懈地百般恳求，许多人成功为父母求得了墓志铭，但并不是所有人都如此幸运。以下数字应该可以进一步说明死者儿子们所面

134

---

① 司马光：《全宋文》第 56 册，卷 1214《答孙长官书》，第 40—41 页。
② 司马光：《全宋文》第 56 册，卷 1214《答两浙提举赵宣德书》，第 61—62 页。

临的重重阻碍。如前文所述，《全宋文》所载的两千方左右的北宋墓志铭约出自 370 名作者之手。其中的 75 人（即 20％），撰写了大约 80％的志文。这一组数字揭示一个几乎是不言自明的事实：对于成千上万准备为父母或其他家庭成员求取墓志铭的北宋士人们来说，他们能成功接近这些作家之一的机会微乎其微。

墓志作者的困境之一：满足孝子要求与秉笔直书之间的矛盾

上述问题之外，其他因素也使墓志铭写作更加复杂化。一个必须面对的实际情况是，尽管墓志作者往往着意在墓志铭中拔高求铭的孝子，但双方的出发点却大相径庭。孝子及其家人最关心的是尊崇祖先。这意味着他们会倾向于隐去祖先一些"不肖"之举或有碍其名声的真相。这一趋势引起了许多墓志铭作者的注意。而墓志铭作者的立场大相径庭。一方面，他有义务褒赞死者及其儿子的德行，毕竟，这是他接受润笔的条件和需要完成的任务。另一方面，北宋作家也认为，他们有责任秉笔直书。归根到底，这种紧张关系体现了墓志铭作者试图控制其作品和声誉与死者家庭致力于塑造祖先形象和家庭记忆之间的内在冲突。

在所有北宋墓志铭作者中，曾巩最为系统地论述了墓志作者的困境。庆历六年（1046），曾巩在致欧阳修的一封长信中，比较了墓志铭与历史写作之间的区别。曾巩写道，一方面，两者有相通之处，墓志铭和史书的首要目标之一都是让古人的言行不朽，以启迪后人，从这个意义上讲，墓志铭就像是历史著作。

然而，曾巩论述的重点是这两类作品之间的差异。历史记录囊括所有的客观信息，包括一个人的恶行，但并不是每个人在死后都应该有一方墓志铭。对曾巩来说，"盖古之人有功德材行志义之美者，惧后世之不知，则必铭而见之。或纳于庙，或存于墓"，如此，"使死者无有所憾，生者得致其严。而善人喜于见传，则勇于自立；恶人无有所纪，则以愧而惧"。①

在某种程度上，曾巩把墓志铭看作是一种遏制恶人的机制，如果自己不配拥有墓志铭，就会遭到后人遗忘。这种想法会让恶人们都又羞又怕。曾巩在对墓志铭和历史写作进行一般性比较之后，又批评了当时的墓志铭书写中的不正常现象：子孙，甚至是恶人的子孙们，都不遗余力地吹嘘和夸大祖先的功绩。曾巩写道："及世之衰，为人之子孙者，一欲褒扬其亲而不本乎理。故虽恶人，皆务勒铭以夸后世。"②

在曾巩看来，这个问题并非仅仅是由孝子们造成的，墓志铭作者同样起到了推波助澜的作用。因为要考虑墓主后人的感受，墓志铭作者经常会犹豫是否应该拒绝他们撰写墓志铭的请求或是否应该在墓志铭中包含有关死者的负面内容，"立言者既莫之拒而不为，又以其子孙之所请也，书其恶焉，则人情之所不得，于是乎铭始不实"。因此，曾巩称："故千百年来，公卿大夫至于里巷之士，莫不有铭，而传者盖少。"③鉴于上述事实，曾巩敦促道德名望之家在挑选墓志铭作者时要格外小心，此人应该品行端正、有高超的写作技巧。如果一个人在这些方面有所欠缺，

135

---

① 曾巩：《全宋文》第 57 册，卷 1246《寄欧阳舍人书》，第 246—247 页。
② 曾巩：《全宋文》第 57 册，卷 1246《寄欧阳舍人书》，第 246—247 页。
③ 曾巩：《全宋文》第 57 册，卷 1246《寄欧阳舍人书》，第 246—247 页。

不管他的墓志铭写得多么天花乱坠，都无助于维护死者的声望。

虽然曾巩声称只有好人才配得上德才兼备的作家撰写的墓志铭，但他也承认儿孙们不惜一切代价拔高祖先这个古已有之的现象。正如曾巩所说，"为人之子孙者，孰不欲宠荣其父祖？"①面对不惜工本的家庭和随声附和的墓志铭作者们，曾巩并没有找到切实可行的好办法。他能做的也只限于指出，时间会筛选所有的记录。最终，只有由贤达之人撰写的墓志铭或为贤达之士所写的极少数墓志铭才会得以留存下来。

曾巩的许多同时代人都同意他的观点。苏曾经轼指出：

> 近日士大夫皆有僭侈无涯之心，动辄欲人以周、孔誉己，自孟轲以下者，皆怅然不满也。此风殆不可长也。又仆细思所以得患祸者，皆由名过其实……独所谓未得名世之士为志文则未葬者，恐于礼未安。②

在为自己和祖宗追名逐利的过程中，苏轼感到士大夫同侪们忘记了礼仪的真正精神。为了阐明他的观点，苏轼接着举了两个例子，一个有关司徒文子和子思，另一个涉及晋朝的温峤（288—329）。③

> 古之君子，有故不得已而未葬，则服不变，官不调。今足下未

---

① 曾巩：《全宋文》第 57 册，卷 1246《寄欧阳舍人书》，第 246—247 页。

② 苏轼：《全宋文》第 87 册，卷 1893《答李方叔》，第 350—351 页。

③ 在对话中，司徒文子问于子思："丧服既除然后葬，其服何服？"子思曰："三年之丧，未葬，服不变，除何有焉。"晋温峤以未葬不得调。苏轼：《全宋文》第 87 册，卷 1893《答李方叔》，第 351 页。

葬，岂有不得已之事乎？他日有名世者，既葬而表其墓，何患焉。①

　　这段文字应该与曾巩对死者儿孙子们千方百计求墓志铭以拔高自己的祖先，获得个人声誉的批评结合起来阅读。更具体地说，苏轼指出了墓志铭写作中的两个问题：首先是墓志铭往往夸大死者的美德；其次是丧家过分热衷于寻找名人来写作墓志铭。这个倾向进一步解释了久不克葬盛行的原因。对于苏轼来说，这种倾向造成了一个更大的问题：为求得或等待墓志铭的完成，人子们不惜拖延安葬父母；结果是，父母尚未入葬，而人子却已经完成守丧，脱下了孝服，把葬事留待日后解决。苏轼在发表上述看法时正为一个具体事例烦恼：有人要求他为一个尚未安葬的人撰写墓碑。对苏轼来说，这种只重形式（拔高父母人子的声誉）而不重实质（严格遵守丧葬礼仪）的做法尤其令他感到不安，而这恰是曾巩描绘的"衰世"之兆。

墓志铭作者的困境之二：纪念陌生人

　　北宋作家在其墓志传记作品中，经常强调对墓主人的深入了解是创作高质量墓志铭的前提条件。许多作家明确表示，因为他们熟识或多年以来敬仰死者或其家人，他们因此感到既是荣幸又有义务来承担撰写死者墓志铭的任务。这种强调墓志铭作者与死者两者之间密切关系的倾向，对那些在纪念祖先时缺乏必要社交关系的人子来说，无疑增加了又一重障碍。苏洵（1009—1066）为杨美球父亲准备墓志铭的过程，最直接地说明了这一点。

137

---

① 　苏轼：《全宋文》第 87 册，卷 1893《答李方叔》，第 350—351 页。

首先让我们读一下苏洵写给杨美球的信，因为这封信解释了杨美球向苏洵求铭的情况和苏洵之所以答应承担这项任务的关键信息。

往者见托以先丈之埋铭，示之以程生之行状。洵于子之先君，耳目未尝相接，未尝辄交谈笑之欢。夫古之人所为志夫其人者，知其平生，而闵其不幸以死，悲其后世之无闻，此铭之所为作也。然而不幸而不知其为人，而有人焉告之以其可铭之实，则亦不得不铭。此则铭亦可以信行状而作者也。

今余不幸而不获知子之先君，所恃以作铭者，正在其行状耳。而状又不可信，嗟夫难哉！然余伤夫人子之惜其先君无闻于后，以请于我；我既已许之，而又拒之，则无以恤乎其心。是以不敢遂已，而卒铭其墓。凡子之所欲使子之先君不朽者，兹亦足以不负子矣，谨录以进如左。

然又恐子不信行状之不可用也，故又具列于后。凡行状之所云，皆虚浮不实之事，是以不备论。论其可指之迹。行状曰："公有子美琳，公之死由哭美琳而恸以卒。"夫子夏哭子，止于丧明，而曾子讥之；而况以杀其身，此何可言哉？余不爱夫吾言，恐其伤子先君之风。行状曰："公戒诸子无如乡人，父母在而出分。"夫子之乡人，谁非子之宗与子之舅甥者，而余何忍言之？而况不至于皆然，则余又何敢言之？此铭之所以不取于行状者有以也，子其无以为怪。①

---

① 苏洵：《全宋文》第43册，卷920《与杨节推书》，第42—43页。

苏洵的信首先点明了他在这件事中所处的困境：苏洵不认识杨美球的父亲。尽管如此，他还是勉力答应并完成了杨美球交给的任务。他之所以这样做是因为他理解杨的要求并钦佩他的孝心。苏洵这封信更重要的目的是指出他对杨美球父亲行状的困扰。苏洵之所以批评这份行状，有两个原因。首先是它含有"虚浮不实"的信息。虽然苏洵并没有用具体的例子来证明这一点，但我们可以想象，行状中可能夸大死者的德行，称其为乡里受人爱戴的人物，这本就是北宋墓志铭对地方士绅的标准比喻，因此倒也无伤大雅。相较之下，苏洵指出的第二点问题性质更加严重，他认为行状中有些旨在赞美死者的信息实际上可能会损害死者及其家人的声誉。苏洵举了两个例子为证：一是行状称死者因丧子伤心亡故；二是死者曾告诫儿子们不要跟随大众潮流在父母在世时分家。就苏洵而言，这两件事可能都实有其事，但却不应该纳入行状或墓志铭中。在墓志铭中，明确将父亲的去世归咎于痛惜儿子夭折，或暗示乡间之人大多无视同居共财的原则，罔顾父母的幸福，这些都不会拔高死者，反而会产生负面影响。苏洵绝对不会在原则上妥协，也不愿意成为这种可能性的"帮凶"。

苏洵的这封信主要是为了说明，尽管他可能得到了一份详细的死者行状，但为何他写的墓志铭如此简短。因为没有一份可靠且有用的行状，他只能勉为其难。苏洵为杨美球之父的墓志铭全文如下：

杨君讳某，字某，世家眉之丹棱。曾大父讳某，大父某，父某，皆不仕。君娶某氏女，生子四人：长曰美琪，次曰美琳，次曰美珣，其幼美球。美球尝从事安靖军，余游巴东，因以识余。嘉祐二年某月某日，君卒，享年若干。四年十一月某日，葬于某乡某里。将葬，从事来请余铭，以求不泯于后，余不忍逆。盖美琳先君之丧一月而卒，美琪、美珣皆志于学，而美球既仕于朝。①

　　这方墓志铭给我们留下内容简短且缺乏具体信息的印象。苏洵只记载了死者最基本的资料：家世、子嗣、婚姻和埋葬地点。死者妻子和祖先名字的缺失说明墓志铭作者对杨家并不熟悉。还要注意的是，在整方墓志铭中，苏洵没有以任何方式赞扬杨美球的父亲，但却没有忘记说明，死者的墓志铭是谁安排的，以及他与求铭者的关系。

　　苏洵为杨美球父亲写的墓志铭并非独一无二。我们姑且称之为"敷衍了事"的墓志铭作品。用"敷衍了事"描述这类作品并不是说作者态度不认真，而是因其他的因素，例如时间限制、地理阻隔、行状记载不足以及作者对死者及其家人的不熟悉，造成了这些超短的"象征性"墓志铭。

　　最重要的是，苏洵为杨美球父亲书写的墓志铭揭示了缺乏社会和文学关系的人子在为父母获取墓志铭方面所面临的重重困难。苏洵很可能是杨美球认识的最有名望的作家，是杨美球拔高父亲和自己的唯一希望。在苏洵一方，即使丧家提供的行状无法使用，他还是信守诺言撰写了杨父的墓志铭。我们不清楚杨美球对苏洵的作品是否满意，他当然希望苏洵对自己的父亲和自己着墨更多，然而，鉴于他本人在士人社会中无足轻重的

---

① 苏洵：《全宋文》第 43 册，卷 927《丹稜杨君墓志铭》，第 186 页。

地位，杨美球很可能认为自己已经很幸运了。毕竟，在父亲的四个儿子中，是他确保了父亲在身后得到追思，而且，虽然苏洵的墓志铭内容简短，但足以证实他是个孝子。

不善通融的墓志作者和过分苛求的人子

北宋墓志铭写作和孝道实践中另一个值得探讨的方面是，一些士人因急于美化父母，提升自己的孝子形象，在墓志铭的求取过程中不免要求过高，导致了墓志铭作者和死者家属之间在交流中的不友好甚至敌对态度。可以想象，这种冲突并不普遍，毕竟，冒犯墓志铭作者绝对不符合死者儿子或家人的利益，同时，许多墓志铭作者可以干脆选择忽略他们认为不合适的信息或不合理的要求。在对这些考虑有所了解的情况下，再让我们看一下作为墓志铭作者的欧阳修的经历。

欧阳修大约有110方墓志铭存世。考虑到他作为文学巨匠的声誉，只要他同意撰写墓志铭，大多数求铭者自会心满意足，别无他求。但这并不一定意味着死者的家人后来没有对欧阳修的文字稍作修改或对他的作品没有任何保留意见。因此，欧阳修留下了大量与死者儿子及其家人打交道的记录。

欧阳修最早就墓志铭写作发表意见，始于他为尹洙撰写墓志铭之后。庆历七年（1047），欧阳修的密友、著名作家尹洙去世，欧阳修受托为尹洙撰写墓志铭。尹洙的墓志全文大约有九百字，在尹家看来，篇幅太短，不足以让尹洙的杰出成就不朽，也不足以解释他所遭遇的政治挫折与所受的痛苦。① 尹家人的反

---

① 　欧阳修：《全宋文》第 35 册，卷 751《尹师鲁墓志铭》，第 308—309 页。

应如此之强烈，以至于欧阳修最终写了一篇比尹洙墓志铭篇幅更长的文章作为回应。在这篇文章中，欧阳修解释道："故师鲁之志用意特深而语简，盖为师鲁文简而意深。"欧阳修接着反驳了尹洙儿子对其作品的评价："因谓死者有知，必受此文，所以慰吾亡友尔，岂恤小子辈哉？"①

在面对尹家人对尹洙墓志铭内容过于简略的抱怨时，欧阳修几乎没有表现出任何灵活性，并拒绝对丧家做出任何让步。有鉴于此，尹家转而向尹洙的其他朋友求取更多的纪念性文字。结果，范仲淹同意为尹洙的文集作序。② 至和元年（1054）尹洙下葬时，韩琦撰写了墓表。值得一提的是，《尹公墓表》的字数几乎是欧阳修所撰墓志铭的三倍。③

尹家与欧阳修的分歧以及韩琦牵涉其中成为广为人知的轶事，谣言随之四起。尹洙去世两年后，欧阳修仍然在一封信中试图澄清事实，为自己所写的尹洙墓志铭如此之简短而辩护："尹君志文，前所辨释详矣。某于师鲁，岂有所惜，而待门生、亲友勤勤然以书之邪？幸无他疑也。余俟他时相见可道，不欲切切于笔墨。加察加察。"④

欧阳修与尹家的对峙是他作为墓志作者和死者家属之间的第一次正面冲突。几年后，由于他和范仲淹的儿子和朋友对范仲淹的政治遗产和墓志铭书写原则的看法分歧，欧阳修在撰写范仲淹的墓志铭时遇到了更大的困难。由于多方的意见不合，

---

① 欧阳修：《全宋文》第 34 册，卷 718《书尹师鲁墓志》，第 82 页。
② 范仲淹：《全宋文》第 18 册，卷 385《尹师鲁河南集序》，第 392—393 页。
③ 韩琦：《全宋文》第 40 册，卷 856《故崇信军节度副使检校尚书工部员外郎尹公墓表》，第 78—80 页。
④ 欧阳修：《全宋文》第 33 册，卷 711《答孔嗣宗书》，第 355—356 页。

欧阳修迟迟不肯交稿,导致他对范仲淹生平的记述最终被用作神道碑,而不是在安葬时即应完成的墓志铭。即便如此,欧阳修的作品在立碑时还是被范仲淹之子加以修改。这一行为迫使欧阳修不承认那个被删改过的版本,并建议读者只相信自己文集中收录的神道碑版本。①

　　以上经历使欧阳修在与死者家属打交道时变得更加谨慎。嘉祐二年(1057),欧阳修在同意为杜衍(978—1057)撰写墓志铭后,给杜衍的儿子杜䜣写过两封长信。在第一封信中,欧阳修为自己没能及时完成墓志铭而道歉,建议杜家人可以使用韩琦撰写的杜衍行状作为墓志铭。他提出这个建议的主要理由是,"若以愚见,志文不若且用韩公行状为便,缘修文字简略,止记大节,期于久远,恐难满孝子意。但自报知己,尽心于纪录则可耳,更乞裁择"。②

　　欧阳修难道真的愿意杜家人使用韩琦撰写的杜衍行状作为墓志铭吗？这种可能性看似不大。因为他很快补充道,他肯定会尽最大的努力来完成杜衍的墓志。欧阳修写这封信的主要目的应该是为了提醒杜䜣清楚他的写作风格,以免杜家期待一方长篇大论,包括杜衍众多生活细节的墓志。③ 他同时警告杜䜣不要成为他不赞成的那种孝子。欧阳修甚至并不避讳点名道姓地指出:"范公家神刻,为其子擅自增损,不免更作文字发明,欲后世以家集为信,续得录呈。尹氏子卒,请韩太尉别为

①　C. E. Zhang, "Bureaucratic Politics and Commemorative Biography."
②　欧阳修:《全宋文》第 33 册,卷 699《与杜䜣论祁公墓志书一》,第 108—109 页。
③　杜衍的墓志与范仲淹的墓志铭一样,约有两千字,这是欧阳修写过最长的墓志之一。

墓表。"①欧阳修接着补充道：

> 以此见朋友、门生、故吏，与孝子用心常异，修岂负知己者！范、尹二家，亦可为鉴，更思之。然能有意于传久，则须纪大而略小，此可与通识之士语，足下必深晓此。②

欧阳修的信足以证实，在与尹洙和范仲淹的儿子们发生冲突多年后，他仍然对这两家人对待他的方式感到恼火，指责他们短视无知。与此同时，欧阳修也越来越意识到墓志作者和死者家属在观点上的固有分歧，墓志作者有秉笔直书的责任和道德义务，但这并不总是孝子们最关心的问题。墓志作者和死者家属之间的一个重大的分歧，在于前者更着眼于对死者人品的书写，后者则往往纠结于死者某些次要的成就。欧阳修宣称，从长远来看，一个人的人品才是最重要的。他，墓志作者，才是最终决定如何定义墓主一生的人。

墓志作者和死者家属之间的紧张关系也困扰着其他北宋作家。王安石与钱公辅（1023—1074）之间的交流提供了一些生动的细节，有助于我们了解墓志作者疲于应付的某些极为挑剔的人子。在给钱公辅的信中，王安石写道：

> 比蒙以铭文见属，足下于世为闻人，力足以得显者铭父母，

---

① 欧阳修：《全宋文》第 33 册，卷 699《与杜诉论祁公墓志书一》，第 108 页。欧阳修还与韩琦讨论过尹洙的例子。欧阳修：《全宋文》第 33 册，卷 704《与韩忠献王书十七》，第 192—193 页。

② 欧阳修：《全宋文》第 33 册，卷 699《与杜诉论祁公墓志书一》，第 108 页。

以属于不腆之文，似其意非苟然，故辄为之而不辞。不图乃犹未副所欲，欲有所增损。鄙文自有意义，不可改也。宜以见还，而求能如足下意者为之耳。①

　　这一事例与上述欧阳修遭遇的情况类似：求铭者在墓志文本完成后写信给作者，要求增加更多的内容。对此，王安石的回应是，任何增损都会破坏他写作的完整性。让王安石很恼火的原因可能是钱公辅把注意力集中在两个小细节上。第一个细节是钱公辅试图把他的一些诗作加入母亲的墓志铭。王安石反驳说："通判之署，有池台竹林之胜，此何足以为太夫人之荣，而必欲书之乎？"此外，王安石指出："苟粗知为辞赋，虽市井小人，皆可以得之，何足道哉！"而钱母墓志中最重要的内容应有关她的品行："太夫人能异于闾巷之士，而与天下有识同，此其所以为贤而宜铭者也。"

　　如果说王安石觉得钱公辅的第一个要求不太合理，那么钱的第二个要求显得更加微不足道。很显然，王安石的墓志原稿遗漏了死者有七个孙辈的事实。对于钱公辅要求插入这些信息的请求，王安石回答道："孰有五子而无七孙者乎？七孙业之有可道，固不宜略；若皆儿童，贤不肖未可知，列之于义何当也？诸不具道，计足下当与有识者讲之。"②

　　我们是否应该像王安石一样责怪钱公辅把上述两条信息写进母亲墓志铭中的请求？钱的第一个要求无疑是想自抬身价，但钱希望加入死者孙辈人数的要求无论如何不应视察为过分之

143

①　王安石：《全宋文》第 64 册，卷 1390《答钱公辅学士书》，第 132 页。
②　王安石：《全宋文》第 64 册，卷 1390《答钱公辅学士书》，第 132 页。

举。事实证明，王安石在写了这封措辞强硬的信后，确实重新考虑了钱公辅的要求。王安石为钱公辅母亲撰写的墓志铭保存至今。该墓志铭大约四百字，确实提到了死者有七个孙子。然而，钱公辅有关某郡斋的诗，却未见于他母亲的墓志铭中。①

"过度"追忆

在一封写给沈遘（1025—1067）的信中，江崈写道：

> 先人之葬，章望之表民实为铭，其世次，卒葬月日，终始既具。然知先人者，莫如公。今墓有碣，未有刻也，愿公有以刻之，则先人为不朽，而崈死且不恨矣。②

江崈在信中透露，他的父亲下葬时，已有章望之为之作铭，而新立的墓碑尚未有文字。江崈致信沈遘的目的，即希望沈能同意他的请求，为父亲撰写墓碣文，助其名声垂诸后世。

本节重点讨论北宋一种日益流行的追怀祖先的方式：人子竭尽心力为父母求得多份碑铭。这种强调长期进行的追思形式与前两章中讨论的守丧过程中的哀毁过礼和不断对祖茔进行修缮维护有极大相似之处。除了补充墓志铭以让家庭记忆永存外，这些书写还证明了儿孙甚至曾孙的孝道实践，确立了其作为孝道典范的形象。这一变化须在以下背景下考虑：鉴于人子在

---

① 王安石：《全宋文》第 65 册，卷 1419《永安县太君蒋氏墓志铭》，第 230 页。
② 沈遘：《全宋文》第 74 册，卷 1628《尚书都官员外郎江君墓碣文》，第 352 页。

144

为父母求铭方面面临的种种挑战，某些死者的儿孙仍愿意一次一次地克服重重困难，这无疑证明了碑文在北宋士人孝道表现中的核心地位。

宋朝的纪念文学作品中充满了修建墓碑和要求墓表、墓碣铭的内容。前一章开篇提到的刘挚，除了自己亲述父亲的生平，还请另外三人撰写了父亲的碑铭。曾巩在父亲和祖父去世几十年的时间里为他们各准备了一份墓铭和墓表。① 外祖母黄氏去世四年后，王安石为其撰写了墓表，当时他的舅父已经为黄氏准备好了墓志铭。② 欧阳修去世之时，韩琦受命完成了他的墓志铭，而三十二年后，欧阳修的儿子又向苏辙求取神道碑文。③

下面的三个例子从不同方面说明子孙后代在为父祖准备多份碑铭时的一些具体考虑。

第一个事例涉及张唐民。他在父母、兄长和其他几位家中长辈下葬多年之后，致信余靖为父亲求取墓表。当时，包括韩琦、欧阳修等人在内的五人已经为上述的数位死者撰写过碑铭，然而，张唐民的纪念活动并没有就此止步。值父亲获得新的封赠之时，张唐民打算"树铭勒，与兄无穷，敢丐词焉"。④ 对于张唐民来说，父亲地位的变化有必要及时在他的传记中有所反映。由于葬于地下的墓志铭已经无法更改，最可行的选择是在墓表

---

① 欧阳修：《全宋文》第 35 册，卷 746《尚书户部郎中赠右谏议大夫曾公神道碑铭》，第 226—228 页；李清臣：《全宋文》第 79 册，卷 1718《曾博士易占神道碑》，第 74—76 页；王安石：《全宋文》第 65 册，卷 1413《户部郎中赠谏议大夫曾公墓志铭》，第 135—137 页，第 65 册，卷 1414《太常博士曾公墓志铭》，第 147—149 页。

② 王安石：《全宋文》第 65 册，卷 1412《外祖母黄夫人墓表》，第 122 页。

③ 苏辙：《全宋文》第 96 册，卷 2101《欧阳文忠公神道碑》，第 263—264 页。

④ 余靖：《全宋文》第 27 册，卷 575《宋故赠度支员外郎张府君墓表》，第 145 页。

上记录最新进展。为此，余靖最终为张唐民的父亲写下了一篇内容相当充实的纪念文章。①

　　第二个例子涉及毕士安的曾孙毕仲游（1047—1124）。毕仲游在毕士安去世八十六年后，向刘挚求取毕士安的神道碑。毕仲游的用意与张唐民不同。他之所以决定为曾祖父立碑，是因为陈彭年所撰毕士安的行状和杨亿所作的墓志铭在记录其曾祖父一生时遗漏了许多细节，包括只字未提宋真宗对毕士安的眷顾和毕士安对王禹偁和寇准（961—1023）的提携。王禹偁和寇准两人后来在文坛和政坛都声名鹊起，天下士大夫对他们赞美有加。正因为如此，毕仲游认为，应该让人们认识到毕士安在他们崛起过程中所起的作用。② 因此，刘挚受命在毕士安神道碑上增加这两处细节及其他相关内容，以拔高毕士安的声望。

¹⁴⁵　　第三位热心保存父祖记忆的是黄家的曾孙。在重刻欧阳修为其祖黄梦升撰写的墓志铭之际，黄某请王庭珪（1080—1172）作跋来纪念这一时刻。王庭珪的跋没有增加任何关于黄某曾祖的新信息，表明这件事情与前两起事例不同，既无关朝廷新授名位，也不涉及重提祖先的任何突出事迹。除了重申黄梦升作为欧阳修门人弟子的地位和欧阳修对黄梦升文学才华的赞誉外，王庭珪还把重点放在了黄梦升的曾孙身上，据说他"学问晔晔，有祖风，能任斯事"。③

　　尽管三个士人家庭的情况各异，上述新的追思活动的目标

---

① 余靖：《全宋文》第 27 册，卷 575《宋故赠度支员外郎张府君墓表》，第 145—146 页。
② 毕仲游：《全宋文》第 110 册，卷 2393《上门下侍郎刘莘老书》，第 294—296 页。
③ 王庭珪：《全宋文》第 158 册，卷 3411《跋黄梦升墓志铭》，第 236 页。

却大同小异：三个后辈都是为了让祖先遗产得以不朽。为祖先不断撰写传记性纪念文字，也是为了证明儿孙对家庭的全心奉献。在写给刘挚的一封长信中，毕仲游解释了他为何在丁母忧期间联系刘挚。在自称对母亲不孝的同时，毕仲游表示他的行为事出有因。他致信刘挚是因为发现了曾祖父墓志铭中有所遗漏，而此事需要他立刻予以关注。① 换言之，毕仲游甘愿冒着对母亲不孝的风险，来尽更大的孝道，即最大限度地复原曾祖父的声望。事实证明，诸如余靖、刘挚、王庭珪等碑铭作者都同意并乐于在他们的作品中强调这一点。在张唐民父亲的墓表中，余靖对张唐民的孝道赞不绝口：张唐民在丁母忧期间表现出非凡的献身精神；他千里迢迢收集了多具家人的遗体，并将他们运送回家；之后，为父母和兄弟求得了数方墓志铭。张唐民的坚持不懈打动了余靖。余靖赞叹道："张氏真有子哉！"②

　　北宋中后期，为现存碑铭加跋越来越受人们欢迎。对人子的要求不仅因此变得更高，其中有杰出表现者获益也更大。宋神宗熙宁六年（1073），李镐在请求强至为父亲的墓志铭做补充时写道："先君之葬，端明王公实铭其墓。当时遗其可书者数事，镐食不下咽者，亦既一年矣。今得尽书之以碣诸墓，遂使先烈不泯于后，镐无愧为人子矣。"③强至在李镐的感动下，同意了李的要求。

　　李镐称，由于之前撰写的墓志铭中遗漏了父亲的事迹，他整

---

① 毕仲游：《全宋文》第 110 册，卷 2393《上门下侍郎刘莘老书》，第 296 页。
② 余靖：《全宋文》第 27 册，卷 575《宋故赠度支员外郎张府君墓表》，第 146 页。
③ 强至：《全宋文》第 67 册，卷 1455《尚书司门员外郎李君墓志铭》，第 168—169 页。

整一年食不下咽，这一说法无疑很夸张。李镐强烈情感的表达及其给强至留下深刻印象的方式，揭示了死者儿子们为了表达对父母和其他祖先的纪念，不惜付出巨大的努力。甚至为了求得哪怕是极为简短的一方墓志跋，人子也需夸大自己的孝心，并做好经受波折的准备。这种痴迷引起了北宋墓志作者们的诸多批评。司马光就曾多次对这种倾向予以严厉谴责。

事例之一，当田锡（940—1104）的曾孙田衍找司马光为田锡撰写神道碑时，司马光在回信中首先承认自己非常敬佩田锡，但紧接着解释说，由于范仲淹已经写过田锡的墓志铭，称田锡为"天下之正人也"，他无法想象自己有能力写一篇更具纪念意义的传记。司马光在信中试图传达的更重要的一点是，他反对后人要求两位甚至更多作者为同一个人写墓志的做法：

> 彼其德业一也，铭与碑奚以异？曷若刻大贤之言，既纳诸圹，又植于道，其为取信于永久，岂不无疑乎？愿审思之，脱或可从，请附刻于碑阴之末。①

司马光觉得，既然一个人的碑铭中包含的信息几乎完全相同，那么写数篇传记的意义何在？以田衍的要求为例，如果范仲淹已经对田锡大加赞扬，那为什么他的曾孙还要从别人那里得到更多的肯定？田家显然不认同司马光的观点，从他们的角度来看，更多的碑志文字意味着对祖先和后人的更多赞美。最后，司马光的这番话被刻在田锡墓碑的碑阴。

---

① 司马光：《全宋文》第 56 册，卷 1225《书田谏议碑阴》，第 266 页。

应该指出的是，司马光并不反对使用多方碑铭石刻来纪念死者。他谴责的是死者的家人特意在墓志中加入"不必要的"信息的努力。司马光在另一个场合解释道：

> 今世之人，既使人为铭，纳诸圹中，又使它人为铭，植之隧外。圹中者，谓之志；隧外者，谓之碑。其志盖以为陵谷有变，而祖考之名犹庶几其不泯也。然彼一人之身耳，其辞虽殊，其爵里勋德无以异也，而必使二人为之，何哉？愚窃以为惑矣。①

147

司马光在这封信中比前一封信更直言不讳。当时，他被要求为一位死者撰写墓碑文，而欧阳修已经为此人撰写过墓志铭。司马光的逻辑与之前一致：为何死者之子不干脆使用欧阳修墓志铭中的文字，把它刻在石碑上，立在墓旁？与上次相比，司马光并没有提出要把他的文字附在文末。此外，他还注意到，死者后人越来越热切地追求其祖先记忆和思想的永存，并为此从碑铭作者的角度发表了一些看法。司马光承认，"彼孝子孝孙，欲论撰其祖考之美，垂之无穷"，并对此表示同情。然而，他继续向过分热切的后人讲述了他对此事的反思：

> 光向日亦不自揆，妄为人作碑铭，既而自咎，曰："凡刊琢金石，自非声名足以服天下，文章足以传后世，虽强颜为之，后人必随而弃之，乌能流永久乎？"②

---

① 司马光：《全宋文》第 56 册，卷 1212《答孙长官书》，第 40—41 页。
② 司马光：《全宋文》第 56 册，卷 1212《答孙长官书》，第 40—41 页。

司马光的文字让我们想起了曾巩的墓志铭创作思想。曾巩主张人子应该找最称职的墓志铭作者来纪念死者，司马光则认为，死者的身后事归根结底是由死者如何度过一生定义的。如果这个人的名声不佳，或者他的文章质量不高，那么不管他的墓志铭作者是谁，或者该作者如何不遗余力地对他赞扬有加，最终都无济于事。司马光在别处进一步淡化了碑铭的重要性。他相信如果某人德行高尚，他自会被载入史册；如果他品德低下，却又想把自己与那些德行高尚的人相比，他只会沦为人之笑柄。鉴于大多数人无法避免流俗，碑铭应仅列出有关死者家庭和官阶的客观信息。①

司马光的批评似乎并没有阻止孝子们继续竭尽所能光宗耀祖。让我们以北宋末南宋初的王洋（1087—1153）的一些观察结束有关这个话题的讨论：

　　祖远矣，仁人之心欲其不亡，而九原之骨不可作也，然则奈何？盖不死其名而已。不死其名有道乎？曰求必传之手，黼黻其善行，刻之金石，内之圹中，腾其文于四方，如是宜不亡也。今有人焉，以为未足，取其上世之铭，旦旦诵之。遇当世能言之士，又乞言以申宠之，以展侈其义，执未闻之耳而告之曰："铭皆实语，与怀金钱输米得佳传者异，子其观于彼人之获丰艾也。"闻者曰诺，乃已。此其为不死其祖，不亦过甚矣哉？②

如果把司马光、王安石批评的不当做法，与王洋描述的后人

<hr />

①　司马光：《司马氏书仪》卷 7，第 80 页。

②　王洋：《全宋文》第 177 册，卷 3875《跋德清沈敏学先君铭》，第 181 页。

们的过激行为相比，前者已显得很是苍白无力。到北宋末年，人子们不仅为父母求取墓志碑铭及序跋之类纪念性文字，而且还把实物制作成拓片来更广泛地传播祖先的名声。他们这种更极端的做法已经超越提供可观的佣金来换取墓志作者没有底线的谀墓行为。王洋似乎差一点就直接发问："这真的是真正的孝子所为吗？"

北宋时期，墓志铭作为一种文体在悼亡和宣扬人子的孝心方面起到越来越重要的作用。从三个角度可以清楚地见证这种发展。首先，墓志铭成为一种不可或缺的纪念仪式。其次，墓主的儿子们在其父母的墓志铭中占据了重要的地位，常常因其各种孝行，特别是能成功地为父母求得墓志铭而受到赞扬。第三，许多学者，包括文学界的领军人物，成为活跃多产的墓志铭作者。他们不仅毫不犹豫地公开自己与死者和死者家属的关系，而且还将自己塑造成孝子们的坚定拥护者。为此，墓志作者们常常声称自己是为死者儿子的杰出表现打动，才为其父母撰写墓志铭的。

上述发展对北宋士人具有重要意义。墓志铭被确立为一种非同寻常的孝道实践，极大地抬高了经科举入仕的人子们，因为只有他们才拥有关键的社会关系和资源，能随时接触到墓志铭的作者群体，并因其在为父母求铭方面的努力而受到赞扬。最重要的是，这种性质的孝行完全可以在儿子不必离开官场，或亲自侍奉父母的情况下实现。最终，由于与墓志铭作者的关系及其求取墓志铭的努力，为官之子几乎成了父母最孝顺，或家中"唯一"的孝子，而被记载在其父母的墓志铭中。然而，由于双方利益的根本性分歧，求墓者与墓志作者在拔高死者及其后人方面的共识又是有限的。最重要的是，本章的讨论意欲表明，与养亲、居丧和安葬父母一样，为父母准备墓志铭远非一件轻而易举就可完成的孝道义务。相反，它需要许多因素的协调才能使任务圆满成功。

北宋士人与孝道：家庭、乡里与国家

在一封未注明日期的信中，北宋知名学者、历史学家刘恕（1032—1078）的儿子刘义仲（活跃于 1090—1110），写信给他在筠州的族人，解释他为何多年没有与他们联系。[1] 刘义仲回忆道，11 世纪 80 年代，在叔父和弟弟（可能是他母亲蔡氏的主要照顾者）去世后，他曾返乡将母亲蔡氏接到自己的官舍。不幸的是，蔡氏在途中去世，而刘义仲"贫不能归"，无力安葬母亲。直到多年以后的元祐八年（1093），刘义仲才将父母和弟弟安葬在江州。大约同时，他又将八位已故的刘家男女改葬在南康的祖茔里。刘义仲补充道，葬礼之后，他即被任命到山东巨野任主簿，"道路阻远，以此久不通问左右"。刘义仲向亲戚们保证，他从未忘记他们，并请求他们原谅。

刘义仲的信透露出几点信息。首先，刘的父亲于元丰元年（1078）去世后，他的母亲蔡氏即回到家乡与他的弟弟同住。弟弟的去世让刘义仲别无选择，只好迎母至官侍养。其次，刘义仲父母大约间隔了十年谢世，而且都卒于离家很远的地方。由于他忙于仕宦和需要时间来积攒足够的丧葬费用，父母的灵柩被搁置了数年。刘义仲的父亲因此被暂时埋葬在祖茔里，元祐八年（1093）

---

[1] 刘义仲：《全宋文》第 133 册，卷 2870《家书》，第 136—137 页。

的葬礼实际上是对父亲的改葬，因此耗费更高。第三，刘义仲承
认自己长年离家在外，这进一步证明了，即使在他父亲的遗骸从
南康起出运到江州时，他本人也并未回乡亲自料理。第四，虽然
刘义仲在江州建了新的家茔，他并没有完全"抛弃"自己的祖居和
祖茔，而是仍然采取措施，将多名已故的家族成员埋葬在那里。

北宋士人与禄养

151   刘义仲在信中复述的情况使我们能深切体会到他在行孝方
面面临的种种挑战。其中包括他未能及时将父母入土为安、长
年离家在外，以及决定在远离刘家祖茔的地方营建新的墓地。
刘义仲的这些经历，丝毫不会让其士大夫同侪们感到惊讶。撇
开这些人的个人和家庭环境的多样性不谈，许多人和刘义仲一
样，长期纠结于平衡他们的家庭责任与仕途和学术生涯。从某
种程度上说，这是一场每个人都再熟悉不过的斗争；而他们长期
远离父母和家乡直接导致了这些士人未能履行人子最神圣的家
庭责任。北宋士人在其奏议、文学作品和私人书信中，异乎寻常
地坦诚，直言不讳地谈到他们所处困境的方方面面。然而，这一
窘境丝毫没有削弱孝道在精英生活中的重要性。相反，正如本
书所示，北宋见证了史无前例的对孝道及孝行的重新定义。这
个过程有士人的积极推动，也有朝廷的正式参与。其结果便是，
这一时期提倡并建立起了一个新的孝道理念——"禄养"。通过
把仕宦及其带来的令人羡慕的荣誉和特权树立为最高形式的孝
道，禄养理念将得禄者拔高为最孝顺的儿子。因此，"孝"在宋代

士大夫的集体自我认同、道德感和男性气概的彰显中的地位变得比以往任何时候都更加重要。

墓志铭在北宋成为禄养模式的最有力的宣传推动者，在描述理想的精英人物方面保持着高度一致。成百上千的墓志力赞士人们在诸如科举入仕和尽忠朝廷方面的成就及其杰出的文采学识。这些文本同时又尽职尽责地赞扬同一批人乞近郡、迎亲至官侍养，或为父母和祖先获得封赠和赏赐的孝行。通过将来之不易的官阶和特权直接与父母和家庭的幸福联系在一起，墓志铭与禄养相关的官方政策和朝廷奏议一样，刻意掩盖了精英人士生活中求仕与养亲之间的内在冲突。因此，墓志铭不再只是一种备受欢迎的"私人"文学，相反，它成了社会文化精英们宣传他们最重要的理想追求和一生成就的重要工具。

正是因为在拔高禄养模式和传播禄养典范中所起的作用，墓志铭演变成了一种备受赞誉的孝道表达形式。这一发展进一步证实了"禄"对精英人士及其家庭的价值。大多数情况下，是入仕的人子，而非留在父母身边奉行孝养的子孙负责并成功地为父母求得墓志铭。而成文的墓志铭不仅保证了父母的永垂不朽，也为墓志铭作者们提供了一个平台，来展示求铭的为官之子对父母的深厚感情。在很大程度上，因求仕而建立起来的社会文化资源，成为精英人士塑造孝道形象最重要的资产。

152

孝道、士人与国家

禄养模式因为允许精英人士"缺位"但仍被视为孝子，极大地提升了仕宦的名望，并使追求科举入仕大大合法化。这一变化的结果是，宦途成功和尽孝这两个在精英身份认同和自我表现中的关键方面不再互不相容。这个过程从最初萌芽到最后完成经历了很长时间。在宋朝建立的最初几十年里，因为朝廷最关心的是在地方行政管理方面保持一定程度的连续性，其官员的私人需求并不是中央政府的首要考虑对象。因此，官员们大多不能丁忧三年，也没有获准与禄养相关的福利。直到宋仁宗朝，国家才开始更加系统地对待文官的侍养责任和服丧义务。禄养模式的胜出，就像科举考试规模的扩大、文官政策的逐步制度化，以及各种专门的考试和荫补的慷慨实施一样，应被视为北宋时期界定平衡国家—士人关系过程中制度性变革的一部分。所有这些措施都是为了保持仕宦对社会文化精英的吸引力，以及加强国家对这一重要群体的控制能力。①

　　在这一背景下，特别值得一提的是仁宗朝与禄养相关的两个具体政策。第一项政策颁布于庆历元年(1041)，授予高级官员立家庙和坟庙(或坟寺)的特权。② 第二项政策是由政府倡议由文官们编纂家集，收入其父祖甚至曾高祖的文章及行状墓志之类的文字。③ 家庙和坟寺的修造历史是一个非常复杂的故事，此处不予展开讲述。但值得一提的是，唐朝的家庙是私人出资修造的祭祖建筑，而大多数宋代家庙是由"皇帝授权，政府资

---

① Chaffee：*The Thorny Gates of Learning in Sung China* and "*Sung Education*"；W. W. Lo，An Introduction to the Civil Service of Sung China；Hartman，"Sung Government and Politics."

② 宋庠：《全宋文》第 20 册，卷 429《文武臣僚立家庙事奏》，第 404—405 页。

③ 宋仁宗：《全宋文》第 45 册，卷 964《禁再进家集诏》，第 28 页。

153

助"修建的。① 北宋士大夫们出于彰显其仕宦成就、弘扬孝道和巩固家族的目的，围绕家庙的合理布局展开了广泛的争论。为响应朝廷的号召，他们还把大量祖先的著作和传记资料交给朝廷作为档案保存。② 事实上，官员们对这一官方呼吁的反应是如此之强烈，以至于朝廷不得不很快颁布了诏令，暂停官员提交更多的家集。③

以上的例子和之前章节中所载的大量证据都说明了北宋士人与国家之间的密切关系。随着国家赋予的有形和无形的特权福利在个人成就和家庭地位的界定中占据越来越重要的地位，禄养模式使得精英阶层对应举和入仕的热情日益高涨。这一趋势后来使为官者及其家庭听凭朝廷的任意摆布。在中国历史上，国家政权第一次实施了旨在规范文官家庭责任各个方面的系统政策。诸如儿子在何时、何地、在何种情况下与父母同住，为父母丁忧的地点和时间长短，丧葬礼规划的时间框架等"私人"问题，都开始受到系统的政令的约束。换言之，在禄养模式将精英人士在科举仕宦方面的成就定义为最重要的孝行的同时，这一模式划定的新惯例也将精英家庭的命运与国家的命运永久性地、不可逆转地联系在一起。

然而，国家日益深入地干预精英生活，并没有导致士人们远

---

① Cheung, "Inventing a New Tradition," 87. 关于家庙和祠堂的一些重要人类学和历史学著作，见常建华《明代宗族研究》《宗族志》；Faure, Emperor and Ancestor；甘怀真《唐代家庙礼制研究》；Freedman, Lineage Organization in Southeastern China；You, "Clan, Ancestral Hall, and Clan Sacrifice in the Song Dynasty."

② 与此有关的详细叙述，见韩琦的《韩氏家集序》，该家集的日期约为宋仁宗庆历五年（1045 年）以后。韩琦：《全宋文》第 40，卷 853《韩氏家集序》，第 21—22 页。

③ 宋仁宗：《全宋文》第 45 册，卷 964《禁再进家集诏》，第 28 页。

离朝政。相反,在整个北宋时期,没有任何志向像仕宦一样让上流阶层的家庭竞相追逐。造成这种情况的原因是,政治影响力仍然是士人其他兴趣取向的基础。[①] 无论在国家还是地方层面,得禄是士人把自己社会和文化领导地位合法化的关键。[②]

孝道与士人家庭生活

禄养理念的兴起对精英家庭生活同样产生了重要影响。首先,把学问通达和官运亨通与孝道等同看待,不仅标志着精英人士孝道的重构,还重新定义了不曾入仕的人子和妇女的孝道。禄养理念及其所支持的孝行实践,通过确认得禄是最有价值的孝行,有效地将"禄"置于"养"之上。为了实现禄养,精英家庭中雄心勃勃的年轻人远离家乡,前往国家的政治和文化中心求取功名和官位。朝廷的人事政策、时间限制和地理距离,使得求禄者无法与父母保持经常性的、实实在在的联系,更遑论亲身侍奉他们了。结果就是那些没有走上仕途的留在父母身边的儿女承担了大部分照顾父母的义务。

这种将仕途通达人士的孝道责任转移给那些未曾应试做官的家庭成员身上的现象,似乎是不可避免的。但这一变化更严

154

---

① 这一说法来自韩明士(Robert Hymes),他指出,宋代精英既参与了"以朝廷为中心的文化",也参与了以士为本位的文化。南宋时,以士为本位的文化"在精英生活中的比重越来越大,甚至对那些公卿大臣们来说也是如此"。Hymes, "Sung Society and Social Change," 627 - 634.

② Bossler, *Powerful Relations*; R. L. Davis, *Court and Family in Sung China*; S. Lee, *Negotiated Power*; C. E. Zhang, *Transformative Journeys*.

重的后果是，实际上照顾父母的人及其贡献在当代的话语中被忽视和边缘化了。刘义仲虽未明言，但暗示说，自己求仕期间，照顾母亲的责任主要是由弟弟完成的，他只字未提他的妻子或弟妹在其中扮演的角色。我们在第一章中讨论过的梅让，也曾公开表示要尽孝道，并代替弟弟梅询向父母尽孝。和刘义仲一样，他避而不谈妻子和其他家庭成员的贡献。概括地说，北宋墓志作家惯于把仕宦之子描绘成仿佛他们都是父母的独生子，一人承担了料理父母的衣食起居、葬礼和纪念活动等。这些记录中完全遗漏未仕之子及其妻子的声音，而他们无疑都同样参与了养亲。从这个意义上说，禄养模式在精英家庭中创造了一个基于身份和性别的等级制度。新的禄养模式把从仕之子应尽的孝道义务转交给了不当官的家庭成员，却并没有对后者的孝养之功予以应有的重视。

这种家庭内部不平等的分工制度对家庭关系造成了严重的影响。禄养话语在强调人子需为父母带来荣华富贵之时，却没有考虑到应试仕宦导致了儿子与父母长期天各一方。这一现实使得培养和维持亲子之间的关系变得困难重重。私人信件、各种自述性书写和墓志铭虽然不免有所夸大，但时常提到人子因多年未见父母而倍加思念双亲。为人父母者肯定也有类似的感受，但大多数人除了接受亲子关系的脆弱性，往往别无选择。在禄养模式大受推崇的语境下，父母的感受和声音往往被埋没在有关士人孝行的书写中。可以想象的是，父母和儿子之间的长久分离，会削弱父母行使家长权威的能力。当年迈的父母随子之官，这种两代人的团聚经常被吹捧为禄养的最高形式。但极少有人提及，作为父母的长辈离开他们自己的家，与儿子生活，意味着他们不再可能行使作为长辈的权力。这种家庭内部权力格局的变化，可能会进一步改变亲子、姻亲甚至祖孙之间的关系。这一变化对权微势弱的寡母的影响尤其值得注意。墓志铭中对她们愿意陪同儿子宦游的赞誉，含蓄地证明了寡母的困境及其在家庭中的弱势地位。

155　　禄养模式的确立也对另一个关键的家庭关系，即夫妻关系有着重要的影响。北宋墓志铭作家经常把精英女性描述为诚心尽孝的儿媳，称她们是唯一能取悦特别挑剔的婆婆之人。许多妇人还因为充当丈夫尽孝的替代者，精心伺候公婆，甚至在丈夫远行他乡求仕的时候，操持公婆的葬礼而留下美名。就像亲子关系一样，夫妻两人多年不见，必定给他们的关系造成严重的感情伤害。同样重要的是，其他重要的家庭问题，如子女教育、婚嫁和家庭财务等，都不得不因此推迟解决或远程进行。在这个背景之下，我们也许能够更好地理解文献中大量关于女性识字、母亲在幼儿教育中的作用以及精英女性证明自己持家能力的记载。① 由于无法依靠远离身边的丈夫，许多妇女只能承担起这些任务，并试图及时教会自己的女儿们能在婚后承担起相应的责任。

　　妻子的缺位也在某些方面改变了丈夫的生活，使妾在家庭中无论作为伴侣还是日常生活的"打理者"的地位，都变得日益重要。从某种程度上说，当妻子越来越多地被视为丈夫尽孝的替代者时，妾却成了妻子的替代品。宋朝及帝制后期妾的"家庭成员化"应从这一时期政治、文化和思想潮流大变动的背景下去

---

① Ebrey, *The Inner Quarters*.

加以理解。① 精英女性被日益美化为孝敬公婆的典范，而非丈夫的贤内助，反映了这种转变。

禄养模式的胜出还证明了重新思考从仕与未仕兄弟之间关系的必要性。例如，为官之人与留在家乡的兄弟们，很可能对诸如照顾父母、墓地维护和遗产管理等重要家庭问题的处理方式各异。对精英家庭生活这方面的了解有待更多的研究。② 本书有限的讨论表明，北宋墓志作者们确实隐晦地提到，一些据说是基于卜筮的迁坟，实际上是由于兄弟之间失和导致的。而寡妇遭受丈夫兄弟们的欺负，解释了为什么一些宋代士大夫是在外祖家长大的。此外，《名公书判清明集》中的大量案例表明，财产纠纷是南宋亲子冲突和兄弟姐妹间争斗的主要原因之一。问题的根源多半在于儿子（偶尔也涉及女儿）之间照料父母的责任分配不均。如果地方富有的精英家庭成员之间基于这些理由彼此提起诉讼，那么，合理的推断是北宋士大夫家庭可能也有过类似的经历，但其成员为了家庭的声誉而选择了保持沉默。而这种不利于个人及家庭的情况不见于旨在褒赞墓主及其后代的墓志铭中也就不足为奇了。

上面提到的问题远未穷尽孝道与其他家庭问题的关系，但已足以提醒我们孝道在家庭生活和家庭关系中的中心地位。最重要的是，本书对具体个人及家庭经历的考察证实，从来没有一个整齐划一、适合每个家庭的孝道模式，即使对政治社会精英来说也是如此。换言之，人子为了尽孝无条件牺牲，并被父母视为

---

① Bossler, *Courtesans, Concubines, and the Cult of Female Fidelity.*

② 有关唐宋时期家庭财产问题的讨论，请参见李淑媛《争财竞产：唐宋的家产与法律》。

理所当然的孝道话语，只存在于礼制规范之中，在宋代精英家庭中绝非常态。现实中，父母并非总是愉快地接受子女们的善举和牺牲，儿子和儿媳也不都是经典孝道模范和孝子故事的虔诚实践者。可以肯定的是，许多父母在如何养老和自己的后事安排上有很大的发言权，但他们也经常受制于儿子和其他家庭成员的意愿。孝道表达也受到各种现实生活场景的制约。有些父母去世较早，减轻了孩子们侍养的责任。另一些人没有子嗣，甚至比所有子孙都更长寿，最后只能依靠女儿或其他家庭成员养老。有些家庭有幸连续几代人为官，造成了父母和儿子都不在家乡生活。其他原因，如收养、续娶和纳妾，可能导致某些人子有两三个甚至四个母亲，使孝道表现和家庭关系更加复杂化。北宋中后期，对妾母尽孝的问题因此继续引起争议，并一直是政治、家庭和礼仪关注的问题。正是这些非常私人的、个体的、人性化的故事，以及这些个人及其家庭既富有情感色彩又是深思熟虑的反应，使我们能够了解孝道在中国文化中的永恒价值及其既具体又广泛的实践方式。

孝道、家和家乡

　　在家庭之外，禄养理念及其相关实践对精英人士与其家乡之间的关系同样产生了深远的影响。几种现象，包括久不安葬、在远离祖茔处建设新茔，以及新的纪念模式的出现，使家和家乡对士人的意义和重要性极大复杂化。在对苏轼书信的研究中，艾朗诺注意到："宋朝士人对家乡表现出出人意料的疏离态度。

一个士大夫离开祖籍和至关重要的家茔数十年，甚至退休后在宋帝国的另一个地方安顿下来，这种情况并不罕见。"①在 11 世纪 50 年代末和 60 年代分别完成父母的葬礼后，苏轼和苏辙兄弟再也没有回到四川眉州老家。两人死后都葬在离都城不远的地区。更重要的是，出于形势所迫或贪图方便，宋朝官宦世家频频营建新的墓地，使他们自己和后代无可挽回地远离了家乡和祖茔。在前言及前三章开头介绍过的王益、李寅、欧阳修和刘挚，最终都被安葬在远离祖茔的新墓地里。苏颂的父亲和其他许多北宋士人甚至特别嘱咐他们的儿子将来不要把自己的遗体运回家乡安葬。仕宦之人为前程愿意永远离开原籍，这一现象导致了全国范围内精英家庭的大规模且频繁的"分裂"。

这个大趋势提醒我们在处理有关宋人或其家庭的、乡里的陈述时要格外谨慎小心。北宋时，提到某人是"某某州府人"，并不一定意味着他在那个州府出生，在那里居住了相当长时间，或者希望或实际上死后葬在那里。实际情况是，在从仕和宦游把宋代士人带离他们的家和家乡的同时，这些政治文化活动为他们提供了充分的机会，使他们与家乡以外的其他地方建立密切联系。这种司空见惯的现象在一定程度上解释了新墓地建设、权厝和迁葬的普遍存在。在这个过程中，一个人的祖籍和家乡在其人生中的重要性逐渐降低。

这一现象在北宋士大夫心中引起了极大的焦虑，引发了对"禄"和"养"之间关系的严肃思考。王资深（1050—1128）写于北宋末的《思归赋》是这一体裁的代表作，该赋既注重个人体验，又

---

① Egan, "Su Shih's 'Notes' as a Historical and Literary Source," 574 – 575.

反映了思归这一主题的"通用性"。

在《思归赋》开篇，王资深对"禄"与"养"之间的关系进行了思考：

> 158　禄有可慕，禄有可去。何则？移孝为忠，曾无内顾，则禄可慕而可据；上有慈颜，以喜以惧，故禄可去而不可寓。①

王资深在赋中并没有试图否定禄作为孝行的价值，但强调应以一个人的家庭状况为条件来考察得禄的重要性。对于一般士人来说，只要他们的父母已经过世或是相对年轻力壮身体健康，他们就可以继续求仕。然而，那些父母年事已高的人，为了照顾老年人的身心健康，应该暂时中止其官宦生涯。在谈到自己的处境时，王资深感叹："噫！吾父八十，母发亦素，尚尔为吏，复焉遑路。嗷嗷晨乌，其子反哺，我岂不如，菀其谁恕？"②相比晨乌反哺，王资深感羞愧难当，为自己的不孝后悔不及。

王资深因与父母不能生活在一起而备受困扰。在写这篇赋时，他远在他乡，因无法孝养，只能以回忆列举他和父母都喜欢的各种家乡美食自慰。在抒发了他的怀旧情绪之后，王资深描述了他的理想生活：

> 仆侍不哗，图书在右，或静默以终日，或欢言以对友。信吾亲之所乐，安闾里其滋久。切切予怀，欲辞印绶。固非效渊明之褊心，耻折腰于五斗，盖自成人以及今，未尝一日侍旁而称寿。

① 王资深：《全宋文》第120册，卷2594《思归赋》，第270—271页。
② 王资深：《全宋文》第120册，卷2594《思归赋》，第270—271页。

岂得不决去于此时，将贻悔于厥后？①

　　王资深对父母和家乡的深切思念代表了士人文化一个深远的变化。虽然入仕为官仍然是宋代知识人的首选，但从11世纪末开始，"倦游"和"思归"的观念日益突出。② 可以说，每一位北宋士大夫都以此为题创作过诗文。类似的词汇也频繁出现于他们的奏表之中。这些作品把官场与家乡，漂泊不定的宦游生活与平淡的田园家庭生活进行对比，表达了作者对远离官场的渴望和眷恋家乡的情绪。换言之，在禄养理念成为孝道典范数十年后，其弊端也引起了践行者们的注意。

　　尽管表达倦游、思乡的文字大为流行，北宋士人少有放弃自己的事业，回到家中侍奉父母、管理祖茔，享受与艰辛行旅相对的浪漫化的居家生活方式。但禄养理念及其认可的做法直接导致了精英们对家庭生活、社会地位和文化价值观的反思和观念的转变。许多人转而通过家礼和建立宗族组织来加强家庭等级制度。③ 此外，为官方目的努力寻找、恢复和纠正祖先信息使精英人士敏锐地意识到他们的家庭的脆弱性。造成这种脆弱性的

─────────────

① 王资深：《全宋文》第120册，卷2594《思归赋》，第270—271页。

② 更多的事例，见潘阆：《全宋诗》第1册，卷56《题思归鸟》，第626页，卷56《旅舍秋夕书怀》，第627页；郭昭乾：卷58《述怀二首》，第650页；王禹偁：《全宋诗》第2册，卷67《病起思归》，第762页，卷67《官舍偶题》，第768页；宋祁：《全宋诗》第4册，卷216《杪秋官舍念归》，第2485页，卷216《思归》，第2490页。罗孟郊：《全宋诗》第5册，卷272《京中怀归》，第3466页；李觏：《全宋诗》第7册，卷349《送江茂才》，第4324页，卷349《乡思》，第4330页，卷350《和游丹霞有怀归之意》，第4356页；刘敞：《全宋诗》第9册，卷463《怀归诗》，第5618页；苏辙：《全宋诗》第15册，卷860《次韵知郡贾蕃大夫思归》，第9988页，卷867《思归二首》，第10090—10091页。

③ Ebrey, *Confucianism and Family Rituals in Imperial China*.

原因，包括他们经常远离家乡、不可靠的记忆，以及文本记录的缺失。这些认识，加上党争加剧和竞争的日益激烈，导致士人日益认识到家庭延续的重要性，因此逐步转而把巩固家庭地位作为孝道的一种重要表现。苏洵对于那些连祖父、高祖名字都记不清的族人非常恼火，他因此主张，书写族谱是子孙的孝道责任。① 仔细研究其家祖历史引导韩琦走上了与苏洵类似的道路。经过广泛的调查研究，韩琦编辑了长达六十卷的家集，其中包含了五代祖先的作品，他特别指出："命诸子侄，人录一本，以藏于家。后主之者，或不谨严，使失其传，则上天至明，祖宗至灵，是必降殃以惩不孝。其戒之哉！其戒之哉！"②

　　对家庭史、家庙和祭祀仪式的重新关注，与北宋士人努力把自己塑造成孝子和注重家庭之人的努力同样息息相关。这一发展反过来又为北宋晚期墓志铭的创作提供了若干新的、必不可少的成分。除了实现禄养、居丧循礼、克服种种困难为父母获得墓志铭外，士大夫们被频繁地描绘成对兄弟极其慷慨之人，这种态度特别表现在分割财产的时候。不仅如此，他们还因为关心从子的婚姻，并为已故的几代人举办大规模的葬礼，而受到赞扬。许多人还为留守家庭成员撰写或求得墓志铭，因此保证了这些未仕家人的身后美名。也就是说，到了北宋末年，理想的精英人士并没有止步于成功得禄、奉行禄养，他们还不遗余力地保存并提升自己的家族，在这个过程中不惜本人及其核心家庭付出巨大的经济代价。这些努力本身并不能算作孝行，宋代之前

---

① 苏洵：《全宋文》第 43 册，卷 927《苏氏族谱厅记》，第 164—165 页，卷 927《苏氏族谱》，第 174—185 页。
② 韩琦：《全宋文》第 40 册，卷 853《韩氏家集序》，第 22 页。

的许多精英人士肯定也有类似的行为方式。但这些言行在碑铭 ¹⁶⁰中被详细描述，并逐步形成规范化的语言，标志着精英阶层的自我认同又增添了一种新的元素：士人们把顾及兄弟情谊和帮助亲属族人视为其应尽孝道责任的替代或延伸。

其他更加宏大的、以家庭和家乡为导向的活动，也以具体的方式重新将仕宦之人与其族人和祖籍紧密联系起来。不满于家族命运过分依赖少数仕途成功人士的好运，范仲淹拨出私产，发起了一场以资助祭祖活动和供养族人为中心的义庄运动。① 这个尝试导致了后来出现的健全的宗族组织。通过维持祖茔、祭祀之礼，和共享如墓地和族学等产业，宋朝及后世精英得以延续其家族的精英地位。② 许多学者的研究已经证明，这些发展有丰富的地方根基和特色，同时反映了不同的思想倾向。③ 从本书的关注点出发，这些活动最值得注意的方面是国家、士人与其地方亲属之间的"异地协作"。范仲淹父子只是偶尔涉足苏州地区，所以范氏义庄的日常管理都交由族人。苏洵和欧阳修分别是在远离家乡四川和江西的情况下完成了他们的家谱，而碑铭

---

① Twitchett，"The Fan Clan's Charitable Estate，" 97 - 133.

② 有此有关的一些重要的研究成果，见 Brook，"Funerary Ritual and the Building of Lineages in Late Imperial China"；Chow，*The Rise of Confucian Ritualism in Late Imperial China*；Ebrey，"The Early Stages in the Development of Descent Group Organization"；Faure：*Emperor and Ancestor* and "The Lineage as a Cultural Invention"；冯尔康《中国古代的宗族与祠堂》；何淑宜《香火：江南士人与元明时期祭祖传统的建构》；McDermott，*The Making of a New Rural Order in South China*；Szonya，*Practicing Kinship*；邢铁《宋代家庭研究》《宋代的墓田》；徐少锦、陈延斌《中国家训史》；徐扬杰《宋明家族制度史论》；朱瑞熙《宋代社会研究》。

③ 柯胡(Hugh Clark)发现，福建木兰陂(Mulan Valley)的族群在 10 世纪时即已编修了家谱，并在同一时期建立了各种各样的家庙。Clark：*Portrait of a Community* and "Reinventing the Genealogy."

的竖立及其相关的运作是由他们在眉州和吉州的族人完成的。从这个意义上说，宗族的产生和发展是由多种力量促成的。其中包括中央和地方政府，它们负责认可支持这些在政治和社会上具有影响力的家庭；士大夫们是创造、完善并宣扬家礼、家训、家谱、族规和村约的关键人物；而在地方层级，真正负责这些组织日常运转的是乡绅、族长、家长之流。从不止一个方面来看，宋代士人重新构建他们与家庭、祖先、家乡关系的尝试，有效地确立了他们在文化和社会中的领袖地位。这些以家庭为基础的、自下而上的举措，将士人的道德和文化愿景与当时思想家们的目标联系起来，为新儒学的发展提供了社会和家庭基础，并因此确立了一些改变宋代及后世中国社会的新的社会和文化规范。①

---

① 对于唐宋儒学复兴的详尽研究，见 Bol, *Neo-Confucianism in History*；Hartman, *Han Yü and the T'ang Search for Unity*；Tillman, *Confucian Discourse and Chu Hsi's Ascendancy*.

参考书目

原始史料

中文文献

包拯《包拯集校注》,合肥:黄山书社,1999.

《大唐开元礼》,北京:民族出版社,2000.

丁传靖《宋人轶事汇编》,北京:中华书局,1981.

窦仪《宋刑统》,薛梅卿点校,北京:法律出版社,1999.

房玄龄《晋书》,北京:中华书局,1974.

韩非子《韩非子》,高华平、王齐、张三夕译注,北京:中华书局,2010.

《礼记正义》,龚抗云整理,北京:北京大学出版社,1999.

《名公书判清明集》.北京:中华书局,1987.

墨子《墨子》,方勇译注,北京:中华书局,2015.

《全宋诗》,北京大学古文献研究所编,北京:北京大学出版社,1986-1998.

《全宋文》,曾枣庄、刘琳编,上海:上海辞书出版社,合肥:安徽教育出版社,2006.

《全唐文新编》,周绍良编,长春:吉林文史出版社,1999.

沈约《宋书》,北京:中华书局,1974.

司马光《家范》,四库全书本.

司马光《司马氏书仪》,丛书集成初编本.

《宋大诏令集》,北京:中华书局,1962.

《宋史》，脱脱编，北京：中华书局，1977.

苏象先《丞相魏公谭训》，收入《苏魏公文集》，北京：中华书局，1988.

宋敏求《唐大诏令集》，北京：中华书局，2008.

王栐《燕翼诒谋录》，北京：中华书局，1981.

王铚《默记》，北京：中华书局，1981.

章潢、范涞《万历新修南昌府志》，1588.

徐松《宋会要辑稿》，北京：中华书局，1957.

《荀子》，方勇、李波译注，北京：中华书局，2011.

《曾巩集》，陈杏珍、晁继周点校，中华书局，1984.

张端义《贵耳集》，北京：中华书局，1958.

长孙无忌《唐律疏议》，刘俊文点校，北京：中华书局，1983.

《中国古代孝道资料选编》，骆承烈编，济南：山东大学出版社，2003.

朱熹《家礼》，收入《朱子全书》（全 27 册）第 7 册，上海：上海古籍出版社，合肥：安徽教育出版社，2000.

英文文献

Confucius 孔子. *Lunyu*《论语》. Translated by Burton Watson. New York：Columbia University Press，2007.

de Bary，William，and Irene Bloom，eds. *Sources of Chinese Tradition*，vol. 1. New York：Columbia University Press，1999.

Durrant，Stephen，Wai-yee Li，and David Schaberg，trans. *Zuozhuan*《左传》(Zuo Tradition：Commentary on the *Spring and Autumn Annals*)，vol. 1. Seattle：University of Washington Press，2016.

Ivanhoe，Philip J.，and Bryan W. Van Norden，eds. *Readings in Classical Chinese Philosophy*. Cambridge，MA：Hackett Publishing，2005.

Knechtges，David R.，trans. *Wen Xuan*《文选》or *Selections of Refined Literature*. Princeton，NJ：Princeton University Press，1996.

Mengzi (Mencius) 孟子. *Mengzi*《孟子》. Ttranslated by D. C. Lau as *Mencius*, *A Bilingual Edition*. Hong Kong: Hong Kong University Press, 2003.

Minggong shupan qingming ji《名公书判清明集》. For selected translations, see *Enlightened Judgments: The Ch'ing-ming Chi: The Sung Dynasty Collection* by Brian E. McKnight and James T. C. Liu. Albany: State University of New York Press, 1999.

Watson, Burton, trans. *The Analects of Confucius*. New York: Columbia University Press, 2007.

Xiaojing《孝经》. Ttranslated by Patricia Ebrey. *In Images of Women in Chinese Thought and Culture*, edited by Robin R. Wang, 372–380. Cambridge, MA: Hackett Publishing, 2003.

二手资料

中日文专著、论文

白寿彝《中国通史》第七卷《五代辽宋夏金时期》,上海:上海人民出版社,1999.

白寿彝《中国通史》第三卷《上古时期》,上海:上海人民出版社,1994.

蔡上翔《王荆公年谱考略》,收入《王安石年谱三种》,上海:上海人民出版社,1954.

常建华《明代宗族研究》,上海:上海人民出版社,2005.

常建华《宗族志》,上海:上海人民出版社,1998.

陈登武《地狱·法律·人间秩序:中国中古宗教、社会与国家》,台北:五南图书出版有限公司,2009.

陈登武《法律与教化:二十四孝故事所见家内秩序与国家统治》,收入陈登武《地狱·法律·人间秩序:中国中古宗教、社会与国家》,171–225.

陈登武《复仇新释:从皇权的角度再论唐宋复仇个案》,《台湾师大历史学报》31(2003)：1-36.

陈华文《丧葬史》，上海：上海文艺出版社，2007.

陈来《古代宗教与伦理：儒家思想的根源》，北京：三联书店，1996.

陈履生、陆志宏《甘肃的宋元画像砖》，北京：人民美术出版社，1996.

陈弱水《唐代文士与中国思想的转型》，桂林：广西师范大学出版社，2009.

陈一风《〈孝经〉注疏研究》，成都：四川大学出版社，2007.

程民生《宋代物价研究》，北京：人民出版社，2008.

程义《宋代墓室壁画研究综述》，《陕西历史博物馆馆刊》22(2015)：211-222.

邓菲《关于宋金墓葬中孝行图的思考》，《中原文物》4(2009)：75-81.

邓菲《宋金时期砖雕壁画的图像题材探析》，收入巫鸿、郑岩编《古代墓葬美术研究》第一辑，285-312，北京：文物出版社，2011.

邓菲《中原北方地区宋金墓葬艺术研究》，北京：文物出版社，2019.

邓小南《宋代文官选任制度诸层面》，石家庄：河北教育出版社，1993.

丁建军、贾亚方《简论宋代丁忧制度对官员仕途的影响》，《大连大学学报》34，no.2(2013)：31-34.

丁凌华《中国丧服制度史》，上海：上海人民出版社，2000.

杜鹃《1978年以来〈孝经〉研究》，《中国史研究动态》3(2008)：2-7.

方燕《宋代女性割股疗亲问题试析》，《求索》11(2007)：210-212.

费成康《中国的家法族规》，上海：上海社会科学院出版社，2002.

冯尔康《中国古代的宗族与祠堂》，北京：商务印书馆，1996.

甘怀真《唐代家庙礼制研究》，台北：台湾商务印书馆，1991.

顾栋高《王荆国文公年谱》，收入《王安石年谱三种》，北京：中华书局，1994.

韩桂华《墓志铭中所见宋代官员归葬问题》，《中国历史学会史学集刊》38(2006)：119-144.

何淑宜《香火：江南士人与元明时期祭祖传统的建构》，台北：稻乡出版社，2009.

何忠礼《科举与宋代社会》，北京：商务印书馆，2006.

胡云薇《千里宦游成底事、每年风景是他乡：试论唐代的宦游与家庭》，《台大历史学报》41(2008)：65-107.

淮建利《北宋陕州漏泽园士兵墓志文研究——以番号墓志文为中心》，《中国史研究》2(2013)：87-108.

黄纯怡《唐宋时期的复仇：以正史案例为主的考察》，《兴大历史学报》10(2000)：1-19.

黄开国《论儒家的孝学说》，收入万本根、陈德述编《中华孝道文化》，44-61，成都：巴蜀书社，2001.

黄宽重《墓志数据的史料价值与限制：以两件宋代墓志资料为例》，《东吴大学历史学报》10(2003)：19-37.

黄宽重《人际网络，社会文化活动与领袖地位的建立——以宋代四明汪氏家族为中心的考察》，《台湾大学历史学报》24(1999)：225-256.

黄宽重《宋代的家族与社会》，台北：东大图书股份有限公司，2006.

黄宽重《宋代四明士族人际网络与社会文化活动——以楼氏家族为中心的考查》，《"中研院"历史语言研究所集刊》30, no. 3(1999)：627-669.

黄宽重《宋史研究的重要史料：以大陆地区出土宋人墓志资料为例》，《新史学》9, no. 2(1998)：143-185.

季乃礼《三纲六纪与社会整合：从白虎通看汉代社会人伦关系》，北京：中国人民大学出版社，2004.

江玉祥《宋代墓葬出土的二十四孝图像补释》，《四川文物》4(2001)：22-33.

金中枢《宋代几种社会福利制度：居养院、安济坊、漏泽园》，收入台湾宋史座谈会编《宋史研究集》第十八辑，145-198，台北：编译馆，1987.

金中枢《北宋科举制度研究》(上)，收入宋史座谈会编《宋史研究集》第十一辑，1-71，台北：中华丛书编纂委员会，1979.

金中枢《北宋科举制度研究》(下)，收入台湾宋史座谈会编《宋史研究集》第十二辑，31-112，台北：中华丛书编纂委员会，1980.

康学伟《先秦孝道研究》，台北：文津出版社，1992.

柳立言《从赵鼎〈家训笔录〉看南宋浙东的一个士大夫家族》，收入台湾宋史座谈会编《宋史研究集》第二十四辑，357-436，台北：编译馆，1995.

柳立言《何谓唐宋变革》，《中华文史论丛》81(2006)：125-171.

柳立言《宋代的家庭和法律》，上海：上海古籍出版社，2008.

柳立言《宋代的家庭纠纷与仲裁：争财篇》，收入台湾宋史座谈会编《宋史研究集》第三十辑，187-265，台北：编译馆，2000.

柳立言《宋代同居制度下的所谓"共财"》，收入台湾宋史座谈会编《宋史研究集》第二十七辑，59-144，台北：编译馆，1997.

柳立言《养儿防老：宋代的法律、家庭与社会》，收入《宋代的家庭与社会》，375-407，上海：上海古籍出版社，2008.

李贞德《汉唐之间家庭中的健康照顾与性别》，收入黄克武编《性别与医疗》，1-49，台北："中研院"近代历史研究所，2002.

李贞德《唐代的性别与医疗》，收入邓小南主编《唐宋女性与社会》，415-446，上海：上海辞书出版社，2003.

李弘祺《宋代官员数的统计》，收入台湾宋史座谈会编《宋史研究集》第十八辑，79-104，台北：编译馆，1987.

李贵录《北宋三槐王氏家族研究》，济南：齐鲁书社，2004.

李华瑞《唐宋变革论的由来与发展》，天津：天津古籍出版社，2010.

李华瑞《王安石变法研究史》，北京：人民出版社，2004.

李淑媛《争财竞产：唐宋的家产与法律》，北京：北京大学出版社，2007.

李震《曾巩年谱》，苏州：苏州大学出版社，1997。

梁庚尧《家族合作、社会声望与地方公益：宋元四明乡曲义田的源起与演变》，收入台湾宋史座谈会编《宋史研究集》第三十四辑，375-418，台北：兰台出版社，2004.

梁洪生《宋代江西墓志及其丧期考》，《南方文物》1(1989)：88-94.

廖宜方《唐代的母子关系》，台北：稻乡出版社，2009.

林安弘《儒家孝道思想研究》，台北：文津出版社，1992.

刘成国《北宋党争与碑志写作》,《文学评论》3(2008):35－42.

刘厚琴、田云《汉代不孝入律研究》,《齐鲁学刊》4(2009):39－44.

刘静贞《北宋前期墓志书写初探》,《东吴历史学报》11(2004):58－82.

刘莎《汉代为孝屈法现象的法理分析》,《社会中的法理》1(2013):
　　44－60.

刘祥光《宋代日常生活中的卜算与鬼怪》,台北:政大出版社,2013.

刘子健《王安石曾布与北宋晚期官僚的类型》,收入台湾宋史座谈会编
　　《宋史研究集》第三辑,123－148,台北:编译馆,1966.

吕妙芬《明清中国万里寻亲的文化实践》,《"中研院"历史语言研究所
　　集刊》78,no.2(2007):359－406.

陆扬《从墓志的史料分析走向墓志的史学分析:以〈新出魏晋南北朝墓
　　志疏证〉为中心》,《中华文史论丛》84,no.4(2006):96－127.

陆益龙《中国历代家礼》,北京:北京图书馆出版社,1998.

罗家祥《朋党之争与北宋政治》,武汉:华中师范大学出版社,2002.

苗春德《宋代教育》,开封:河南大学出版社,1992.

苗书梅《宋代官员回避法述论》,《河南大学学报》31,no.1(1991):
　　24－30.

苗书梅《宋代官员选任和管理制度》,开封:河南大学出版社,1996.

牛铭实《中国历代乡约》,北京:中国社会出版社,2005.

蒲慕州《汉代薄葬论的历史背景及其意义》,《"中研院"历史语言研究
　　所集刊》61,no.1(1990):533－573.

蒲慕州《论中国古代墓葬形制》,《台湾大学文史哲学报》37(1989):
　　235－279.

蒲慕州《墓葬与生死:中国古代宗教之省思》,北京:中华书局,2008.

邱仲麟《不孝之孝:唐以来割股疗亲现象的社会史初探》,《新史学》6,
　　no.1(1995):49－92.

陕西省考古研究院《吕氏家族墓地》,《考古》8(2010):46－52.

沈勤松《北宋文人与党争》,北京:人民出版社,1998.

宿白《白沙宋墓》,北京:文物出版社,1957.

粟品孝《宋代家族研究论著目录》,《宋代文化研究》8(1999):305－

311.

粟品孝《宋代家族研究论著目录续一》，《宋代文化研究》14（2006）：
　　822－833.

唐长孺《读〈颜氏家训・后娶篇〉论南北嫡庶身份的差异》，收入《唐长
　　孺社会文化史论丛》，101－112.

唐长孺《唐长孺社会文化史论丛》，武汉，武汉大学出版社，2001.

唐长孺《魏晋南朝的君父先后论》，收入《唐长孺社会文化史论丛》，86－
　　100.

陶晋生《北宋士族：家族、婚姻、生活》，台北：“中研院”历史语言研究
　　所，2001.

田欣《宋代商人家庭》，北京：社会科学文献出版社，2013.

仝相卿《北宋墓志碑铭撰写研究》，北京：中国社会科学出版社，2019.

王德毅《宋代的成都范氏及其世系》，收入台湾宋史座谈会编《宋史研
　　究集》第二十九辑，513－536，台北：编译馆，1999.

王德毅《宋代的河内向氏及其族系》，收入台湾宋史座谈会编《宋史研
　　究集》第二十六辑，373－398，台北：编译馆，1997.

王德毅《宋代的上蔡祖氏及其世系》，收入台湾宋史座谈会编《宋史研
　　究集》第三十一辑，137－150，台北：兰台出版社，2002.

王德毅《宋代的养老与慈幼》，收入台湾宋史座谈会编《宋史研究集》第
　　六辑，399－428，台北：编译馆，1971.

王德毅《宋人墓志铭的史料价值》，《东吴历史学报》12（2004）：1－24.

王利华《中国家庭史・先秦至南北朝时期》，广州：广东人民出版社，
　　2007.

王三庆《〈敦煌变文集〉中的〈孝子传〉新探》，《敦煌学》14（1989）：189－
　　220.

王善军《家法与共财：宋代饶阳李氏家族探析》，《中国社会历史评论》9
　　（2008）：89－102.

王善军《宋代宗族和宗族制度研究》，石家庄：河北教育出版社，2000.

魏文斌、师彦灵、唐晓军《甘肃宋金墓二十四孝图与敦煌遗书〈孝子
　　传〉》，《敦煌研究》3（1998）：75－90.

吴崇恕、李守义《孝文化研究》,北京:中国科学文化出版社,2006.

吴凡明《从人伦秩序到法律秩序:孝道与汉代法律研究》,长春:吉林人民出版社,2008.

吴松弟《中国移民史》第三卷《隋唐五代时期》,福州:福建人民出版社,1997.

吴宗国《唐代科举制度研究》,沈阳:辽宁大学出版社,1997.

肖群忠《孝与中国文化》,北京:人民出版社,2001.

邢铁《家产继承史论》,昆明:云南大学出版社,2001.

邢铁《宋代的墓田》,《河北师范大学学报》32,no.5(2009):120-126.

邢铁《宋代家庭研究》,上海:上海人民出版社,2005.

邢铁《中国家庭史·宋辽金元时期》,广州:广东人民出版社,2007.

徐吉军《中国丧葬史》,南昌:江西高校出版社,1998.

徐少锦、陈延斌《中国家训史》,西安:陕西人民出版社,2003.

徐扬杰《宋明家族制度史论》,北京:中华书局,1995.

严杰《欧阳修年谱》,南京:南京出版社,1993.

颜中其《苏颂年表》,收入《苏魏公文集》,北京:中华书局,1988.

杨开道《中国乡约制度》,北京:商务印书馆,2015.

杨世文《宋代孝经学述论》,收入万本根、陈德述主编《中华孝道文化》,149-169,成都:巴蜀书社,2001.

杨树达《汉代婚丧礼俗考》,上海:上海古籍出版社,2000.

姚平《唐代妇女的生命历程》,上海:上海古籍出版社,2004.

于赓哲《割股奉亲缘起的社会背景考察——以唐代为中心》,《史学月刊》2(2006):87-95.

余新忠《中国家庭史·明清时期》,广州:广东人民出版社,2007.

臧知非《人伦本原:孝经与中国文化》,开封:河南大学出版社,2005.

詹大和《王荆文公年谱》,收入《王安石年谱三种》,北京:中华书局,1994.

张邦炜《宋代婚姻家族史论》,北京:人民出版社,2003.

张邦炜、张敏《两宋火葬何以蔚然成风》,《四川大学出版社》22,no.3(1995):97-103.

张保见、高青青《王安石研究论著目录索引(1912-2014)》，成都：四川大学出版社，2016.

张国刚《家庭史研究的新视野》，北京：三联书店，2004.

张国刚《中国家庭史，隋唐五代时期》，广州：广东人民出版社，2007.

章景明《先秦丧服制度考》，台北：中华书局，1971.

赵超《古代墓志通论》，北京：紫禁城出版社，2003.

赵小华《唐人的孝亲观念与孝亲诗》，《湖南师范大学学报》4(2006)：45-52.

郑岩《魏晋南北朝壁画墓研究》，北京：文物出版社，2002.

郑雅如《亲恩难报：唐代士人的孝道实践及其体制化》，台北：台大出版社，2014.

郑雅如《情感与制度：魏晋时代的母子关系》，台北：台湾大学出版中心，2001.

周密《宋代刑法史》，北京：法律出版社，2002.

周明泰《宋曾文定公巩年谱宋曾文肃公布年谱宋曾文昭公肇年谱》，台北：台湾商务印书馆，1981.

西文专著、论文

Asim, Ina. "Status Symbol and Insurance Policy: Song Land Deeds for the Afterlife." In Kuhn, *Burial in Song China*, 307-371.

Barnhart, Richard M. "The *Classic of Filial Piety* in Chinese Art History." In *Li Kung-lin's Classic of Filial Piety*, edited by Richard M. Barnhart, 73-155. New York: Metro-politan Museum of Art, 1993.

———, ed. *Li Kung-lin's Classic of Filial Piety*. New York: Metropolitan Museum of Art, 1993.

Bernhardt, Kathryn. "The Inheritance Rights of Daughters: The Song Anomaly?" *Modern China* 21, no. 3 (1995): 269-309.

———. *Women and Property in China*, *960-1949*. Stanford, CA:

Stanford University Press，1999.（白凯《中国的妇女与财产：960—1949》，刘昶译，上海：上海书店出版社，2003）

Birdwhistell，Anne D. "Cultural Patterns and the Way of Mother and Son: An Early Qing Case." *Philosophy East and West* 42，no. 3（1992）：503 - 516.

Birge，Bettine. *Women，Property，and Confucian Reaction in Sung and Yüan China*. Cambridge：Cambridge University Press，2004.（柏清韵《宋元时代的妇女、财产及儒家应对》，刘晓、薛京王译，北京：中国社会科学出版社，2020）

Bloom，Irene，and Joshua A. Fogel，eds. *Meetings of Mind: Festshrift for W. T. Chan and Wm. T. de Bary*. New York：Columbia University Press，1997.

Bokenkamp，Stephen R. *Ancestors and Anxiety: Daoism and the Birth of Rebirth in China*. Berkeley：University of California Press，2009.

Bol，Peter. *Neo-Confucianism in History*. Cambridge，MA：Harvard University Asia Center，2010.（包弼德《历史上的理学》，王昌伟译，杭州：浙江大学出版社，2010）

———. "The Rise of Local History: History, Geography, and Culture in Southern Song and Yuan Wuzhou." *Harvard Journal of Asiatic Studies* 61，no. 1（2001）：37 - 76.（《地方史的兴起：宋元婺州的历史、地理和文化》，吴松弟译，《历史地理》第 21 辑）

———. "The Sung Examination System and the Shih." *Asia Major*（series 3）3，no. 2（1990）：149 - 171.

———. *This Culture of Ours: Intellectual Tradition in T'ang and Sung China*. Stanford，CA：Stanford University Press，1992.（包弼德《斯文：唐宋思想的转型》，刘宁译，南京：江苏人民出版社，2017）

Bossler，Beverly. *Courtesans，Concubines，and the Cult of Female Fidelity*. Cambridge，MA：Harvard University Asia

Center，2016.

―――. "A Daughter Is a Daughter All Her Life: Affinal Relations and Women's Networks in Song and Late Imperial China. " *Late Imperial China* 21，no. 1 (2000): 77 - 106.

―――. *Powerful Relations: Kinship，Status and the State in Sung China. Cambridge*，MA: Council on East Asian Studies，Harvard University，1998. (柏文莉《权力关系：宋代中国的家族、地位与国家》，刘云军译，南京：江苏人民出版社，2015)

―――. "Men，Women，and Gossip in Song China. " In *Idle Talk: Gossip and Anecdote in Traditional China*，edited by Jack W. Chen and David Schaberg，154 - 177. Berkeley: University of California Press，2014.

―――. "Shifting Identities: Courtesans and Literati in Song China. " *Harvard Journal of Asiatic Studies* 62，no. 1 (2002): 8 - 28.

Brashier，K. E. *Ancestral Memory in Early China*. Cambridge，MA: Harvard University Asia Center，2011.

Brook，Timothy. "Funerary Ritual and the Building of Lineages in Late Imperial China. " *Harvard Journal of Asiatic Studies* 49，no. 2 (1989): 465 - 499.

Brown，Miranda. "Mothers and Sons in Warring States and Han China，453 B. C. - A. D. 220. " *Nan Nü: Men，Women and Gender in Early and Imperial China* 5，no. 2(2003): 137 - 169.

―――. *The Politics of Mourning in Early China*. Albany: State University of New York Press，2007.

Brown，Miranda，and Anna-Alexandra Fodde-Reguer. " Rituals without Rules: Han Dynasty Mourning Practices Revisited. " In Rothschild and Wallace，*Behaving Badly in Early and Medieval China*，91 - 105.

Buoye，Thomas. "Filial Felons: Leniency and Legal Reasoning in Qing China. " In *Writing and Law in Late Imperial China: Crime*，

Conflict, and Judgment, edited by Robert Hegel and Katherine Carlitz, 109 – 124. Seattle: University of Washington Press, 2009.

Carlitz, Katherine. "Mourning, Personality, Display: Ming Literati Commemorate Their Mothers, Sisters, and Daughters." *Nan Nü: Men, Women and Gender in Early and Imperial China* 15, no. 1 (2013): 30 – 68.

Chaffee, John W. "Sung Education: Schools, Academies, and Examinations." In Chaffee and Twitchett, *The Cambridge History of China*, vol. 5, part 2: "Sung China, 960 – 1279," 286 – 320.

———. *The Thorny Gates of Learning in Sung China: A Social History of Examinations*. Cambridge: Cambridge University Press, 1985. (贾志扬《宋代科举》,台北: 东大图书股份有限公司, 1995)

Chaffee, John W., and Denis Twitchett, eds. *The Cambridge History of China*, vol. 5, part2: "Sung China, 960 – 1279." Cambridge: Cambridge University Press, 2015.

Chan, Alan K. "Does Xiao Come before Ren?" In Chan and Tan, *Filial Piety in Chinese Thought and History*, 154 – 175.

Chan, Alan K., and Sor-hoon Tan, eds. *Filial Piety in Chinese Thought and History*. London: Routledge Curson, 2004.

———. "Introduction." In Chan and Tan, *Filial Piety in Chinese Thought and History*, 1 – 11.

Chang Kuang-chih. *The Archeology of Ancient China*. New Haven: Yale University Press, 1968. (张光直《古代中国考古学》,印群译, 北京: 三联书店,2013)

Chaves, Jonathan. *Mei Yao-ch'en and the Development of Early Sung Poetry*. New York: Columbia University Press, 1976.

Chen, Kenneth. "Filial Piety in Chinese Buddhism." *Harvard*

Journal of Asiatic Studies 28, no. 1 (1968): 81 - 97.

Chen, Song. "The State, the Gentry, and Local Institutions: The Song Dynasty and Long-Term Trends from Tang to Qing." *Journal of Chinese History* 1, no. 1 (2017): 141 - 182.

Cheng, Anne. "Filial Piety with a Vengeance: The Tension between Rites and Law in the Han." In Chan and Tan, *Filial Piety in Chinese Thought and History*, 29 - 43.

Cheung, Hiu Yu 程晓宇. "Inventing a New Tradition: The Revival of the Discourses of Family Shrines in the Northern Song." *Journal of Sung Yuan Studies* 47 (2017): 85 - 136.

Chia, Lucille. *Printing for Profit: The Commercial Publishers of Jianyang, Fujian (11th to17th Centuries)*. Cambridge, MA: Harvard University Asia Center, 2002. (贾晋珠《谋利而印：11 至 17 世纪福建建阳的商业出版者》，邱葵、邹秀英、柳颖、刘倩、李国庆译，福州：福建人民出版社，2019)

Choi, Mihwa. *Death Rituals and Politics in Northern Song China*. Oxford: Oxford University Press, 2017.

Choo, Jessey. "Shall We Profane the Service of the Dead? Burial Divination and Remembrance in Late Medieval Muzhiming." *Tang Studies* 33 (2015): 1 - 37.

———. "That 'Fatty Lump': Discourses on the Fetus, Fetal Development, and Filial Piety in Early Imperial China." *Nan Nü: Men, Women and Gender in Early and Imperial China* 14, no. 2 (2012): 177 - 221.

Chow, Kai-wing. *The Rise of Confucian Ritualism in Late Imperial China: Ethics, Classics, and Lineage Discourse*. Stanford, CA: Stanford University Press, 1994.

Clark, Hugh R. "The Fu of Minnan: A Local Clan in Late Tang and Song China (9th - 13th Centuries)." *Journal of the Economic and Social History of the Orient* 38, no. 1(1995): 1 - 74.

————. *Portrait of a Community: Society, Culture, and the Structures of Kinship in the Mulan River (Fujian) from the Late Tang through the Song.* Hong Kong: Chinese University Press, 2007.

————. "Reinventing the Genealogy: Innovation in Kinship Practice in the Tenth and Eleventh Centuries." In *The New and the Multiple: Sung Sense of the Past*, edited by Thomas H. C. Lee, 237 – 286. Hong Kong: Chinese University Press, 2004.

Cline, Erin M. *Families of Virtue: Confucian and Western Views on Childhood Development.* New York: Columbia University Press, 2015.

Cole, Alan. *Mothers and Sons in Chinese Buddhism.* Stanford, CA: Stanford University Press, 1998.

Crowell, William G. "Northern Emigres and the Problems of Census Registration under the Eastern Jin and Southern Dynasties." In Dien, *State and Society in Early Medieval China*, 171 – 209.

Davis, Edward L. *Society and the Supernatural in Song China.* Honolulu: University of Hawai'i Press, 2001.

Davis, Richard L. "Chaste and Filial Women in Chinese Historical Writing of the Eleventh Century." *Journal of the American Oriental Society* 121, no. 1 (2001): 204 – 218.

————. *Court and Family in Sung China, 960 – 1279: Bureaucratic Success and Kinship Fortunes for the Shih of Mingchou.* Durham, NC: Duke University Press, 1986. (戴仁柱《丞相世家：南宋四明史氏家族研究》,刘广丰、惠冬译,北京：中华书局,2014)

————. "Political Success and the Growth of Descent Groups: The Shihs of Ming-chou during the Sung." In Ebrey and Watson, *Kinship Organization in Late Imperial China, 1000 – 1940*, 62 – 94.

————. "Review of *Negotiated Power: The State, Elites, and Local*

Governance in Twelfth-to Fourteenth-Century China*, by Sukhee Lee." Harvard Journal of *Asiatic Studies* 77, no. 1 (2017): 227 – 235.

Davis, Timothy M. *Entombed Epigraphy and Commemorative Culture in Early Medieval China: A History of Early Muzhiming*. Leiden: Brill, 2015.

De Bary, W. T., and John Chaffee, eds. *Neo-Confucian Education: The Formative Stage*. Berkeley: University of California Press, 1989.

De Weerdt, Hilde. *Competition over Content: Negotiating Standards for the Civil Service Examinations in Imperial China*. Cambridge, MA: Harvard University Asia Center, 2007. (魏希德《义旨之争：南宋科举规范之折冲》，胡永光译，杭州：浙江大学出版社，2016)

Deng Fei. "Modular Design of Tombs in Song and Jin North China." In Ebrey and Huang, *Visual and Material Cultures in Middle Period China*, 41 – 81.

Dien, Albert E. "Instructions for the Grave: The Case of Yan Zhitui." *Cahiers d'Extrême-Asie* 8 (1995): 41 – 58.

———, ed. *State and Society in Medieval China*. Stanford, CA: Stanford University Press, 1990.

Ditter, Alexei. "The Commerce of Commemoration: Commissioned Muzhiming in the Mid-to Late Tang." *Tang Studies* 32 (2014): 21 – 46.

Dudbridge, Glen. *The Legend of Miaoshan, revised edition*. Oxford: Oxford University Press, 2004. (杜德桥《妙善传说：观音菩萨缘起考》，李文彬、赖瑞和、廖朝阳译，台北：巨流图书公司，1990)

Ebrey, Patricia Buckley. *The Aristocratic Families of Early Imperial China: A Case Study of the Po-ling Ts'ui Family*. Cambridge: Cambridge University Press, 1978.

————. *Chu Hsi's Family Rituals: A Twelfth Century Chinese Manual for the Performance of Cappings, Weddings, Funerals, and Ancestral Rites*. Translated with annotations and introduction. Princeton, NJ: Princeton University Press, 1991.

————, trans. *The Classic of Filial Piety. In Robin Wang, Images of Women in Chinese Thought and Culture*, 372 – 380.

————. "Conceptions of the Family in Song Times." *Journal of Asiatic Studies* 43, no. 2 (1984): 219 – 245.

————. "Concubines in Sung China." *Journal of Family History* 11, no. 1 (1986): 1 – 24.

————. *Confucianism and Family Rituals in Imperial China: A Social History of Writing about Rites*. Princeton, NJ: Princeton University Press, 1991.

————. "Cremation in Sung China." *American Historical Review* 95, no. 2 (1990): 406 – 428.

————. "The Dynamics of Elite Domination in Sung China." *Harvard Journal of Asiatic Studies* 48, no. 2 (1988): 493 – 519.

————. "The Early Stages in the Development of Descent Group Organization." In Ebrey and Watson, *Kinship Organization in Late Imperial China*, James Watson, 16 – 61.

————. "Education through Ritual: Efforts to Formulate Family Rituals during the Sung Period." In de Bary and Chaffee, *Neo-Confucian Education*, 277 – 306.

————. *Family and Property in Sung China: Yuan Tsai's Precepts for Social Life*. Princeton, NJ: Princeton University Press, 1984.

————. "Imperial Filial Piety as a Political Problem." In Chan and Tan, *Filial Piety in Chinese Thought and History*, 122 – 140.

————. *The Inner Quarters, Marriage and the Lives of Chinese Women in the Sung Period*. Berkeley: University of California

Press，1993.（伊沛霞《内闱：宋代的婚姻和妇女生活》，胡志宏译，南京：江苏人民出版社，2018）

———. "Introduction." In *Marriage and Inequality in Chinese Society*, edited by Ruby Watson and Patricia Ebrey，1 - 24. Berkeley：University of California Press，1991.

———. "Later Han Stone Inscriptions." *Harvard Journal of Asiatic Studies* 40，no. 2（1980）：325 - 353.

———. "Liturgies for Ancestral Rites in Successive Versions of the Family Rituals." In *Ritual and Scripture in Chinese Popular Religion: Five Studies*, edited by David Johnson，104 - 136. Berkeley：Center for Chinese Studies，University of California，1995.

———. "The Response of the Sung State to Popular Funeral Practices." In Ebrey and Gregory，*Religion and Society in T'ang and Sung China*，209 - 239.

———. "Sung Neo-Confucian Views on Geomancy." In Bloom and Fogel，*Meetings of Mind*，75 - 107.

———. "The Women in Liu Kezhuang's Family." *Modern China* 10，no. 4（1984）：415 - 440.

Ebrey，Patricia，and Peter Gregory，eds. *Religion and Society in T'ang and Sung China*. Honolulu：University of Hawai'i Press，1993.

Ebrey，Patricia，and Paul Smith，eds. *State Power in China*，600 - 1400. Seattle：University of Washington Press，2016.

Ebrey，Patricia，and James L. Watson，eds. *Kinship Organization in Late Imperial China*. Berkeley：University of California Press，1986.

Ebrey，Patricia，and Susan Shih-shan Huang，eds. *Visual and Material Cultures in Middle Period China*. Leiden：Brill，2017.

Ebrey，Patricia，Ping Yao，and Cong Ellen Zhang，eds. *Chinese*

Funerary Biographies: An Anthology of Remembered Lives. Seattle: University of Washington Press, 2019. (伊沛霞、姚平、张聪主编《追怀生命：中国历史上的墓志铭》，上海：上海古籍出版社，2021)

Egan, Ronald. *The Literary Works of Ou-yang Hsiu (1007–72)*. Cambridge: Cambridge University Press, 1984.

———. *The Problem of Beauty: Aesthetic Thought and Pursuits in Northern Song Dynasty China*. Cambridge, MA: Harvard University Asia Center, 2006. (艾朗诺《美的焦虑：北宋士大夫的审美思想与追求》，杜斐然、刘鹏、潘玉涛译，郭勉愈校，上海：上海古籍出版社，2013)

———. "Su Shih's 'Notes' as a Historical and Literary Source." *Harvard Journal of Asiatic Studies* 50, no. 2 (1990): 561–588.

Eicher, Sebastian. "Early Representations of Filial Piety in Dynastic Historiography: Textual History and Content of *Hou Han Shu* Chapter 39." *Journal of Chinese History* 3, no. 1 (2019): 1–33.

Epstein, Maram. "Making a Case: Characterizing the Filial Son." In Hegel and Carlitz, *Writing and Law in late Imperial China*, 27–43.

Faure, David. *Emperor and Ancestor: State and Lineage in South China*. Stanford, CA: Stanford University Press, 2007. (科大卫《皇帝和祖宗：华南的国家与宗族》，卜永坚译，南京：江苏人民出版社，2009)

———. "The Lineage as a Cultural Invention: The Case of the Pearl River Delta." *Modern China* 15, no. 1 (1989): 4–36.

Fong, Grace S. "Inscribing a Sense of Self in Mother's Family: Hong Liangji's (1746–1809) Memoir and Poetry of Remembrance." *Chinese Literature: Essays, Articles, Reviews* 27 (2005): 33–

58.

Franke, Herbert. "Some Aspects on Chinese Private Historiography in the Thirteenth and Fourteenth Centuries." In *Historians of China and Japan*, edited by W. G. Beasley and E. G. Pulleyblank, 115 - 135. London: Oxford University Press, 1961.

Freedman, Maurice. *Lineage Organization in Southeastern China*. London: Athlone, 1958.

Fu Hongchu. "The Cultural Fashioning of Filial Piety: A Reading of 'Xiaozhang tu.'" *Journal of Sung-Yuan Studies* 29 (1999): 63 - 89.

Furth, Charlotte. "The Patriarch's Legacy: Household Instructions and the Transmission of Orthodox Values." In *Orthodoxy in Late Imperial China*, edited by Kwang-ching Liu, 187 - 211. Berkeley: University of California Press, 1990.

Gerritsen, Anne. *Ji'an Literati and the Local in Song-Yuan-Ming China*. Leiden: Brill, 2007.

Haboush, Jahyun Kim. "Filial Emotions and Filial Values: Changing Patterns in the Discourse of Filiality in Late Chosön Korea." *Harvard Journal of Asiatic Studies*, 55, no. 1 (1995): 129 - 177.

Halperin, Mark Robert. *Out of the Cloister: Literati Perspectives on Buddhism in Sung China, 960 -1279*. Cambridge, MA: Harvard University Asia Center, 2006.

Hansen, Valerie. *Negotiating Daily Life in Traditional China: How Ordinary People Used Contracts, 800 - 1400*. New Haven: Yale University Press, 1995.（韩森《传统中国日常生活中的协商：中古契约研究》,鲁西奇译,南京：江苏人民出版社,2008）

———. "Why Bury Contracts in Tombs?" *Cahiers d'Extrême-Asie* 8 (1995): 59 - 66.

Hargett, James M. "Song Dynasty Local Gazetteers and Their Place in the History of Difangzhi Writing." *Harvard Journal of Asiatic Studies* 56, no. 2 (1996): 405 – 442.

Hartman, Charles. *Han Yü and the T'ang Search for Unity*. Princeton, NJ: Princeton University Press, 1986.

———. "Poetry and Politics in 1079: The Crow Terrace Poetry Case of Su Shih." *Chinese Literature: Essays, Articles, Reviews* 12 (1990): 15 – 44.

———. "Sung Government and Politics." In Chaffee and Twitchett, *The Cambridge History of China*, vol. 5, part 2: "Sung China, 907 – 1279," 19 – 138.

Hartwell, Robert. "Demographic, Political, and Social Transformations in China, 750 – 1550." *Harvard Journal of Asiatic Studies* 42, no. 2 (1982): 365 – 442. (郝若贝《750—1550 年间中国的人口、政治及社会转型》,易素梅、林小异等译,收入伊沛霞、姚平主编《当代西方汉学研究集萃·中古史卷》,上海:上海古籍出版社,2016)

Hegel, Robert, and Katherine Carlitz, eds. *Writing and Law in Late Imperial China: Crime, Conflict, and Judgment*. Seattle: University of Washington Press, 2009.

Ho, Clara Wing-chung, ed. *Overt and Covert Treasures: Essays on the Sources for Chinese Women's History*. Hong Kong: Chinese University Press, 2012.

Holzman, Donald. "The Place of Filial Piety in Ancient China." *Journal of the American Oriental Society* 118, no. 2 (1998): 185 – 199.

Hong, Jeehee. "Changing Roles of the Tomb Portrait: Burial Practices and Ancestral Worship of Non-Literati Elite in North China (1000 – 1400)." *Journal of Song-Yuan Studies* 44 (2014): 203 – 264.

———. "Mechanism of Life for the Netherworld: Transformations of

Mingqi in Middle-Period China." *Journal of Chinese Religions* 43, no. 2 (2015): 161–193.

———. *Theater for the Dead: A Social Turn in Funerary Art, 1000–1400*. Honolulu: University of Hawai'i Press, 2016.

Huang, Martin W. *Intimate Memory: Gender and Mourning in Late Imperial China*. Albany: State University of New York Press, 2018.

———. *Negotiating Masculinities in Late Imperial China*. Honolulu: University of Hawai'I Press, 2006.

Hymes, Robert. "Marriage, Descent Groups, and the Localist Strategy." In Ebrey and Watson, *Kinship Organization in Late Imperial China*, 95–136.

———. *Statesmen and Gentlemen: The Elite of Fu-Chou, Chiang-hsi in Northern and Southern Sung*. Cambridge: Cambridge University Press, 1986.

———. "Sung Society and Social Change." In Chafee and Twitchett, *The Cambridge History of China*, vol. 5, part 2: "Sung China, 907–1279," 526–664.

Hymes, Robert, and Conrad Schirokauer, eds. *Ordering the World: Approaches to State and Society in Sung Dynasty China*. Berkeley: University of California Press, 1993.

Idema, Wilt, trans. *Filial Piety and Its Divine Rewards: The Legend of Dong Yong and Weaving Maiden, with Related Texts*. Cambridge, MA: Hackett Publishing, 2009.

———, trans. *Personal Salvation and Filial Piety: Two Precious Scroll Narratives of Guan-yin and Her Acolytes*. Honolulu: University of Hawai'i Press, 2008.

Ikels, Charlotte, ed. *Filial Piety: Practice and Discourse in Contemporary East Asia*. Stanford, CA: Stanford University Press, 2004.

Ji Xiao-bin. *Politics and Conservatism in Northern Song China: The Career and Thought of Sima Guang*. Hong Kong: Chinese University Press, 2005.

Jia, Jinhua, Xiaofei Kang, and Ping Yao, eds. *Gendering Chinese Religion: Subject, Identity, and Body*. Albany: State University of New York Press, 2014.

Johnson, David G. *The Medieval Chinese Oligarchy*. Boulder, CO: Westview Press, 1977.

Kahn, Harold L. "The Politics of Filiality: Justification for Imperial Action in Eighteenth Century China." *Journal of Asian Studies* 26, no. 2 (1967): 197–203.

Keightley, David N. "Art, Ancestor, and the Origins of Writing in China." *Representations* 56 (1996): 68–95.

———. "The Making of the Ancestors: Late Shang Religion and Its Legacy." In *Religion and Chinese Society*, vol. 1: *Ancient and Medieval China*, edited by John Lagerwey, 3–63. Hong Kong: Chinese University Press, 2004.

Kieschnick, John. *The Impact of Buddhism on Chinese Material Culture*. Princeton, NJ: Princeton University Press, 2003.

Kindall, Elizabeth. *Geo-Narratives of a Filial Son: The Paintings and Travel Diaries of Huang Xiangjian (1609–1673)*. Cambridge, MA: Harvard University Asia Center, 2017.

———. "The Paintings of Huang Xiangjian's Filial Journey to the Southwest." *Artibus Asiae* 67, no. 2 (2007): 297–357.

Kinney, Anne Behnke, ed. *Chinese Views of Childhood*. Honolulu: University of Hawai'I Press, 1995.

———. "Dyed Silk: Han Notions of the Moral Development of Children." In Kinney, *Chinese Views of Childhood*, 17–56.

———. *Exemplary Women of Early China: The Lienü zhuan of Liu Xiang*. New York: Columbia University Press, 2014.

———. "The Theme of the Precocious Child in Early Chinese Literature." *T'oung Pao*, Second Series, 81, nos. 1 – 3 (1995): 1 – 24.

Knapp, Keith N. "Borrowing Legitimacy from the Dead: The Confucianization of Ancestral Worship." In *Early Chinese Religion*, part 2: "The Period of Division (220 – 589AD)," edited by John Lagerwey and Lü Pengzhi, 143 – 192. Leiden: Brill, 2010.

———. "Chinese Filial Cannibalism: A Silk Road Import?" In *China and Beyond in the Mediaeval Period: Cultural Crossings and Inter-Regional Connections*, edited by Dorothy C. Wong and Gustav Heldt, 135 – 149. Singapore: Institute of Southeast Asian Studies, and Amherst, NY: Cambria Press, 2014.

———. "Creeping Absolutism: Parental Authority in Early Medieval Tales of Filial Offspring." *Confucian Cultures of Authority*, edited by Roger T. Ames and Peter D. Hershock, 65 – 91. Albany: State University of New York Press, 2006.

———. "Reverent Caring: The Parent-Son Relationship in Early Medieval Tales of Filial Offspring." In Chan and Tan, *Filial Piety in Chinese Thought and History*, Alan K. L. 44 – 70.

———. "The *Ru* Reinterpretation of *Xiao*." *Early China* 20 (1995): 195 – 222.

———. *Selfless Offspring: Filial Children and the Social Order in Medieval China*. Honolulu: University of Hawai'i Press, 2005. (南恺时《中古中国的孝子和社会秩序》,戴卫红译,马特校,中国社会科学出版社,2021)

———. "Sympathy and Severity: The Father-Son Relationship in Early Medieval China." *Extrême-Orient Extrême-Occident Hors-série* (2012): 113 – 136.

———. "There Are Maggots in My Soup! Medieval Accounts of

Unfilial Children. " In Rothschild and Wallace, *Behaving Badly in Early and Medieval China*, 19 - 38.

Kohn, Livia. "Immortal Parents and Universal Kin: Family Values in Medieval Daoism. " In Chan and Tan, *Filial Piety in Chinese Thought and History*, 91 - 109.

Kuhn, Dieter, ed. *Burial in Song China*. Heidelberg: Ed. Forum, 1994.

———. "Decoding Tombs of the Song Elite. " In Kuhn, *Burial in Song China*, 11 - 159.

Kutcher, Norman. *Mourning in Late Imperial China: Filial Piety and the State*. Cambridge: Cambridge University Press, 1999.

Kyan, Winston. "The Body and the Family: Filial Piety and Buddhist Art in Late Medieval China. " PhD diss. , University of Chicago, 2006.

———. " Family Space: Buddhist Materiality and Ancestral Fashioning in Mogao Cave231. " *Art Bulletin* 92, nos. 1 - 2 (2010): 61 - 82.

Lai Guolong. *Excavating the Afterlife: The Archeology of Early Chinese Religion*. Seattle: University of Washington Press, 2015.

Laing, Ellen Johnston. "Auspicious Motifs in Ninth-to Thirteenth-Century Chinese Tombs. " *Ars Orientalis* 33 (2003): 32 - 75.

Lee, John. "Recent Studies in English on the Tang-Song Transition: Issues and Trends. " *Guoji Zhongguo xue yanjiu* 2 (1999): 365 - 383.

Lee, Sukhee. *Negotiated Power: The State, Elites, and Local Governance in Twelfth-to Fourteenth-Century China*. Cambridge, MA: Harvard University Asia Center, 2014.

Lee, Thomas H. C. *Government Education and Examination in Sung China*. Hong Kong: Chinese University Press, 1985. (李弘祺《宋代官学教育与科举》,台北:联经出版事业公司,1994)

Levine, Ari. "Che-tsung's Reign (1085 – 1100) and the Age of Faction." In Twitchett and Smith, *The Cam bridge History of China*, vol. 5, part 1: "The Sung Dynasty and Its Precursors, 907 – 1279," 484 – 555.

——. *Divided by a Common Language: Factional Conflict in Late Northern Song China.* Honolulu: University of Hawai'i Press, 2008.

——. "Faction Theory and the Political Imagination of the Northern Song." *Asia Major*, Third Series, 18, no. 2 (2005): 155 – 200.

——. "The Reigns of Hui-tsung (1100 – 1126) and Ch'in-tsung (1126 – 1127) and the Fall of the Northern Sung." In Twitchett and Smith, *The Cambridge History of China*, vol. 5, part 1: "The Sung Dynasty and Its Precursors, 907 – 1279," 556 – 643.

Lewis, Mark. "Mothers and Sons in Early Imperial China." *Extrême-Orient Extrême-Occident Hors-série* (2012): 245 – 275.

Li Chenyang. "Shifting Perspectives: Filial Morality Revisited." *Philosophy East and West* 47, no. 2 (1997): 211 – 232.

Liao Hsien-huei 廖咸惠. "Experiencing the 'Lesser Arts': The Mantic Arts and Experts in the Lives of Song Literati." *New History* 20, no. 4 (2009): 1 – 58.

——. "Exploring Weal and Woe: The Song Elite's Mantic Beliefs and Practices." *T'oung Pao* 91, nos. 4 – 5 (2005): 347 – 395.

——. "Geomancy and Burial: The Social Status of the Song Geomancers." *Studies in Urban Cultures* 10 (2008): 96 – 115.

Lin, Wei-cheng. "Underground Wooden Architecture in Brick: A Changed Perspective from Life to Death in 10th through 13th Century China." *Archives of Asian Art* 61 (2011): 3 – 36.

Liu, James T. C. *Reform in Sung China: Wang An-shi (1021 – 1086) and His New Policies.* Cambridge, MA: Harvard University Press, 1959.

Lo，Winston W. *An Introduction to the Civil Service of Sung China*，*with Emphasis on Its Personnel Administration*. Honolulu：University of Hawai'i Press，1987.

Lo，Yuet Keung. "Filial Devotion for Women：A Buddhist Testimony from Third-Century China." In Chan and Tan, *Filial Piety in Chinese Thought and History*，71 - 90.

Lorge，Peter. *The Unification of China: Peace through War under the Song Dynasty*. Cambridge：Cambridge University Press，2018.（龙沛《重归一统：宋初的战与和》，康海源译，北京：九州出版社，2021）

Lu，Tina. *Accidental Incest*，*Filial Cannibalism*，*and Other Peculiar Encounters in Late Imperial Chinese Literature*. Cambridge，MA：Harvard University Asia Center，2009.

Lu，Weijing. "Personal Writings on Female Relatives in the Qing Collected Works." In Ho, *Overt and Covert Treasures*，403 - 426.

———. *True to Her Word: The Faithful Maiden Cult in Late Imperial China*. Stanford，CA：Stanford University Press，2008.（卢苇菁《矢志不渝：明清时期的贞女现象》，秦立彦译，南京：江苏人民出版社，2016）

Luo，Manling. "Gender，Genre，and Discourse：The Woman Avenger in Medieval Chinese Texts." *Journal of the American Oriental Society* 134，no. 4（2014）：579 - 599.

Luo Yinan. "A Study of the Changes in the Tang-Song Transition Model." *Journal of Song-Yuan Studies* 35（2005）：99 - 127.

Mann，Susan. Precious Records：*Women in China's Long Eighteenth Century*. Stanford，CA：Stanford University Press，1997.（曼素恩《缀珍录：十八世纪及其前后的中国妇女》，定宜庄、颜宜葳译，南京：江苏人民出版社，2005）

Mather，Richard. "Filial Paragons and Spoiled Brats：A Glimpse of

Medieval Chinese Children in the *Shishuo xinyu.*" In Kinney, *Chinese Views of Childhood*, 111–126.

McDermott, Joseph P. "Family Financial Plans of the Southern Sung." *Asia Major*, third series, 9, no. 2 (1991): 15–52.

———. *The Making of a New Rural Order in South China*, vol. 1: *Village, Land, and Lineage in Huizhou, 900–1600.* Cambridge: Cambridge University Press, 2013.

———. "Women of Property in China, 960–1368: A Survey of the Scholarship." *International Journal of Asian Studies* 1, no. 2 (2004): 201–222.

McGrath, Michael. "The Reigns of Jen-tsung (1022–1063) and Ying-tsung (1063–1067)." In Twitchett and Smith, *The Cambridge History of China*, vol. 5, part 1: "The Sung Dynasty and Its Precursors, 907–1279," 279–346.

McKnight, Brian E. *Law and Order in Sung China.* Cambridge: Cambridge University Press, 1992.（马伯良《宋代的法律与秩序》，杨昂、胡文姬译，北京：中国政法大学出版社，2010）

———. "Who Gets It When You Go: The Legal Consequences of the Ending of House-holds." *Journal of the Economic and Social History of the Orient* 43, no. 3 (2000): 314–363.

Morgan, Carole. "Inscribed Stones: A Note on a Tang and Song Dynasty Burial Rite." *T'oung Pao*, Second Series, 82, nos. 4–5 (1996): 317–348.

Murray, Julia K. "The '*Ladies' Classic of Filial Piety*' and Sung Textual Illustration: Problems of Reconstruction and Artistic Context." *Ars Orientalis* 18 (1988): 95–129.

Nylan, Michael. "Confucian Piety and Individualism in Han China." *Journal of the American Oriental Society* 116, no. 1 (1996): 1–27.

Olberding, Amy. "I Know Not 'Seems': Grief for Parents in The

Analects." In Olberding and Ivanhoe, *Mortality in Traditional Chinese Thought*, 153 – 175.

Olberding, Amy, and Philip J. Ivanhoe, eds. *Mortality in Traditional Chinese Thought*. Albany: State University of New York Press, 2011.

Pu Moo-chou 蒲慕州. "Ideas Concerning Death and Burial in Pre-Han and Han China." *Asia Major*, third series, 3, no. 2 (1990): 25 – 62.

———. *In Search of Personal Welfare: A View of Ancient Chinese Religion*. Albany: State University of New York Press, 1998. (蒲慕州《追寻一己之福：中国古代的信仰世界》，上海：上海古籍出版社，2007)

———. "Preparation for the Afterlife." In Olberding and Ivanhoe, *Mortality in Traditional Chinese Thought*, 13 – 36.

Puett, Michael. "The Offering of Food and the Creation of Order: The Practice of Sacrifice in Early China." In Sterckx, *Of Tripod and Palate*, 75 – 95.

Radice, Thomas. "Confucius and Filial Piety." In *A Concise Companion to Confucius*, edited by Paul R. Goldin, 185 – 207. Hoboken, NJ: Wiley-Blackwell, 2017.

———. "The Ways of Filial Piety in Early China." PhD diss., University of Pennsylvania, 2006.

Raphals, Lisa. "Reflections on Filial Piety, Nature, and Nurture." In Chan and Tan, *Filial Piety in Chinese Thought and History*, 215 – 225.

Rosemont, Henry, Jr., and Roger Ames, trans. *The Chinese Classic of Family Reverence: A Philosophical Translation of the Xiaojing*. Honolulu: University of Hawai'i Press, 2011.

Rothschild, N. Harry, and Leslie V. Wallace, eds. *Behaving Badly in Early and Medieval China*. Honolulu: University of Hawai'i

Press，2017.

Schottenhammer，Angela. "Characteristics of Song Epitaphs." In Kuhn，*Burial in Song China*，253 - 306.

Shields，Anna. "Grieving for a Married Daughter and a Grandson： 'Entombed Epitaph Inscription for My Daughter the Late Madame Dugu' and 'Entombed Record for My Grandson Who Died Young,' by Quan Deyu（759 - 818）." In Ebrey，Yao，and Zhang，*Chinese Funerary Biographies*，66 - 74.

———. *One Who Knows Me： Friendship and Literary Culture in Mid-Tang China*. Cambridge，MA： Harvard University Asia Center，2015.（田安《知我者：中唐时期的友谊与文学》，卞东波、刘杰、郑潇潇译，上海：中西书局，2020）

Smith，Paul Jakov. "Anatomies of Reform： The Qingli-Era Reforms of Fan Zhongyan and the New Policies of Wang Anshi Compared." In Ebrey and Smith，*State Power in China，900 - 1400*，153 - 191.

———. "A Crisis in the Literati State： The Sino-Tangut War and the Qingli-Era Reforms of Fan Zhongyan." *Journal of Song Yuan Studies* 45（2015）： 59 - 138.

———. "Shen-tsung's Reign and the New Policies of Wang An-shih，1067 - 1085." In Twitchett and Smith，*The Cambridge History of China*，vol. 5，part 1： "The Sung Dynasty and Its Precursors，907 - 1279," 347 - 483.

———. *Taxing Heaven's Storehouse： Bureaucratic Entrepreneurship and the Sichuan Tea and Horse Trade，1074 - 1224*. Cambridge，MA： Harvard University Press，1991.

Smith，Paul，and Richard von Glahn. "Introduction： Problematizing the Song-Yuan-Ming Transition." In Smith and von Glahn，*The Song-Yuan-Ming Transition in Chinese History*，1 - 34.

———，eds. *The Sung-Yuan-Ming Transition in Chinese History*.

Cambridge, MA: Harvard University Asia Center, 2003.

Stahl, Helga. "Su Shi's Orthodox Burial: Interconnected Double Chamber Tombs in Sichuan." In Kuhn, *Burial in Song China*, 161 – 214.

Sterckx, Roel, ed. *Of Tripod and Palate: Food, Politics, and Religion in Traditional China*. New York: Palgrave, 2005.

Sugano, Noriko. "State Indoctrination of Filial Piety in Tokogawa Japan: Sons and Daughters in the *Official Record of Filial Piety*." In *Women and Confucian Culture in Premodern China, Korea, and Japan*, edited by Dorothy Ko, Jahyun Kim Haboush, and Joan R. Piggot, 170 – 189. Berkeley: University of California Press, 2003.

Szonya, Michael. *Practicing Kinship: Lineage and Descent in Late Imperial China*. Stanford, CA: Stanford University Press, 2002. (宋怡明《实践中的宗教》王果译,北京:北京师范大学出版社,2021)

Tackett, Nicolas. *The Destruction of the Medieval Chinese Aristocracy*. Cambridge, MA: Harvard University Asia Center, 2014. (谭凯《中古中国门阀大族的消亡》,胡耀飞、谢宇荣译,北京:社会科学文献出版社,2017)

Tan, Sor-hoon. "Filial Daughters-in-Law: Questioning Confucian Filiality." In Chan and Tan, *Filial Piety in Chinese Thought and History*, 226 – 240.

Teiser, Stephen. *The Ghost Festival in Medieval China*. Princeton, NJ: Princeton University Press, 1996. (太史文《中国中世纪的鬼节》,侯旭东译,上海:上海人民出版社,2016)

Tillman, Hoyt. *Confucian Discourse and Chu Hsi's Ascendancy*. Honolulu: University of Hawai'i Press, 1992.

———. *Utilitarian Confucianism: Ch'en Liang's Challenge to Chu Hsi*. Cambridge, MA: Harvard University Asia Center, 1982.

（《功利主义儒家：陈亮对朱熹的挑战》，姜长苏译，南京：江苏人民出版社，1997）

Tsao, Hsingyuan. *Differences Preserved: Reconstructed Tombs from the Liao and Song Dynasties*. Seattle: University of Washington Press, 2000.

Twitchett, Denis. "The Fan Clan's Charitable Estate, 1050 – 1760." In *Confucianism in Action*, edited by David S. Nivison and Arthur F. Wright, 97 – 133. Stanford, CA: Stanford University Press, 1959.

Twitchett, Denis, and Paul Jakov Smith, eds. *The Cambridge History of China*, vol. 5, part1: "The Sung Dynasty and Its Precursors, 907 – 1279." Cambridge: Cambridge University Press, 2009. （崔瑞德、史乐民编《剑桥中国宋代史（上）：907—1279 年》，宋燕鹏等译，北京：中国社会科学出版社，2020）

Ubelhor, Monika. "The Community Compact (*hsiang-yüeh*) of the Sung and Its Educational Significance." In de Bary and Chaffee, *Neo-Confucian Education*, 371 – 388.

Von Eschenbach, Silvia Freiin Ebner. "Public Graveyards of the Song Dynasty." In Kuhn, *Burial in Song China*, 215 – 251.

Waltner, Ann. *Getting an Heir: Adoption and the Construction of Kinship in Late Imperial China*. Honolulu: University of Hawai'i Press, 1990. （安·沃特纳《烟火接续：明清的收继与亲族关系》，曹南来译，杭州：浙江人民出版社，1998）

Walton, Linda. *Academies and Society in Southern Sung China*. Honolulu: University of Hawai'i Press, 1999.

———. "Charitable Estates as an Aspect of Statecraft in the Southern Sung." In Hymes and Schirokauer, *Ordering the World*, 255 – 278.

Wang, Robin, ed. *Images of Women in Chinese Thought and Culture*, *Writings from the Pre-Qin Period through the Song*

Dynasty. Cambridge，MA：Hackett Publishing，2003.

Wolf，Arthur，and Chieh-shan Huang. *Marriage and Adoption in China，1845 - 1945*. Stanford，CA：Stanford University Press，1980.

Wu Hung. *The Art of the Yellow Springs: Understanding Chinese Tombs*. Honolulu：University of Hawai'i Press，2010.（巫鸿《黄泉下的美术：宏观中国古代墓葬》，施杰译，北京：三联书店，2010）

———. "Private Love and Public Duty：Images of Children in Early Chinese Art. " In Kinney，*Chinese Views of Childhood*，79 - 110.（巫鸿《"私爱"与"公义"——汉代画像中的儿童图像》，收入巫鸿《礼仪中的美术：巫鸿中国古代美术史文编》，郑岩等译，北京：三联书店，2005）

———. *The Wu Liang Shrine: The Ideology of Early Chinese Pictorial Art*. Stanford，CA：Stanford University Press，1992.（巫鸿《武梁祠：中国古代画像艺术的思想性》，岑河、柳扬译，北京：三联书店，2006）

Wu，Pei-yi. "Childhood Remembered：Parents and Children in China，800 - 1700. " In Kinney，*Chinese Views of Childhood*，129 - 156.

———. "Education of Children in the Sung. " In de Bary and Chaffee，*Neo-Confucian Education*，307 - 324.

Wyatt，Don. *The Recluse of Loyang: Shao Yung and the Moral Evolution of Early Sung Thought*. Honolulu：University of Hawai'i Press，1996.

Xu，Man. "Ancestors, Spouses, and Descendants：The Transformation of Epitaph Writing in Song Luzhou." *Journal of Sung Yuan Studies* 46 (2016)：119 - 168.

———. "China's Local Elites in Transition：Seventh-to Twelfth-Century Epitaphs Excavated in Luzhou." *Asia Major*，Third Series，30，no. 1 (2017)：59 - 107.

———. *Crossing the Gate: Everyday Lives of Women in Song Fujian* (*960 - 1279*). Albany: State University of New York, 2016. (许曼《跨越门阃：宋代福建女性的日常生活》,刘云军译,上海：上海古籍出版社,2019)

Yao Ping 姚平. "Good Karmic Connections: Buddhist Mothers and Their Children in Tang China (618 - 907). " *Nan Nü: Men, Women and Gender in Early and Imperial China* 10, no. 1 (2008): 57 - 85.

———. "Tang Women in the Transformation of Buddhist Filiality. " In Jia, Kang, and Yao, *Gendering Chinese Religion*, 25 - 46.

———. "Women in Portraits: An Overview of Epitaphs from Early and Medieval China. "In Ho, *Overt and Covert Treasures*, 157 - 183.

———. "Women's Epitaphs in Tang China (618 - 907). " In *Beyond Exemplar Tales: Women's Biography in Chinese History*, edited by Joan Judge and Ying Hu, 139 - 157. Berkeley: University of California Press, 2011.

Yin, Lee Cheuk. "Emperor Chengzu and Imperial Filial Piety of the Ming Dynasty: From the *Classic of Filial Piety* to the *Biographical Accounts of Filial Piety*. " In Chan and Tan *Filial Piety in Chinese Thought and History*, 141 - 153.

You Biao 游彪. "Clan, Ancestral Hall, and Clan Sacrifice in the Song Dynasty. " *Frontiers of History in China* 2, no. 2 (2007): 166 - 180.

Yu, Jimmy. *Sanctity and Self-Inflicted Violence in Chinese Religions, 1500 - 1700*. Oxford: Oxford University Press, 2012.

Zhang, Cong Ellen 张聪. "Bureaucratic Politics and Commemorative Biography: The Epitaphs of Fan Zhongyan. " In Ebrey and Smith, *State Power in China, 900 - 1400*, 192 - 216.

———. "A Friend and Political Ally: 'Funerary Inscription for Mr.

Culai' by Ouyang Xiu(1007 – 1072)." In Ebrey, Yao, and Zhang, *Chinese Funerary Biographies*, 111 – 121.

———. "A Family of Filial Exemplars: The Baos of Luzhou." *Journal of Chinese Literature and Culture* 4, no. 2 (2017): 360 – 382.

———. "How Long Did It Take to Plan a Funeral?: Liu Kai's (947 – 1000) Experience Burying His Parents." *Frontier of History in China* 13, no. 4 (2018): 508 – 530.

———. "Negative Role Models: Unfilial Stories in Song *Biji* (Miscellaneous Writing)." 55.

———. "Of Revelers and Witty Conversationalists: Song (960 – 1279) Biji (Miscellaneous Writing) as Literature of Leisure." Chinese Historical Review 23, no. 2 (2016): 130 – 146.

———. "Preserving A Father's Memory: 'Funerary Inscription for Chao Juncheng' by Huang Tingjian (1045 – 1105)." In Ebrey, Yao, and Zhang, Chinese Funerary Biographies, 122 – 129.

———. "The Rise and Fall of a Northern Song Family: The Baos of Luzhou." Chinese Historical Review 20, no. 2 (2013): 138 – 158.

———. "Things Heard in the Past, Material for Future Use: A Study of Song (960 – 1279) Biji Prefaces." East Asian Publishing and Culture 6, no. 1 (2016): 22 – 53.

———. "To Be 'Erudite in Miscellaneous Knowledge': A Study of Song (960 – 1279) Biji Writing." Asia Major, third series, 25, no. 2 (2012): 43 – 77.

———. Transformative Journeys: Travel and Culture in Song China. Honolulu: University of Hawai'i Press, 2011. (张聪《行万里路：宋代的旅行与文化》,李文锋译,杭州：浙江大学出版社,2015)

Zhao Chao 赵超. "Stone Inscriptions of the Wei Jin Nanbeichao Period." Early Medieval China 1(1994): 84 – 96.

Zhao, Dingxin. "The Han Bureaucracy: Its Origin, Nature, and Development." In *State Power in Ancient China and Rome*, edited by Walter Scheidel, 56 – 89. Oxford: Oxford University Press, 2015.

Zhou, Yiqun. "The Child in Confucianism." In *Children and Childhood in World Religions: Primary Sources and Texts*, edited by Marcia Bunge and Don S. Browning, 337 – 392. New Brunswick, NJ: Rutgers University Press, 2009.

———. "The Status of Mothers in the Early Chinese Mourning System." *T'oung Pao* 99, nos. 1 – 3 (2013): 1 – 52.

Zhu, Rui 朱锐. "What If the Father Commits a Crime?" *Journal of the History of Ideas* 63, no. 1 (2002): 1 – 17.

Zuo, Ya 左娅. "It's OK to Cry: Male Tears in Song China." Unpublished manuscript.

译后记

张聪(Cong Ellen Zhang)老师毕业于南开大学历史系,后就读于美国伊利诺伊大学香槟分校和华盛顿大学,师从国际知名学者伊沛霞教授,其博士论文经修订后于 2010 年以 *Transformative Journeys: Travel and Culture in Song China* 为名出版(中译本《行万里路:宋代的旅行与文化》,李文峰译,浙江大学出版社,2015 年)。2020 年 9 月,张聪老师又推出英文新著 *Performing Filial Piety In Northern Song China: Family, State, and Native Place*。

我与张聪老师素昧平生,仅之前拜读过她的大作《行万里路:宋代的旅行与文化》的中译本,受益颇多。承蒙张聪老师的信任,将她这部新作交给我来翻译。*Performing Filial Piety In Northern Song China* 一书语言流畅,史料丰富。初译稿完成后,张聪老师于百忙之中悉心审定了译稿,并补充了一些新的内容,中译本《家庭·乡里·朝堂:北宋士人与孝道》可以说是英文版 *Performing Filial Piety In Northern Song China* 的修订本。

《家庭·乡里·朝堂:北宋士人与孝道》是我在上海古籍出版社出版的第二本译著,也是与虞桑玲老师合作出版的第二部书。有了之前的合作经验,这次合作更加愉快。期待与虞老师以后有更多合作出版的机会。同时，也期待广大读者对拙译的反馈，如您对译文有任何见教，欢迎随时赐告。我的邮箱：liuyunjun1978@126.com.

最后，一如既往地感谢内子艳丽和女儿玥彤，她们是我工作生活的最大后盾。每日陪伴在妻女身边，看着女儿一天天健康长大，与内子携手慢慢变老，就是人生最大的快事！

2022 年 2 月 10 日

刘云军于河北大学生活区